Nicht mehr ich

Doris Wagner: Nicht mehr ich

www.edition-a.at

Lektorat: Anatol Vitouch
Cover: Kyungmi Park
Gestaltung: Cojothe

Gesetzt in der *Premiéra*
Gedruckt in Europa

2 3 4 5 6 — 17 16 15 14

ISBN 978-3-99001-109-6

Doris Wagner

NICHT MEHR ICH

Die wahre Geschichte einer
jungen Ordensfrau

edition a

Inhalt

Allen, die Ähnliches erlebt haben.

WAS DIESES BUCH WILL

Dieses Buch ist keine Traumabewältigung und kein Racheakt. Es möchte nicht um Mitleid werben und nicht zum Kampf aufrufen. Es hat nur ein Ziel: die Dynamik von Ideologie, Manipulation und Missbrauch zu veranschaulichen, der Menschen in bestimmten katholischen Gruppierungen zum Opfer fallen.

Es widerstrebt mir, die extremen und zum Teil intimen Erfahrungen, die ich gemacht habe, ins Licht der Öffentlichkeit zu stellen. Daher habe ich lange gezögert, dieses Buch zu schreiben. Wenn ich meine Geschichte nun dennoch erzähle, dann tue ich das im Namen all derer, die Ähnliches oder sogar noch Schlimmeres erleben mussten als ich. Für mich selbst habe ich nichts Gutes davon zu erwarten. Daher habe ich mich auch entschlossen, sämtliche Namen im Buch zu verändern, außer denen von Personen öffentlichen Interesses.

Es gibt eine ganze Reihe neuer geistlicher Gemeinschaften und Bewegungen in der katholischen Kirche, die in den letzten Jahrzehnten von sich reden gemacht haben. Sie sind charismatisch und lehramtstreu. Sie ziehen Scharen junger begeisterter Menschen an und werden von Würdenträgern als der »Neuaufbruch« in der Kirche gefeiert. Aber die wenigsten wissen um die Opfer, die diese Gemeinschaften produzieren. Diesen Opfern möchte ich eine Stimme geben, indem ich meine Geschichte stellvertretend erzähle.

Ich erwarte nicht ernsthaft, dass diese Gemeinschaften sich besinnen oder dass die Kirche diesen Gruppen ihre Unterstützung entzieht. Ich hoffe nur, dass mancher Bischof oder Priester ihnen kein vorbehaltloses Vertrauen mehr entgegenbringt, dass immer mehr Eltern ihre Kinder vor dem Eintritt in eine solche Gemeinschaft bewahren können, vor allem aber, dass junge gläubige Menschen sich nicht mehr von ihnen verführen lassen. Wenn mein Buch nur einen Menschen vor dem Schicksal bewahrt, das ich erlitten habe, hat es sein Ziel erreicht.

Besonderer Dank gebührt an dieser Stelle Prof. Dr. Wolfgang Beinert, der mich zum Schreiben dieses Buches ermutigt hat und es mit seinem Vorwort ehrt. Er gehört zu jenen wenigen Menschen in der Kirche, von deren Seite ich Verständnis und moralische Unterstützung erfahren habe. Schon 1991 hat er ein Buch herausgegeben, das sich mit der Problematik des »katholischen« Fundamentalismus beschäftigt. Wenn Entscheidungsträger in der katholischen Kirche damals auf warnende Stimmen wie die seine gehört hätten, dann hätten manche der leidvollen Erfahrungen, die ich gemacht habe, verhindert werden können. Es bleibt zu hoffen, dass sie vereint mit den Stimmen der Opfer wenigstens in Zukunft Gehör finden.

Doris Wagner, Oktober 2014

GELEITWORT

Von Wolfgang Beinert

Ein guter Kollege hatte das Gespräch vermittelt. Nun saßen wir einander gegenüber, und Doris Wagner erzählte, stockend erst, dann immer flüssiger, stets aber leidenschaftslos, von ihren Erlebnissen in einer »Gemeinschaft des geistlichen Lebens« im Rahmen der römisch-katholischen Kirche. Mit wachsender Erschütterung, mit zunehmendem Entsetzen vernahm ich eine horrende Geschichte von Entwürdigung, Erniedrigung, Entmenschlichung. Sie hatte sich im Schatten des Petersdomes in Rom abgespielt. Schnell wurde deutlich: Da wollte nicht eine Aussteigerin sich ihren Frust von der Seele reden oder eine Abrechnung mit der Vergangenheit ausfertigen. Ihren Lebensweg offenbarte sie nicht vorrangig zwecks Bewältigung eines fürchterlichen Schicksals, sondern um der Sache willen. So habe ich sie zu diesem Buch ermutigt. Die Leserinnen und Leser bekommen einen eindrücklichen Einblick in die dunklen Seiten des Christentums. Es legt etwas von dem Unwesen offen, das sich, augenscheinlich untrennbar vom Wesen der Religion, in deren Umkreis oft und oft findet. Wo der Mensch unbedacht das Absolute anvisiert, ist er auch dem absolut Bösen nahe. Wo er sich ganz auf Seiten Gottes wähnt, glaubt er sich auch als Besitzer göttlicher Allmacht. In der Sprache des hl. Ignatius von Loyola: Der Engel der Finsternis kann sich auch als Lichtengel zeigen (»Die geistlichen Übungen« Nr. 331). Davor ist zu warnen.

Was auf den folgenden Seiten an Fakten berichtet wird, verdient vollen Glauben. Es ist so gewesen. Das hat ein junges Mädchen in der Kirche unserer Tage wirklich erfahren. Nicht mit der Wirklichkeit stimmen alle dort genannten Namen überein, abgesehen von jenen der Personen des öffentlichen Lebens. Nicht in offener Rede wird außerdem von jener »geistlichen Familie« gesprochen, in der die Verfasserin gelebt hat. Nur so viel: Sie wird unter jene »neuen geistlichen Gemeinschaften« gerechnet, die, meist in der Zwischenkriegszeit des 20. Jahrhunderts entstanden, unter den Pontifikaten von Johannes Paul II. und Benedikt XVI. ihre größte Entfaltung erreichten und sich in vielfältiger Form und Weise des Wohlwollens der Kirchenleitung erfreuen durften. Zahlreiche Schlüsselpositionen wurden mit ihren Mitgliedern besetzt. Die Gemeinschaften weisen untereinander viele Ähnlichkeiten auf. Vor allem halten sie sich gerne nicht nur für die Speerspitze des geistlichen Lebens aufgrund signifikanter Spiritualität, wie andere Orden und Gemeinschaften auch, sondern für die wahre, die eigentliche Kirche, das echte, das vollkommene Werk Gottes in der verdorbenen Welt. Damit hängt zusammen, dass sie sich keiner konkreten Aufgabe in der Kirche verpflichtet fühlen, wie etwa der Mission oder dem Krankenapostolat. Sie sind eben einfachhin und auf allen Wirkungsfeldern von Kirche die eigentliche und echte Verwirklichung des Willens Gottes.

Man kann diese Anonymisierung bedauern. Man kann sie auch zu verstehen suchen. Sie hat zwei Gründe. Die Autorin fürchtet Repressalien. Das tut sie nicht von ungefähr. Wichtiger ist der andere Grund: Ihr ist bewusst geworden, dass die Zeit ihres Lebens in der geistlichen Gemeinschaft nicht einfach bloß eine Art Betriebsunfall gewesen ist, verschuldet durch die eine oder die andere oder auch beide Seiten, sondern dass sie in Strukturen eingebunden wurde, die sie als dem Katholizismus systemimmanent empfunden hat. Sie will darauf aufmerksam machen, um der Kirche und ihrer Erneuerung willen. Es geht nicht darum, konkrete Gruppierungen, oder bestimmte Personen an den Pranger zu stellen, sondern darum, auf einen folgenschweren Webfehler aufmerksam zu machen, der sich in die Textur der Glaubensgemeinschaft eingeschlichen hat.

Am Anfang aller dieser Bewegungen, und somit auch am Anfang der hier betrachteten, steht eine überzeugte und viele andere überzeugende Frömmigkeit, die sich meistens an den überkommenen Formen des nachreformatorischen Katholizismus orientiert. Sie ist gewöhnlich mit einer glühenden Kirchlichkeit verbunden, die sich in unkritischer Ergebenheit gegenüber dem geistlichen Amt, insbesondere dem Papsttum, äußert. Dieses hat sich deswegen auch immer gern und ebenfalls unkritisch der angebotenen Unterstützung bedient. Zahlreiche Mitglieder der neuen geistlichen Gemeinschaften sind aus diesem Grund, wie schon bemerkt, in höchste Ämter aufgestiegen. Am Anfang finden wir also eine anziehende Spiritualität, die sich in hellem Kontrast zu den beklagenswerten Verfallserscheinungen darbietet, welche die Gegenwart der Kirche aufweist. Wer zu apokalyptischem Denken neigt, kann leicht geneigt sein, die Rettung der Kirche aus dem vermeintlich totalen Relativismus gerade von solchen Bewegungen zu erwarten.

Wie kommt es aber dann zu den schrecklichen Perversionen, wie sie dieses Buch beschreibt und wie sie in der Entwicklung vieler dieser Bewegungen an den Tag treten? Um an die Wurzeln zu kommen, müssen wir bis ins 5. Jahrhundert zurückgehen, in die Zeit des großen Gnadenstreites, der mit den Namen des afrikanischen Bischofs Augustinus (354-430) und des irischen Mönches Pelagius (um 350-420) verbunden ist. Er hat in vielen Formen die ganze Geschichte der westlichen Kirche über die Reformation des 16. Jahrhunderts bis ins ausgehende 20. Jahrhundert nachdrücklich und nachhaltig geprägt. Gesiegt hat der Bischof von Hippo, der größte christliche Denker des Altertums, mit wirkkräftigem Einfluss auf nahezu die gesamte Theologie bis heute. Nach ihm ist die Heilsgeschichte ein gigantischer Kampf zwischen dem gnadenvollen Willen Gottes und dem aufs Böse gerichteten Willen Satans. Mitten in ihn hineingestellt ist der Mensch, der aus böser Geschlechtslust erbsündig empfangen wird und darum bereits von Natur aus seinen Willen gegen den göttlichen stellt. Die Erlösung, die nur wenigen aus der Masse der an sich Verdammten zuteil wird, besteht darin, dass die Gnade über den kreatürlichen Willen siegt, dass Gottes Souveränität letztlich an seine Stelle tritt. Die menschliche und die göttliche Freiheit werden als Konkurrenten verstanden. In dem Maße, in dem die eine groß wird, wird die andere klein. Gott kann folgerichtig nur dann Gott sein, wenn der menschliche Wille de facto verlischt.

In dieser Konzeption gibt es ein Problem: Wer stellt fest, was Gottes Wille ist? Die Antwort lautet: Die Kirche, welche die Hüterin und Interpretin der göttlichen Offenbarung als der Kundgabe der Dekrete seines Wollens ist. Konkret geschieht das durch das kirchliche Amt, die Männer des gesalbten Lebens, denen jene Menschen, Männer ebenso wie Frauen, zur Seite treten, die eine besondere Berufung zum geweihten Leben in der Kirche für sich beanspruchen. Damit halten sie sich allein für befähigt und befugt, die Interpretationshoheit über den Willen Gottes für sich zu reklamieren und in der Folge auch die Autorität zu dessen Einforderung. Was sie sagen, ist mithin zu tun. So bleibt einer auf der sicheren Seite. Je rückhaltloser, je totaler jemand auf eigene Willensäußerungen verzichtet und sich bedingungslos unterwirft, um so frömmer und christlicher ist er. Vollendetes Christentum ist vollendeter und streng hierarchischer Gehorsam. Die düstere Seite dieser Ideologie: Da auch die Oberen sündige Menschen bleiben, also ebenfalls darauf aus sind, ihren eigenen Willen zu verabsolutieren, sind sie in ständiger Versuchung und Gefahr, eben diesen als Gottes Willen zu erklären. Damit verfallen sie aber genau jener bösen Strukturwirklichkeit, aus der sie angeblich befreien wollen. Der Mensch will sein wie Gott – das ist das Baugesetz menschlicher Sünde. Nichts anderes als das aber beanspruchen sie zu sein: zu sein wie Gott gegenüber den anderen Gliedern der Gemeinschaft. Als Inkarnationen des Absoluten relativieren sie alles andere in wahrhaft universaler Bemächtigung.

Man kann diese Verhaltensweisen auf den folgenden Seiten wieder und wieder antreffen. Die Angehörigen der »Familie« werden gnaden- und schutzlos den Manipulationen der »Verantwortlichen«

ausgesetzt. Diesen ist bedingungsloser Gehorsam und die Eröffnung der eigenen Intimität geschuldet. Die Adepten werden in bewusster Unwissenheit und Unkenntnis über die Konstitutionen der Gemeinschaft gehalten, der sie angehören wollen, sowie über die Destination, in der sie sich ihm dienlich erweisen sollen. Steter Zweifel nagt an ihnen, ob sie dem Ideal der »Familie« genügen, verbunden mit nie weichender Angst vor deren Liebesentzug, der sie haltlos machen würde, unselbstständig wie sie sind. Die höheren Grade der Binnenhierarchie, zuvörderst die »Verantwortlichen« aber auch generell die Priester, haben immer recht. Gottes Souveränität repräsentieren diese vollkommen. Sie sind im Prinzip fehl- und makellos, werden bedroht allenfalls durch den ungezähmten Willen der an sich schon sündhaften Frauen innerhalb (und natürlich auch außerhalb) der Gruppierung. Das schrecklichste Begebnis in diesem Buch, die Vergewaltigung durch ein herausragendes Mitglied der Gemeinschaft, ist in diesem fahlen Licht nicht eine bloße Triebabfuhr aus unbewältigter Sexualität, sondern schließlich und letztlich ein pädagogisches Unternehmen zur Versklavung eines bösen Wollens seitens des Opfers, des Opfers Schuld also. Das Signal lautet: Der Wille der Vergewaltigten ist immer noch nicht ganz konform mit dem Willen der Gemeinschaft, sprich: mit Gott. Die Gewalt ist also eigentlich heilsam.

Die tragische Perversität solchen Denkens zeigt sich hüllenlos. Man kann einwenden: Viele der Initiationspraktiken, wie sie hier geschildert werden, wurden ehedem auch in den etablierten Institutionen des geweihten Lebens, ja sogar in manchen Priesterseminaren geübt. Selbstverständlich verfügten die Insassen nicht über den Hausschlüssel, selbstverständlich unterstanden sie vom Aufstehen zur vorgeschriebenen Zeit bis zum hausordnungsgeregelten Schlafengehen der Aufsicht der Oberen und hatten deren sinnvolle wie sinnfragliche Befehle zu befolgen. Zu welchen Schauder erregenden Exzessen es dabei kommen konnte, hat Hubert Wolf in dem Berichtsband »Die Nonnen von Sant'Ambrogio. Eine wahre Geschichte«, (München 2013) zu Protokoll gegeben. Das ist alles vorgekommen, ist alles so gewesen, doch sind derlei Praktiken in den »alten« Institutionen Vergangenheit. Heute verhält es sich in der Regel anders. Die geistliche Formung ist deswegen nicht laxer geworden, doch trägt sie der theologischen Einsicht Rechnung, dass das augustinische Konstrukt mit seiner Mischung aus Platonismus und Dualismus auf einem Fehlschluss beruht, dessen Konsequenzen damit grundlos werden. Gottes Gnade und des Geschöpfes Freiheit sind keine Gegenspieler, vielmehr ermächtigt die Gnade die Freiheit aus der Schöpfungs- wie aus der Erlösungsordnung. Der Grund-Satz der christlichen Anthropologie lautet: »Gott schuf also den Menschen als sein Abbild; als Abbild Gottes schuf er ihn« (Gen 1,27a). Worin anders aber könnte diese Gottebenbildlichkeit bestehen, als in der Teilhabe an seiner Freiheit? Erst sie ermöglicht es, dass er Gottes Mandatar in der Schöpfung wird (Gen 1,28 f.). In der Sünde setzt der Mensch diese Freiheit aufs Spiel, doch gerade die katholische Tradition hat stets darauf bestanden: Er verliert sie nicht ganz. Die Erlösung durch Christus ist die Wiederherstellung der ursprünglichen Freiheit: »Zu Freiheit hat uns Christus befreit. Bleibt daher fest und lasst euch nicht von neuem das Joch der Knechtschaft auflegen!«, fasst Paulus die fundamentale christliche Soteriologie zusammen (Gal 5,1). Der geistliche Mensch wird also dem Evangelium entsprechend geformt, wenn und indem er zur Freiheit der Kinder Gottes geführt wird, wenn und indem ihm der Raum der Selbstverwirklichung als Gottes Gleichbild eröffnet wird, wenn genau jene Lebensordnung aufgegeben wird, die die hier anvisierten Bewegungen ihren Mitgliedern aufzwingen. Sie ist unchristlich. Sie ist auch wider die Menschenrechte, die ihre Wurzeln wesentlich in diesem Denken verantworteter Freiheit haben.

Der folgende Lebensbericht macht in schonungsloser Klarheit deutlich: In der Kirche beanspruchen Denk- und Lebensweisen

Geltung, die dem widersprechen. Deswegen verdient er höchste Beachtung, fordert er faire Auseinandersetzung mit dem System, ermutigt er dringend zur Korrektur. Es geht darum, eine genuin christentumsförmige neue geistliche Bewegung zu schaffen, hin zu den Ursprüngen und von dort zur effektiven Verwirklichung der Freiheitsbotschaft des christlichen Evangeliums. Solches Werk hat die Kirche, hat die Welt in der Tat nötig.

Prof. Dr. Wolfgang Beinert ist katholischer Priester, emeritierter Hochschullehrer und Publizist.

„Was ihr für einen meiner geringsten Brüder getan habt, das habt ihr mir getan. Was ihr für einen dieser Geringsten nicht getan habt, das habt ihr auch mir nicht getan.“
Mt 25, 40.45

„Wenn ein Bruder oder eine Schwester ohne Kleidung ist und ohne das tägliche Brot und einer von euch zu ihnen sagt: Geht in Frieden, wärmt und sättigt euch! Ihr gebt ihnen aber nicht, was sie zum Leben brauchen – was nützt das?“
Jak 2,15-16

1. DAS ROTE KREUZ

Die Kindheit

Ich wollte ins Kloster, seit ich 15 war. Diese Entscheidung war für mich beinahe natürlich, denn ich hatte den Glauben gewissermaßen mit der Muttermilch aufgesogen. Er war die alles bestimmende Größe in meinem Leben, wie er es im Leben meiner Eltern war. Sie waren überzeugte Lutheraner und brauchten den Glauben zum Leben wie die Luft zum Atmen, denn sie hatten so viel Not zu ertragen, dass sie wohl daran zerbrochen wären, wenn sie nicht gewusst hätten, dass Gott diese Last mit ihnen trägt. Gott war immer da, und sie konnten ihn bitten, ihnen Kraft zu geben oder Rat – manches Mal auch Geld. Er war ihre Hoffnung und ihr Trost. Deswegen hatte ihr Glauben auch nichts Aufgesetztes und Unbehagliches. Er war völlig authentisch. Er bestand auch in den Augen von uns Kindern nicht aus lästigen Pflichten und unliebsamen Erziehungsmaßnahmen, sondern er war der unsichtbare Hintergrund, der das tägliche Leben mit einer unzerstörbaren Schutzhülle umgab. Gott war da, um uns zu beschützen und für uns zu sorgen. Er war wie der gute Hirte hinter dem Eingang in der Kirche, der ein verletztes kleines Lamm behutsam auf seinen Schultern trägt.

Mein Vater arbeitete als Dreher, obwohl er in seiner Jugend gerne das Gymnasium besucht und Theologie studiert hätte. Wenn er sich abends nach getaner Arbeit an den Küchentisch setzte und Psalmen las, spürte ich, dass sich diese Worte wie Balsam auf seine zermürbte Seele legten. Es war ein heiliger Augenblick. Gottes Gegenwart wurde greifbar, hier in unserer kleinen Küche. Fast jeden Abend saß er so, sorgenschwer und doch getröstet, über das Buch gebeugt, in dessen dünnen Seiten er mit seinen von der Arbeit schwieligen Händen blätterte. Die aufgeschlagene Seite hielt er dicht vor seine kurzsichtigen Augen, wobei er die zum Lesen ungeeignete Brille in die Stirn schob. Oft nahm er dabei eines seiner Kinder auf den Schoß und las laut vor. Mir wurde sehr feierlich zumute bei diesen schwer verständlichen und darum umso mächtigeren Worten, mit denen die Widersacher Gottes verflucht und die Frommen gesegnet wurden. Und ich empfand vage, dass mein Vater wie der Psalmist in Not war, von unheimlichen Feinden bedrängt, und dass Gott ihn schützen musste, ihn und uns alle, vor bösen Menschen und dem grausamen Schicksal. Und wenn dann die jubelnden und glücklichen Verse folgten, war ich selig über das Siegeslied der Gerechten, die Gott lobten und ihm dankten, weil er ihnen so wunderbar geholfen hatte. Und ich wusste: Solange Gott da war, konnte uns nichts geschehen.

Der Glaube an Gott war mir darum heilig, und ich reagierte empfindlich, wenn er infrage gestellt wurde. Als ich in den Kindergarten kam, stellte ich fest, dass nicht alle Kinder an Gott glaubten. Jedenfalls schien es mir so, denn sie hatten andere Helden als ich. Ich erinnere mich lebhaft daran, wie ich einmal einen Jungen, der ein begeisterter Batman-Verehrer war, zu überzeugen versuchte, dass der Herr Jesus viel mächtiger sei als Batman und dass Batman ihm im Notfall nicht helfen könnte, weil es ihn gar nicht wirklich gibt.

Auf die Spitze getrieben wurde meine kindliche Empörung aber immer dann, wenn der Glaube zur Freizeitgestaltung degradiert wurde. Als wir in der Grundschule zur Kinder-Bibel-Woche gingen und dort ein Zauberkünstler auftrat, der im Handumdrehen drei verschiedenlange Seile in gleichlange verwandelte und uns dabei erklärte, dass es vor Gott keine kleinen und großen Sünden gäbe, sondern alle gleich groß wären, war ich dermaßen entrüstet, dass ich den Saal verließ. Erstens war es falsch, was er gesagt hatte, denn es gab sehr wohl Sünden, die schwerer wogen als andere. Zweitens steht in der Bibel, dass man nicht zaubern darf, und drittens – was am schwersten wog – hatte er die religiöse Deutung nur vorgeschoben, um seinen Trick vorführen zu können. Dieser oberflächliche Umgang mit dem Glauben verletzte mich sehr. Ich litt darunter, weil er ja der Schutzwall meiner kindlichen Geborgenheit war. Also musste es ernst sein mit dem Glauben, und dann musste man ihn auch ernst nehmen. Und wenn es nicht ernst wäre, dann hätte es schlicht keinen Sinn zu glauben, und man könnte es gleich ganz bleiben lassen. Den Glauben aber als eine Art Hobby zu pflegen, kam mir wie ein Verrat vor.

Bei aller Frömmigkeit, kannte mein Leben aber auch andere Seiten. Ich besaß beispielsweise keinen großen Schuleifer und neigte dazu, keine Hausaufgaben zu machen. Viel lieber verbrachte ich die Nachmittage mit meinen Geschwistern im Freibad. Zudem hatte ich in meiner Grundschulzeit eine Freundin, mit der ich viel Unsinn anstellte, Süßigkeiten stahl, in fremde Scheunen und Keller eindrang und anderes mehr.

Als ich aufs Gymnasium kam, musste ich mit dem schrecklichen Unfall meines Vaters fertigwerden, der im Januar 1995 von einem betrunkenen Lastwagenfahrer beinahe totgefahren worden war. Damals war ich elf und wurde mit meinen Geschwistern jäh aus der heimeligen Routine unseres Familienlebens herausgerissen. In der Folge mussten wir vieles aushalten, was unsere so fragile und kostbare Kindheitsatmosphäre bedrohte. So richtig erholt haben wir uns davon nie.

Das Gymnasium

Um mir einen neuen Schutzraum zu suchen, machte ich die Schule ein Stück weit zu meinem Zuhause. Ich begann, mich wohl zu fühlen in dieser Welt, in der mir mühelos so vieles gelang. Latein, Englisch und Geschichte zählten zu meinen Lieblingsfächern, während ich Mathematik und Physik nicht schätzte, weil sie mir die süßen Früchte des Erfolgs versagten, wenn ich ihnen nicht meine Nachmittage opferte. Ich las auch sehr viel, wobei die frommen Bücher, die mir meinen Eltern zum Geburtstag schenkten, ab meinem 13. Lebensjahr in den Hintergrund traten und zunächst von Hermann Hesse abgelöst wurden. Ich las »Das Glasperlenspiel«, das ich im Schrank meiner Eltern fand, den »Steppenwolf« und dann alles was ich von Hesse in die Finger bekommen konnte. Zugleich las ich Gedichte von Rilke und lernte einige von ihnen auswendig. Mir eröffnete sich eine neue romantische Welt voller merkwürdiger Bilder und Gedanken, die sich kaum mit der religiösen Welt meiner Kindheit in Einklang bringen ließen, aber die mich faszinierten, weil ich meinte, mich darin wiederzuerkennen. Ich verbrachte so viel Zeit wie möglich damit, diesen Gedanken nachzuhängen. Dabei war ich am liebsten für mich allein. Die köstlichsten Stunden verbrachte ich am Klavier, mit Chopin, Debussy oder Tschaikowsky, in deren Stücken ich mich verlieren und alle angestauten Gefühle, Sehnsüchte und Phantasien ausleben konnte. Es zog mich auch hinaus auf einsame Feld- und Waldwege, wo ich stundenlang unterwegs war und versteckte Geheimplätze regelmäßig aufsuchte. Diese einsamen Waldspaziergänge ließen mich innerlich zur Ruhe kommen.

Als meine Altersgenossen anfingen, sich für das andere Geschlecht zu interessieren, wurde mir klar, dass ich eine ganz andere Einstellung hatte als sie. Liebe war für mich eine ernste Angelegenheit, mindestens so ernst wie die Religion. Zwar verliebte ich mich auch das eine oder andere Mal. Aber ich betrachtete diesen merkwürdigen Zustand immer als einen ärgerlichen Zwischenfall, den ich bestenfalls als eine Art psychologischen Selbstversuch interessant finden konnte. Mein eigentliches Interesse galt nicht der Verliebtheit, sondern der Liebe oder dem, was ich mir darunter vorstellte: eine Macht, die zwei für einander bestimmte Menschen für immer zu verbinden vermag, auf Gedeih und Verderb. Das war kein Gefühlsanflug, es war Schicksal, ernst und mächtig, und weniger als das konnte ich nicht wollen. Deswegen stand ich dem pubertären Beziehungstreiben meiner Altersgenossen mit einer gewissen Ratlosigkeit gegenüber. Mir schien ihr Verhalten kindisch und selbstverletzend, in jedem Fall schreckte es mich ab. Ihre Beziehungsgeschichten verfolgte ich abwechselnd mitleidig und belustigt. Wenn ich einmal lieben werde, dachte ich, dann ganz anders.

Die Konversion

Daheim hatte sich eine bemerkenswerte religiöse Entwicklung ergeben. Meine Mutter begann sonntags in die katholische Kirche zu gehen, denn der katholische Pfarrer war in ihren Augen viel glaubwürdiger als der evangelische. Bald fand auch mein Vater im katholischen Gottesdienst mehr Trost als im evangelischen. Natürlich bereitete das nicht wenige Schwierigkeiten, denn viel von dem, woran Katholiken glauben, hielten wir als überzeugte Lutheraner für verfehlt, insbesondere die Heiligenverehrung, das Fegefeuer und die Beichte. Aber der Pfarrer war mehr als hilfsbereit. Er versorgte meine Mutter mit Büchern und unterhielt sich oft mit ihr. So ergaben sich am Küchentisch viele abendfüllende Gespräche. Mein Vater, der sich selbst etwas Altgriechisch beigebracht hatte, nahm seine Bibel heraus und das altgriechische Neue Testament, und wir diskutierten stundenlang. Dabei wurde vor allem eines deutlich: die katholische Kirche war kompromissloser als die evangelische. Es gab keine Beliebigkeit, nichts blieb der eigenen Einsicht überlassen und es gab auf fast alle erdenklichen Fragen eine klare Antwort des Lehramtes. Daher schien der Glaube in der katholischen Kirche viel weniger in Gefahr, oberflächlich zu werden, oder zur Freizeitbeschäftigung zu verkommen. Stück für Stück wuchsen unsere Sympathien für die katholische Kirche. Wir begannen sonntags gemeinsam in die katholische Messe zu gehen. Nicht lange, und wir brauchten nur noch den letzten Schritt zu gehen und zu konvertieren.

Es war ein strahlender Tag Anfang Mai 1999 als wir im Rahmen einer Heiligen Messe in die volle Gemeinschaft der katholischen Kirche aufgenommen wurden. Endlich hatten wir das Gefühl, eine echte Glaubensheimat gefunden zu haben. Es war der Glaube des vertrauten Umgangs mit Gott, des täglichen Überlebens und des wundervollen göttlichen Trostes, nicht der Glaube der Kinderbibelwochen, Gitarrenkreise und Sonntagsausflüge. Unsere katholische Pfarrei war eine Diasporagemeinde, zu einem guten Teil getragen von Russlanddeutschen, die ihren Glauben ihr Leben lang im Geheimen praktiziert hatten und beim Zerfall der Sowjetunion in hohem Alter mit ihren Familien nach Deutschland gekommen waren. Sie machten großen Eindruck auf mich.

In meinem Inneren vereinigten sich nun kindliche Religiosität und jugendliche Romantik zu einem wahrhaftigen Rausch. Der Tag der Konversion wurde so der vielleicht schicksalsträchtigste Tag meines Lebens. Denn ab diesem Tag stand mir ein neues Universum offen, ein religiöser Himmel voller ungeahnter Möglichkeiten und Verheißungen. Es waren vor allem zwei Dinge, die meinen religiösen Eifer beflügelten. Die Gegenwart Jesu im Tabernakel und die Möglichkeit, Gebete, Leiden und Selbstüberwindungen für andere aufzuopfern. Viele Stunden verbrachte ich von nun an in der Kirche, um Jesus, der im Tabernakel gegenwärtig war, nahe zu sein. Ich ging jeden Tag in die Hl. Messe und so oft ich konnte zur eucharistischen Anbetung. Wenn ich so vor der Monstranz oder vor dem Tabernakel kniete, war ich von himmlischem Frieden erfüllt und empfand ein tiefes inneres Glück. Ich vergaß die Zeit dabei. Und wenn ich nicht in der Kirche sein konnte, so konnte ich dennoch alles, was ich tat, aufopfern. Das hieß, jede Tat zum Gebet werden zu lassen, je mehr Überwindung sie mich kostete, desto besser. Ich begann meiner Mutter besonders viel zu helfen, auf Süßigkeiten und andere Annehmlichkeiten zu verzichten und immer neue Ziele meiner geistlichen Zuwendungen zu finden. Ich brachte Opfer für meine ungläubigen Lehrer und Klassenkameraden, für Arafat und den Nah-Ost-Konflikt, für verirrte liberale Theologen, für Drogenabhängige, Opfer von Naturkatastrophen und für meinen verstorbenen Stiefopa. Von unserer kleinen Küche aus konnte ich das Weltgeschehen beeinflussen und in Vergangenheit und Zukunft hineinwirken. Ein geduldig ertragenes Wort und ein hingebungsvoller Abwasch konnten so viel bewirken.

Bald erfuhr ich, dass ich diese Opfer noch steigern konnte. Unser Pfarrer gab mir ein Buch über die Kinder von Fatima, die ihre nackten Unterschenkel mit Brennesseln schlugen und Bußgürtel trugen, um die dadurch erzeugten Schmerzen für die Bekehrung der Sünder aufopfern zu können. Das leuchtete mir ein: Wenn schon eine unliebsame, aber liebevoll erledigte Hausarbeit die Kraft hatte, einen Sünder zu bekehren, wie viel mehr dann richtige Schmerzen. Ich beschloss, den Heiligen auch in dieser Disziplin nachzueifern, heimlich, denn zur Schau gestellt verliert jedes Opfer seine Kraft. Außerdem fastete ich einige Zeit lang nach den Weisungen der Muttergottes von Medjugorie mittwochs und freitags bei Wasser und Brot.

Und noch etwas bestimmte fortan mein Leben: Ich glaubte fest daran, dass alles, was der Papst und die Bischöfe lehrten, wahr war und dass alles Übel in der Kirche daher rührte, dass so viele Gläubige nicht auf ihre Hirten hörten. Ich schwelgte geradezu in Obrigkeitsergebenheit. Diese heiligen Männer, dachte ich mir, sind von Gott dazu erwählt und durch ihre heiligen Weihen dazu begnadet, die Gläubigen zu führen. Würden alle Menschen auf sie hören, würden sie Gottes Nähe und Liebe in ihrem Leben erfahren können. Ich litt aufrichtig unter der Kirchenkritik von aufgeklärten Theologen, deutschem Verbandskatholizismus und modernen Medien und war durch und durch überzeugt, dass sie einfach nicht wussten, was sie sagten, sodass ich viel und ausdauernd für die derart Verirrten betete und opferte.

Mein Leben war so vollständig von diesen religiösen Übungen in Beschlag genommen, dass alles andere verblasste. Nicht, dass ich das sogenannte normale Leben nicht gekannt hätte. Ich wusste, was es hieß verliebt zu sein, Erfolg in der Schule zu haben, Hobbys, Zukunftspläne. Aber ich fühlte, dass es mehr geben musste, viel mehr. Ich wollte nicht nur für mich leben, wollte kein Durchschnittsleben führen, sondern ich wollte etwas Großes. Was konnte es Größeres geben als Gott? Welches Ziel konnte dringlicher sein als die Bekehrung der Sünder und das Heil der Welt? Jede Art von Hobby und Freizeit verbannte ich aus meinem Leben. Das letzte Buch, das ich vor der Konversion gelesen hatte, war Dostojewskis Schuld und Sühne. Nach der Konversion war jede nicht-religiöse Literatur für mich fahrlässige Zeitverschwendung. Nichts verband mich mehr mit den Interessen und Beschäftigungen meiner Altersgenossen, die mir schrecklich banal und sinnlos erschienen. Ich war in eine andere Welt eingetaucht, deren Protagonisten nicht »Take That« und »Die Toten Hosen« waren, sondern der Papst, die Muttergottes und Theresia von Lisieux. Nicht Nächte mit Alkohol und lauter Musik waren die Höhepunkte des ersehnten Wochenendes, sondern Maiandachten und Anbetungsnächte. Ich wählte mir einen Abschnitt aus dem Galaterbrief zum Leitmotiv meiner Existenz, der alles ausdrückte, was ich im tiefsten Inneren ersehnte: »Ich lebe, aber nicht mehr ich, sondern Christus lebt in mir, der mich liebt und sich für mich hingegeben hat.«

Die Berufung

Für mich stand nun außer Zweifel, dass Gott mich zu einem Leben im Kloster bestimmt hatte. Er liebte mich so sehr, dass er mich ganz für sich haben wollte. Ich hatte »den Richtigen« gefunden. Ich war berufen. Ich weiß nicht genau, wann mich diese Erkenntnis traf. Sie war einfach da. Ich war jedenfalls noch keine sechzehn Jahre alt. Bis zum Abitur hatte ich nun ein aufregendes und außergewöhnliches Abenteuer zu erleben: Ich musste die Gemeinschaft finden, in die Gott mich rief. Ich nahm Kontakt mit den besten und strengsten Ordensgemeinschaften auf (wobei gut und streng in etwa gleichbedeutend für mich waren), denn nur in eine von ihnen konnte Gott mich rufen wollen. Ich würde nur herausfinden müssen, in welche. So besuchte ich innerhalb von drei Jahren ganz auf eigene Faust die klausurierten Dominikanerinnen in Bamberg, die Kartäuser der Marienau im Allgäu, die Certosa della Trinitá bei Genua und die Betlehemschwestern bei Waldkappel. Nach und nach veränderte sich dabei auch mein Äußeres. Ich steckte meine Haare hoch und trug schließlich nur noch lange Röcke und langärmelige Oberteile. Meistens verbrachte ich einige Tage vor Ort und teilte das Leben der jeweiligen Kommunität, soweit das möglich war. Dabei fühlte ich mich in meinem Element: tägliche Messe, Stundengebet, Arbeit, geistliche Gespräche. Es war herrlich. Dennoch fehlte in allen diesen Gemeinschaften irgendetwas, eine Art Begeisterung.

Im Sommer 2002, ein Jahr vor dem Abitur, begegnete ich auf dem Kongress »Freude am Glauben« in Fulda das erste Mal der »Gottesfamilie«, einer Gemeinschaft, deren Vertreterinnen zunächst keinerlei Eindruck auf mich machten. Die Schwestern trugen keine Ordenstracht, den sogenannten Habit. Damit waren sie gedanklich für mich schon aussortiert. Sr. Ottilie, eine hartnäckige kleine Schwester, die ihr dünnes graues Haar in einer altmodischen Steckfrisur trug und in eine Art dunkelgrünen Trachtenrock gekleidet war, drückte mir dennoch einen Flyer in die Hand, dessen Titelblatt ein Blütenmotiv zierte. Auf farbigem Glanzpapier fand sich eine kurze, wenig sagende Beschreibung der Gemeinschaft. »Im Dienst der Kirche« – welche katholische Gemeinschaft ist das nicht? Dazu gab es einige Fotos, die mich nicht besonders ansprachen, im Gegenteil: einige Bilder von Schwestern in einem weißen Chormantel schreckten mich regelrecht ab. Sie trugen stilisierte Dornenkronen auf dem Kopf, an denen weiße Schleier befestigt waren. Unheimlich. Als ich die Kongresshalle am nächsten Tag betrat, schien Sr. Ottilie auf mich zu warten. Es war unmöglich, ihr auszuweichen. Zu meinem Schrecken lud sie mich ein, das Mutterhaus der Gottesfamilie in Österreich zu besuchen. Da eine höfliche Ablehnung bei ihr nicht zu fruchten schien und ich nicht unhöflich sein wollte, nahm ich die Einladung nolens volens an. Ich konnte ja dann immer noch sagen, dass es nichts für mich sei, dachte ich.

Erster Besuch im Mutterhaus

Am Donnerstag, dem 15. August, fuhr Sr. Ottilie mit mir nach Österreich. Im Auto war es sehr heiß, und die Fahrt dauerte lang. Sr. Ottilie war nichtsdestotrotz sehr gut gelaunt, redete viel, und ich stellte erneut fest, dass sie mir unsympathisch war. Diese kleine Frau mit dem schmalen Gesicht und dem verkrampften Lachen hatte etwas unerträglich Besserwisserisches an sich. Natürlich bemühte ich mich, mir das nicht anmerken zu lassen. Sie sprach von der Gottesfamilie und von der Gründerin, die 1997 verstorben war. Sie stellte mir Fragen und fand viele Übereinstimmungen zwischen dem, was ich von mir erzählte und dem, was sie das Charisma der

Gottesfamilie nannte. Genau erinnere ich mich nicht mehr an dieses Gespräch. Irgendwann übermannte mich einfach die Müdigkeit, und ich schlief ein.

Ich erwachte erst kurz vor der Ankunft wieder. Als wir auf den Parkplatz des Klosters einfuhren, stellte ich fest, dass es viel größer war, als ich erwartet hatte. Strahlend weiß lag die Anlage im Sonnenlicht. Die Fassade war mit langen gelbweißen Fahnen geschmückt. Die Pfortenschwester stand schon an der Tür und erwartete uns mit einem breiten Lächeln. Wir wurden auf das Freundlichste begrüßt. Nach einem kleinen Willkommenskaffee in einem Empfangszimmer, das wie ein altmodisch-großbürgerliches Wohnzimmer aussah, traten wir hinaus auf den Gang. Die alte Klausurtür vor uns stand weit geöffnet. Sr. Ottilie schloss sie, um mir die barocken Ölgemälde auf den Türflügeln zu zeigen: Maria Magdalena und Augustinus mit dem flammenden Herzen. Die Botschaft der beiden sei, wer hier eintrete, müsse sich bekehren. Sie öffnete die Tür wieder, und der Blick auf den langen Klostergang wurde frei. Vom kleinen Innenhof fiel Sonnenlicht auf die weißen Wände und die dunklen Fußbodenplatten. In einer Nische am anderen Ende des Ganges stand eine lebensgroße Figur des Dornengekrönten. Wir gingen in die andere Richtung zur Kapelle, in die wir nur einen kurzen Blick taten. Es war eine richtige kleine Klosterkirche in schlichtem Weiß, mit üppigem Blumenschmuck und moderner Ausstattung. Unter dem hohen Gewölbe, das eine sehr gute Akustik versprach, blickte eine überdimensionale romanische Muttergottes auf den schlichten Volksaltar herunter. Nachdem wir die Kapelle verließen, blieb mir bis zur Vesper gerade noch genug Zeit, mein Quartier zu beziehen.

Ich war in einem der Schwesternzimmer im zweiten Stock untergebracht, das von derselben Ästhetik geprägt war wie die meisten Räume im Mutterhaus, eine Mischung aus Bauernstube und Biedermeier. In dem circa zwölf Quadratmeter großen Raum fanden sich neben dem Bett mit Nachtkästchen ein Schrank, ein Tisch mit

Stuhl und ein Waschbecken mit Boiler. An der Tür hing ein kleines Weihwasserbecken, an der Wand ein Kreuz und ein Marienbild. Auf dem Tisch standen ein kleines Blumenväschen und eine Karte. Daneben fand ich auf einem hellgrünen Zettel auch den Tagesablauf: um 6:15 die Messe, um 7:00 Angelus, Lesehore und Laudes, anschließend Frühstück. Um 12:00 Angelus, Rosenkranz und Mittagsgebet, anschließend Mittagessen, um 17:30 die Vesper und das Abendessen und um 19:45 Abendanbetung und Komplet. Bis auf die »Abendanbetung« kannte ich alles aus anderen Klöstern. Aber als ich dann meine erste Vesper in der Klosterkirche erlebte, die Vesper von Maria Himmelfahrt, war ich doch einigermaßen erstaunt. So hatte ich eine Vesper noch nie erlebt. Alleine schon der feierliche Einzug übertraf alle Erwartungen. Hinter dem Kreuzträger schritt ein großer schlanker Priester im goldenen Rauchmantel den Mittelgang entlang, ihm folgten circa sieben weitere in weißen Chormänteln und schließlich eine große Schar Schwestern, ebenfalls im weißen Chormantel, mit Schleier und Krone. Sobald sie ihre Plätze bezogen hatten, erklang ein feierlicher Gesang. Es schien unmöglich, sich seiner Wirkung zu entziehen. Nicht nur der Hymnus, sondern auch die Psalmen wurden mehrstimmig gesungen, im Wechsel zwischen Männer- und Frauenstimmen. Das hatte ich so noch nie erlebt. Das Magnificat wurde schließlich auf Latein angestimmt. Der feierliche gregorianische Ton erhob sich und erfüllte den von Lilien- und Weihrauchduft schweren Raum. Ich war verzaubert. Hiermit konnte sich keine Liturgie messen, die ich bisher erlebt hatte.

Am nächsten Morgen wurde ich in die Küche eingeladen, wo ich den Schwestern bei der Arbeit helfen durfte. Hier erlebte ich eine ähnliche Überraschung. Die für die Küche verantwortliche Schwester, eine strahlende, blonde Slowenin namens Sr. Ivana begrüßte mich, drückte mir eine Schürze in die Hand und teilte mir meine Arbeit zu. In keinem der Klöster, die ich bisher kennengelernt hatte, war ich so selbstverständlich in den Alltag der

Kommunität eingebunden worden, und nirgendwo hatte ich so viele junge Schwestern gesehen. Die große Küche war voll von ihnen, und alle hatten gute Laune. Ich konnte mich dieser Stimmung nicht entziehen. Etwas in der Art, wie die Schwestern ihre Arbeit angingen, berührte mich. So fröhlich und tatkräftig muss es früher in den Klöstern zugegangen sein, die heute überaltert sind, dachte ich. Das hier ist das Original, das authentische Klosterleben. So fühlt sich das also an.

Am Samstagnachmittag fand das vielleicht folgenreichste Gespräch dieser Tage statt. Ich hatte Sr. Ottilie erzählt, dass meine Familie im September mit dem Bayerischen Pilgerbüro nach Rom fahren würde. Daraufhin organisierte sie sofort ein Gespräch mit Sr. Hildegard, die normalerweise in Rom im Einsatz war, sich aber in diesem Sommer aus gesundheitlichen Gründen einige Wochen im Mutterhaus aufhielt. Ich wunderte mich ein wenig. Was sollte Sr. Hildegard mir Wichtiges zu sagen haben? Jedenfalls schien sie eine Instanz zu sein, eine außergewöhnlich erfahrene Pilger-Führerin. Die Schwestern, denen ich beim Mittagessen erzählte, dass ich am Nachmittag Sr. Hildegard treffen würde, lobten sie über die Maßen. Als es soweit war, stiegen Sr. Ottilie und ich in den ersten Stock hinauf und betraten den »Kapitelsaal«, der später renoviert und zum Brüderrefektorium umfunktioniert wurde. Es war ein dunkler Raum, hauptsächlich wegen den langen Gardinen an den Fenstern. Das noble kleine Beistelltischchen und die geblümten Sesselchen verliehen ihm dieselbe Biedermeierästhetik, die fast alle Räume im Haus prägte. Das Parkett knarzte, als wir den Raum betraten. Sr. Hildegard war schon da. Sie hatte in einem der Sesselchen Platz genommen. Ihre dunkelbraune Strickjacke über dem karierten dunkelbraunen Rock schienen den Raum noch mehr in Dunkelheit zu hüllen, aus der nur ihr von kurzen dunklen Haaren umrahmtes Gesicht herausleuchtete. Sie trug einen Gips am Bein und machte im Sitzen eine angedeutete Verneigung, um mich sofort mit übertrieben freundlichen Worten zu begrüßen. Im Vergleich zu dem, was ich über sie gehört hatte, wirkte sie eher unscheinbar, und ich merkte bald, dass das Gespräch von vorneherein vor allem einen Zweck hatte. Beide Schwestern machten mir mit vereinten Kräften deutlich, dass meine Familie bei unserer Reise im September unbedingt die Gemeinschaft in Rom besuchen müsse. Es schien völlig unmöglich, diese Einladung auszuschlagen. Auf meine Bedenken hin hieß es, in jedem Fall müssten wir mindestens eine Führung ans Petrusgrab mitmachen. Ich war etwas beunruhigt, weil ich ja gar nicht absehen konnte, ob das möglich sein würde. Konnten wir uns so einfach vom Programm der Gruppe lösen? Wollten wir das? Wir kannten uns in Rom ja nicht aus. Wie sollte ich meine Eltern überzeugen? Wir verblieben dabei, dass wir telefonieren würden, wenn ich wieder daheim wäre. Sr. Ottilie würde mir dann die Nummer einer Sr. Annemarie geben, mit der könnte ich alles Weitere besprechen. Obwohl mir das noch merkwürdiger vorkam, war ich froh, die Sache wenigstens verschoben zu haben.

Aber damit war das Gespräch nicht beendet. Nun wurden die sogenannten Albumblätter hervorgeholt. Mir wurden Bilder von strahlenden jungen Schwestern, zelebrierenden Priestern und schönen Häusern in den verschiedensten Ländern gezeigt, und ich erfuhr vieles über die Gottesfamilie. Besonders beeindruckte mich, was ich über das Zusammenleben von Männern und Frauen hörte. Es gefiel mir, dass die Gemeinschaft nicht nur aus Frauen bestand. »Geistliche Familie«, »gegenseitige Ergänzung«, »Fruchtbarkeit in der geistlichen Vater- und Mutterschaft« und andere Worte machten einen gewissen Eindruck auf mich. Mindestens genauso sehr beeindruckte mich, dass wie nebenbei erwähnt wurde, *dieser* Priester habe promoviert und *der* arbeite im Vatikan. *Diese* Schwester studiere in Rom und *jene* habe einen Doktor in Philosophie.

Eine hatte offenbar sogar Atomphysik studiert! Ich sah große Möglichkeiten vor mir: Rom, Frankreich, England, Jerusalem, vielleicht ein Studium. Und wer weiß, welche Aufgaben ich noch bekommen könnte? Auf die Fotos der Mitglieder folgten Symbolfotos, die von der Erklärung des Charismas begleitet wurden. Die goldene Dornenkrone war das Symbol der Gottesfamilie. Wie Jesus am Kreuz die Sünden der Menschheit gesühnt hatte, so hatte er durch das Tragen der Dornenkrone den geistigen Hochmut der Menschheit gesühnt, erklärte Sr. Ottilie. Die Gottesfamilie betrachtete es als ihre Aufgabe, den geistigen Hochmut unserer Zeit zu sühnen. Das klang irgendwie seltsam, aber es machte Eindruck auf mich. Ich dachte an liberale Theologen und daran, wie die Überheblichkeit mancher Pfarrer meine Eltern verletzt hatte. »Hochmut ist die größte Sünde unserer Zeit«, hatte Sr. Ottilie gerade gesagt. Ich wollte demütig sein. Ich will gerne mit Christus die Dornenkrone tragen, dachte ich.

Es folgten weitere Albumblätter. Darunter Bilder von der Feier der Päpstlichen Anerkennung. Ziemlich genau vor einem Jahr, am 29. August 2001, war die Gemeinschaft von Johannes Paul II. als »Familie des geweihten Lebens« anerkannt worden. Sie war kein Orden und kein Säkularinstitut, auch kein Institut im klassischen Sinn, sondern eine »neue Form des geweihten Lebens« nach can. 605 CIC (dieser Canon des kirchlichen Gesetzbuches schien sehr wichtig zu sein, denn er wurde mehrmals genannt). Das war eine wichtige Nachricht, denn ich wollte nicht in eine Gemeinschaft eintreten, die nicht kirchlich anerkannt war. Soviel war klar. Dass die Gottesfamilie vom Papst anerkannt war, hieß, dass sie die katholische Lehre und das kirchliche Recht befolgte und dass die Kirche sich dafür verbürgte, dass sie das tat. Ich konnte der Gottesfamilie also grundsätzlich vertrauen, es war keine obskure Vereinigung.

Das bestätigte umso mehr das nächste Bild, auf dem Kardinal Ratzinger zu sehen war, als Hauptzelebrant bei der Dankesmesse für die Päpstliche Anerkennung, die im November 2001 im Petersdom stattgefunden hatte. Ich fand es aufregend, dass der Präfekt der Glaubenskongregation mit der Gottesfamilie befreundet war, denn er war eine wichtige Persönlichkeit. Vor allem aber hieß es, dass ich wirklich vollstes Vertrauen in die Integrität dieser Gemeinschaft haben konnte. Der weiße Chormantel, den die Mitglieder der Gottesfamilie nicht nur bei dieser Gelegenheit, sondern an allen Sonn- und Feiertagen beim Gebet trugen, war ein Sinnbild für die Reinheit der Erlösten. Er erinnert an die Taufe und symbolisiert die Schar der Heiligen, die im letzten Buch der Bibel vor dem Thron Gottes stehen und ihn anbeten. Die Dornenkrone und der Schleier schreckten mich nun weniger ab als zuvor. Was die Bilder vom Herzen Jesu und einige Sätze über ein »Bündnis« bedeuten sollten, verstand ich nicht ganz. Eines der letzten Albumblätter zeigte zwei Kreuz-Anhänger. Einer war silbern, der andere rot. Das rote Kreuzchen sei eine Art Verlobungszeichen, sagte Sr. Ottilie. Junge Frauen, die in die Gottesfamilie eintreten wollten, würden bis zu ihrem Eintritt ein solches Kreuz tragen. Männer trügen das silberne Kreuz. Sr. Ottilie sah mich erwartungsvoll an. Ich betrachtete das Bild. Irgendwie fand ich das kindisch, besonders dieses Wort »Verlobung«. Immerhin wusste ich jetzt, was der nächste Schritt war, wenn ich denn in die Gottesfamilie eintreten wollte.

Das Werk Gottes

Dann kam etwas, das mich traf wie ein Blitz: auf dem nächsten Albumblatt war ein Christus-Fresko aus einer römischen Basilika zu sehen. Daneben ein Bibelvers aus dem Johannesevangelium: »Das ist das Werk Gottes, dass ihr an den glaubt, den er gesandt hat«. Dieser Vers sei das Motto der Gottesfamilie, sagte Sr. Ottilie. Ich war wie vom Donner gerührt. Dieser Vers war mein Taufspruch! Nach gutem evangelischem Brauch erhält jeder Täufling einen Bibelvers, der ihn durchs Leben begleiten soll. Mein Vers war exakt dieser: Joh 6,29. Ich war sprachlos. Die Schwestern waren beinahe ebenso erstaunt wie ich, nur dass ihr Erstaunen sich sofort in helle Freude verwandelte. Sr. Hildegard kriegte sich fast nicht mehr ein. Auf dem Gesicht von Sr. Ottilie lag ein überlegenes Lächeln. Uns allen dreien war augenblicklich klar, dass das ein ganz klares Zeichen war. Ich war zur Gottesfamilie berufen. In meiner Taufe schon hatte Gott diese Berufung in mich gelegt. Nun war alles klar. Die Entscheidung war im Grunde gefallen. Ich wusste nur nicht, ob ich mich freuen sollte.

Erst als ich wieder daheim war, gelang es mir halbwegs, meine Gedanken und Gefühle zu sortieren. Ich war hin- und hergerissen zwischen der Abneigung, die ich zuerst empfunden, und der Begeisterung, die ich dann erlebt hatte. Auf jeden Fall mochte ich Sr. Ottilie nicht. Und wenn ich eintrat, würde ich niemals ein Ordenskleid haben, dafür müsste ich aber früher oder später den Chormantel mit Dornenkrone und Schleier tragen. Schon die Vorstellung war mir zuwider. Konnte ich das wollen? Besser: konnte es wirklich das sein, was Gott von mir wollte? Andererseits war der Taufspruch ein so eindeutiges Zeichen. Und ich hatte noch nirgendwo so eine Feierlichkeit und Fröhlichkeit erlebt, so eine Begeisterung. Ich kannte keine Gemeinschaft, die so viele junge Mitglieder aus allen möglichen Ländern hatte – und eigene Priester! Priester, die im Vatikan arbeiteten und Kardinal Ratzinger kannten. Gedankenverloren saß ich in der Küche und hielt den Flyer in der Hand, den ich meiner Mutter zeigte. An den Chormantel würde ich mich schon gewöhnen, meinte sie. Vielleicht hatte sie recht, dachte ich. Jedenfalls war das kein ausreichender Grund, nicht dort einzutreten. Schließlich würde es in jedem Kloster die eine oder andere Kleinigkeit geben, die gewöhnungsbedürftig wäre. Vor allem war eines klar: wenn Gott mich in der Gottesfamilie haben wollte, dann wusste er, was er tat. Dann musste ich mir nicht weiter den Kopf zerbrechen. Was immer nach dem Eintritt geschehen würde, ich würde seinen Willen tun, und damit wäre alles gut. Und eines wusste ich ohnehin: ein Leben in der Nachfolge Jesu schloss Verzicht und

Leiden mit ein. So halb und halb war die Entscheidung damit gefällt. Allerdings wollte ich die Fahrt nach Rom noch abwarten. Ich wollte Sr. Ottilie die Freude meiner Zusage nicht zu früh machen.

Besuch in der Piccola Casa

Der erste Anruf von Sr. Ottilie ließ nicht lange auf sich warten. Sie gab mir eine italienische Telefonnummer, unter der ich Sr. Annemarie erreichen konnte. Es stellte sich heraus, dass es gar nicht nötig war, da sie schon minutiös alles mit ihr ausgemacht und geplant hatte. Das hieß auch, dass an Ablehnung nicht mehr zu denken war. Einige Wochen später war es so weit. Seit ein paar Tagen waren wir mit unserer Reisegruppe in Rom unterwegs, als der angepeilte Nachmittag anbrach. Während unsere Gruppe sich mit Don Tedesco, der für die deutschen Pilger zuständig war, das Pantheon ansah, trafen wir uns mit Sr. Annemarie, einer schmalen, dunkelhaarigen Vorarlbergerin, auf dem Petersplatz. Sie grüßte uns mit leicht aufgeregter Sopranstimme. Wir waren knapp dran. Am Portal neben dem Sant' Ufficio wechselte sie ein paar Worte auf Italienisch mit den Schweizer Gardisten, die uns in den Vatikan einließen. Wir ließen den Campo Santo zu unserer Linken und gingen auf das Ufficio Scavi zu. Vor dem Eingang trafen wir Sr. Teresa, die einige Worte zu einer bunt zusammengewürfelten deutschen Gruppe sagte, der wir uns anschlossen. Sr. Annemarie nahm unterdessen meine beiden jüngsten Schwestern mit sich fort. Sie durften nicht an der Führung teilnehmen, da sie beide jünger als zwölf waren. Sie würde so lange auf sie aufpassen. Wir wandten uns Sr. Teresa zu. Mit ihrem schüchternen Lächeln und ihrem karierten Faltenrock ähnelte sie in nichts den stimmgewaltigen und entschlossenen Touristenführerinnen, die ich vor ein paar Tagen im Petersdom beobachtet hatte.

An die Führung durch die Nekropole erinnere ich mich kaum. Umso mehr erinnere ich mich aber an das, was hinterher geschah.

Ohne dass es angekündigt worden wäre, wartete am Ende der Führung ein freundlicher und gutgelaunter Priester auf uns, ein Rheinländer mit rundem Gesicht und breitem Grinsen. Er mochte Mitte 30 sein und stellte sich als P. Christoph vor. Nachdem er ein paar scherzende Worte mit Sr. Teresa gewechselt hatte, bat er uns zu unserer großen Überraschung, mit ihm zu kommen. Er schleuste uns durch die Grotten von St. Peter, öffnete hier eine Absperrung und dort eine, bis wir schließlich wieder auf dem Petersplatz standen. Wir staunten nicht schlecht. Mit dem Auto fuhr er uns eine kleine Strecke in die sogenannte Piccola Casa. Sie war eines der beiden Häuser der Gottesfamilie in Rom. Als wir das Haus betraten, kamen uns über die Treppe aus dem ersten Stock schon meine beiden kleinen Schwestern entgegen und zeigten uns stolz die Engelsflügelchen, die Sr. Fleur, eine liebenswerte ältere Belgierin, ihnen gebastelt hatte.

Das äußerst liebevoll eingerichtete, verwinkelte Häuschen hatte ein gewisses italienisches Flair. Dunkles Holz und Marmortreppen verliehen ihm einen edlen Touch. Die schiere Kleinheit seiner Maße ließ es unklösterlich wirken, ganz anders als das Kloster in Österreich. Ich war fasziniert. Sr. Annemarie hieß uns willkommen und führte uns durch ein schmuckes kleines Wohnzimmer in einen herrlichen Garten, eine Oase mitten in Rom. Unter einer Weinlaube stand schon ein Tisch mit gekühltem Holundersirup und Gebäck bereit. Von soviel Gastfreundschaft wurden wir beinahe sprachlos. Meine Eltern waren sichtlich beeindruckt. Meine Geschwister fühlten sich wohl. Die beiden Kleinen wurden von allen Seiten dafür gelobt, dass sie so brav gewesen waren. Als wir die Piccola Casa verließen, regnete es. P. Christoph brachte uns mit dem Auto zur nächsten U-Bahn-Station und erklärte uns, wie wir nach Anagnini kamen, der Station, an der wir unsere Gruppe wiedertreffen wollten, um mit dem Bus zurück in unser Quartier am Lago Albano zu fahren. Etwas nass aber beglückt saßen wir in der Metro.

Als wir einige Tage darauf wieder daheim waren, dauerte es nicht lange, bis Sr. Ottilie anrief. Sie wusste schon alles über unseren Besuch in der Piccola Casa und schien sehr erfreut darüber, wie gut ihr Plan funktioniert hatte. Nachdem wir ein paar Worte gewechselt hatten, fragte ich in möglichst belanglosem Ton nach dem roten Kreuzchen. Was müsste ich tun, um es zu bekommen? Sie antwortete genauso knapp, ich müsste nur einen formlosen Brief an Mutter Marozia schreiben und darum bitten. Zwar hatte ich Mutter Marozia, die »international Verantwortliche« der Schwestern der Gottesfamilie, noch gar nicht getroffen. Aber sie war nun einmal die zuständige Person. Ich dachte gar nicht daran, dass ich abgelehnt werden könnte, und ich lag ganz richtig damit. Ungefähr eine Woche später erhielt ich die Antwort. Eine Karte, ein Blatt Papier und ein paar Zeilen. Ja, ich sollte das rote Kreuzchen bekommen, und zwar am 28. September im Rahmen einer Vesper im Mutterhaus. Dem Brief war eine Einladung beigelegt. »Die Liebe ist ihrem Wesen nach schenkend. Sie ist Hingabe«, stand darauf, ein Wort der Gründerin, die alle nur »Mutter« nannten. Es war die Einladung zu einer Chormantelfeier oder, gemäß dem Text der Einladung, zu einem »Heiligen Bündnis mit dem Herzen Jesu in jungfräulicher Liebe«. Am 29. September würden zwei junge Schwestern, eine Ungarin und eine Österreicherin, im Mutterhaus das Gelübde der Jungfräulichkeit ablegen und den weißen Chormantel mit Krone und Schleier erhalten. Als Hauptzelebrant wurde Kardinal Erdö aus Budapest angekündigt. Diese Feier interessierte mich natürlich.

Diesmal fuhr ich mit dem Zug und wurde am Bahnhof von einer Schwester abgeholt. Sobald ich das Haus betrat, spürte ich, dass das ganze Kloster in geschäftiger Vorbereitungslaune war. An der Pforte standen wartend und plaudernd Gruppen von Priestern und Gästen. Schwestern in Schürze eilten durch die langen Gänge, mit Blumen,

Essen oder Putzeimern in den Händen. Das Pfortentelefon läutete in einem fort. Bei den Mahlzeiten im großen Refektorium und beim Gebet in der Kapelle fielen mir viele unbekannte Gesichter auf. Das Haus war offensichtlich voller Gäste. Ich registrierte insbesondere einige Patres und Schwestern, die ich bei meinem letzten Besuch nicht gesehen hatte. Obwohl die Schwestern alle Hände voll zu tun hatten, wurde eine liebe kleine Slowenin namens Sr. Ana gewissermaßen zu meiner Betreuung abgestellt. Sie war vom Willkommenskaffee bis zum Abschied für mich da und fast immer an meiner Seite. So fühlte ich mich weniger verloren unter den vielen mir unbekannten Gesichtern. Sr. Ottilie würde nämlich erst später ankommen.

Am Mittag des 28. September sollte ich mit P. Rektor, dem International Verantwortlichen der Priestergemeinschaft der Gottesfamilie, zu Mittag essen. Nur er und ich. Ich war nervös, während ich im sogenannten Konferenzzimmer wartete, in dem für uns gedeckt war. Der Raum war schmal und lang, an seinem Tisch mit dem obligatorischen Blumenväschen und der Spruchkarte hätten bis zu 20 Personen Platz finden können. Immer wieder hörte ich Schritte auf dem Gang, die meine Anspannung steigerten, bis sich endlich die alte dunkle Holztür zu meiner Rechten öffnete und P. Rektor den Raum betrat. Der riesige Mann mit den dunklen Haaren und dem großen Kopf über dem schwarzen Kollarhemd begrüßte mich freundlich. Er stellte sich hinter seinen Stuhl, sprach das Tischgebet und bat mich Platz zu nehmen, während er mir die Suppe in den Teller schöpfte. Wenn er mir eine Frage gestellt hatte, betrachtete er mich aufmerksam, fast lauernd, wobei er seinen großen Kopf, als wäre er zu schwer, nach vorne senkte, sodass er leicht nach oben blicken musste, um mir in die Augen zu sehen. Ich fühlte mich, als säße ich in einer Prüfung. Nachdem das eine Weile so gegangen war, sagte er schließlich mit übertrieben lauter Stimme, er sei erfreut, dass ich das rote Kreuzchen empfangen wolle. Besonders freue es ihn, dass ich diesen Schritt in jungen Jahren gehen wolle und dem Herrn »nicht erst mein graues Haar schenke«. Als wir zum Nachtisch übergingen, kündigte er an, dass er an diesem Nachmittag einen Vortrag für junge Frauen und Mädchen halten werde, die zur morgigen Feier eingeladen waren. Es würde ihn freuen, wenn ich auch dabei wäre. Um 17:30 sei dann die Vesper, bei der ich das rote Kreuzchen erhalten solle. Er selbst werde der kleinen Zeremonie vorstehen. Ich fühlte mich geehrt.

Sr. Ana begleitete mich zum Vortrag ins sogenannte Pilgerheim, einen etwas dunklen und kühlen Raum auf der anderen Seite des großen Innenhofes, der mit seinen Butzenscheibenfenstern und dem Gewölbe wie eine Stube in einem bayerischen Gasthof wirkte. Außer mir saßen circa sieben schüchterne Mädchen um einen der Tische. Sie mochten etwas jünger sein als ich. P. Rektor kam herein, setzte sich an die Stirnseite des Tisches und sprach ein kurzes Gebet, bevor er in etwas grundschullehrerhafter Manier zu sprechen begann. Es ging vor allem um das Thema Berufung. Wie ein junger Mann um ein Mädchen wirbt, so werbe auch Jesus um eine junge Frau, die er erwählt hat. Er klopfe an ihr Herz und erwarte sehnsüchtig eine Antwort. Ich war etwas peinlich berührt von der altmodischen Sprache, die P. Rektor mit diesen Worten offenbarte. Er hatte wohl keine Ahnung davon, wie das »Liebeswerben« unter Teenagern im 21. Jahrhundert tatsächlich aussah. Dennoch gab ich ihm recht. Auch ich betrachtete eine Berufung als eine Liebesbeziehung zu Gott und konnte dem Gedanken des »Liebeswerbens« durchaus etwas abgewinnen. Ich wusste noch nicht, dass P. Rektor nichts lieber tat, als jungen Mädchen Vorträge über das Liebeswerben Gottes zu halten. Im Folgenden ging er auf Fragen ein, die er selbst formulierte: Woran erkennt man, dass man eine Berufung hat? Die Antwort: Unter anderem daran, dass andere Leute, besonders Priester, einen darauf ansprechen. Denn diese hätten oft ein besseres Gespür dafür als man selbst. Wenn ein Priester zu einem jungen Mädchen sage, es solle einmal darüber nachdenken, ob es nicht eine Berufung zum gottgeweihten Leben habe, dann sei das ein starkes Zeichen dafür, dass es tatsächlich eine Berufung habe. Ich wunderte mich ein wenig über diese Antwort, aber erst viel später beobachtete ich, dass die Gottesfamilie mit dieser Methode versuchte, »Berufungen« regelrecht zu produzieren. Sie suchten selbst aus, wen sie ansprachen, und wer einmal angesprochen worden war, hatte damit praktisch schon eine Berufung.

Nach dem Vortrag war es schließlich so weit. Sr. Ana führte mich hinauf in die kleine Kapelle, die auch Mutters Kapelle genannt wurde, weil sie durch eine Tür direkt mit dem Zimmer der Gründerin verbunden war, die in den Jahren vor ihrem Tod nicht mehr an der Liturgie in der Klosterkirche teilnehmen hatte können. Es war ein kleiner Raum mit einem schlichten Altar, der so an die Wand geschoben war, dass der Priester die Messe »ad Dominum« feiern musste, also mit dem Rücken zum Volk. Links neben dem Altar hing ein moderner Tabernakel an der Wand, rechts eine gotische Marienfigur. In den Bänken, die insgesamt circa 20 Personen Platz boten, saßen schon einige Schwestern. Mein Platz war vorne in der ersten Reihe neben Sr. Ottilie. An jedem Platz lag ein Mäppchen im Din-A5-Format, das ein Programm und einige Liedblätter enthielt. Offenbar war eine richtige kleine Feier extra für mich vorbereitet worden. Ich war berührt.

P. Rektor betrat die Kapelle. Er war in Albe und Stola gekleidet und eröffnete die Vesper. Nach der Lesung hielt er eine kurze Ansprache, an die ich mich nicht mehr erinnere. Dann segnete er das rote Kreuzchen und überreichte es Sr. Ottilie, die es mir umlegen sollte. Sie versuchte, mir die Kette über den Kopf zu ziehen, während ich vor ihr in der Bank kniete. Eine gefühlte Ewigkeit drückte sie auf meinem Kopf herum. Ich war peinlich berührt und stellte erneut fest, dass Sr. Ottilie mir unsympathisch war, schämte mich aber sofort dafür, gerade in diesem Moment einen solchen Gedanken zu haben. Endlich flüsterte eine andere Schwester ihr zu, dass sie die Kette doch einfach öffnen solle. Ich atmete innerlich auf. Sobald das rote Kreuz um meinen Hals hing, stimmte eine Schwester das Magnificat an.

An das Abendessen, die Feier des folgenden Tages und den Abschied habe ich keine Erinnerung mehr. Nur dunkel erinnere ich mich, dass ich nach der Abendanbetung noch einmal in eines der Empfangszimmer geführt wurde, um mit P. Rektor und einigen Schwestern einen Karottenkuchen mit Zuckerglasur und einem roten Marzipankreuzchen zu essen, der von den Küchenschwestern für mich gebacken worden war. Und ich erinnere mich, dass einige Schwestern mir vor und nach der Chormantelfeier bedeutungsvoll zulächelten. Die Feier sei für mich ein »Blick in die Zukunft«. Ein Satz, der mich nervte, da ich für den Augenblick ganz froh war, vorerst noch vom Chormantel verschont zu bleiben. Eines aber ist mir deutlich in Erinnerung, nämlich das gemischte Gefühl, mit dem ich am Montagmorgen nach meiner Heimkehr das Kreuz in der Schule unter dem Pulli trug. Es war ein unsichtbarer Fremdkörper in diesem vertrauten Umfeld meines Alltags, und es entfremdete mich diesem. Andererseits war es ein süßes Geheimnis. Ich wusste endlich, wo Gott mich haben wollte.

2. DER EINTRITT

Warnung vor dem Berufungskampf

Für mich war es beschlossene Sache, dass ich in die Gottesfamilie eintreten würde. Für die Gottesfamilie schien es dennoch wichtig, mich in diesem letzten Jahr vor dem Eintritt möglichst gut zu umsorgen. Sr. Ottilie schrieb ständig Briefe und rief mindestens einmal in der Woche bei uns an. Sie sagte mir, dass ich eine große Entscheidung gefällt hätte, die dem Widersacher Gottes keine Ruhe lassen würde. Jeder, der in die Gottesfamilie eintreten wolle, müsse früher oder später einen Berufungskampf durchmachen, denn alles, was von Gott sei, werde von Satan angegriffen. Deswegen werde auch die Gottesfamilie immer wieder verfolgt. Die letzte »Verfolgungswelle« sei erst ein paar Jahre her. Dennoch brächten diese schwierigen Zeiten auch immer einen besonderen Segen für die Gemeinschaft und neue Berufungen. Ich wunderte mich etwas über diese so feierliche, warnende Ankündigung und konnte mir beim besten Willen nicht vorstellen, worin der Berufungskampf in meinem Fall bestehen sollte.

Die Gottesfamilie zu Besuch bei uns

Es war wohl einerseits die Sorge, dass ich von meiner Entscheidung abgebracht werden könnte und andererseits die Hoffnung, in meinem Umfeld auf fruchtbaren Boden für weitere Berufungen zu stoßen, die uns in den folgenden Monaten zahlreiche Besuche von Vertretern der Gottesfamilie einbrachten. Sr. Ottilie besuchte uns besonders häufig, meistens alleine, andere Male gemeinsam mit einer Mitschwester. Bei diesen Gelegenheiten scannte sie meine Familie, meine Pfarrei und mein gesamtes Umfeld möglichst weitläufig ab. Wer eignete sich für die Gottesfamilie als Mitglied, als

Spender, als Türöffner für weitere Kontakte? Im Blick auf meine Familie gab sie die Hoffnung recht bald auf. Sie eignete sich nicht zur Katakombenfamilie. Denn diese Familien müssen sich an einem ziemlich hohen Anspruch messen lassen. Nicht nur, dass ihre Wohnstätten Muster christlich-katholischen Familienlebens sein müssen, dass sie die komplette Morallehre der Kirche praktisch umsetzen müssen (inklusive Verzicht auf Empfängnisverhütung), sie müssen die Gottesfamilie auch nach besten Kräften unterstützen, durch Arbeit oder Geld. Zu vielem davon war meine Familie einfach nicht in der Lage.

Sr. Ottilie stieß bei ihrer Suche nach geeigneten Kontaktpersonen und Multiplikatoren für die Gottesfamilie in unserem Umfeld kaum auf fruchtbaren Boden. Einige der von ihr Angesprochenen reagierten abweisend. Dazu gehörte auch unser alter Pfarrer. Er mochte die Gottesfamilie nicht, wahrscheinlich war er zu altmodisch für eine solche »neue Form des geweihten Lebens« ohne Habit, bestehend aus Männern und Frauen und ohne spezifisches Apostolat. Der neue Pfarrer war dagegen zu liberal, von daher kam er von vornherein nicht in Frage. Dennoch fand sich eine Zielgruppe für die Gottesfamilie in meiner Gemeinde. Es gab ja viele gläubige russlanddeutsche Familien mit einer großen Schar Kinder. Einige von ihnen waren an der Gottesfamilie durchaus interessiert. Es dauerte nicht lange, bis in regelmäßigen Abständen Patres der Gottesfamilie in unseren Ort kamen und Vorträge für die vielen Kinder und Jugendlichen hielten, die im großen Wohnzimmer einer dieser Familien zusammenströmten. Es mochten im Schnitt so um die zwanzig sein, die über Mund-Propaganda von Familie zu Familie eingeladen wurden und gerne kamen. Das Ganze hatte einen gewissen Untergrundkirchen-Flair. Während die Jugendlichen und einige Eltern um sie herum auf der Couch, einigen Stühlen oder dem Fußboden saßen, sprachen die Patres über die Gottesfamilie, über die Berufung zum Priestertum und zum geweihten Leben, über das Gewissen, die Liebe zur Kirche und den priesterlichen Segen. Wer wollte, konnte bei ihnen beichten.

P. Christoph kam besonders oft, aber auch P. Rektor kam auf Besuch, hielt einen Vortrag für die russlanddeutschen Jugendlichen und kam auch zu uns nach Hause. Sein Besuch bei uns daheim blieb mir am eindrücklichsten in Erinnerung. Während meine Mutter noch mit Kochen beschäftigt war und sich ein wenig grämte, dass sie nicht rechtzeitig fertiggeworden war, setzte dieser große Mann sich einfach auf die kleine Eckbank in unserer Küche und ließ sich die Kartoffeln zum Schälen geben. So viel Bescheidenheit hatte ich noch bei keinem Priester erlebt. Ich betrachtete sie als Indiz für seine Heiligmäßigkeit. Diese Besuche waren eine große Ehre für uns. Es war ja schon etwas Besonderes, wenn der Pfarrer zu Besuch kam. Hier aber geschah viel mehr. Es waren Patres einer internationalen geistlichen Gemeinschaft, die schon viel in der Welt herumgekommen waren und die ein besonderes Charisma besaßen. Und jeder ihrer Besuche bedeutete für die Schwestern oder Patres mindestens drei bis vier Stunden einfache Fahrtzeit. Dass wir das Ziel dieser ihrer Mühen sein sollten, ehrte uns unbeschreiblich.

Der Abendsegen

Ohne viel Zögern unterschrieben wir den sogenannten »Abendsegen«. Mit dieser Unterschrift bekundeten wir unsere Bereitschaft, täglich gegen 21.00 ein langes Gebet zu sprechen, dessen Text uns Sr. Ottilie auf eng bedruckten kleinen Kärtchen mitbrachte. Er handelte von unserer Dankbarkeit für »das große Geschenk des Glaubens« und für das Glaubensbeispiel »von Mutter« und enthielt die Bitte, dem Charisma der Gottesfamilie und der »Heiligen Kirche« treu zu bleiben und »mutig« davon »Zeugnis abzulegen«. Das Gebet hieß deswegen »Abendsegen«, weil alle Patres und zahlreiche befreundete Priester der Gottesfamilie jeden Abend gegen 21.00 diejenigen segneten, die dieses Gebet sprachen – über alle räumlichen Abstände hinweg. Durch diesen Segen sollte ein unsichtbares Band über die ganze Welt gesponnen werden, das segnende und gesegnete Mitglieder und Freunde der Gottesfamilie miteinander verband. Mir gefiel diese Idee, auch wenn mir der Text des Gebetes zu lang und für ein Gebet viel zu umständlich formuliert erschien. Aber nicht nur den Abendsegen, auch alles andere, was von der Gottesfamilie kam, betrachteten wir als sehr kostbar. Stapelweise erhielten wir Heftchen mit Vorträgen, die Patres der Gottesfamilie gehalten hatten und die mit Titeln wie »Erlösung vom Selbstmitleid«, »Die wahre christliche Nächstenliebe« oder »Erneuert euer Denken« überschrieben waren. Sie schienen eine gute geistliche Nahrung zu sein, weil sie sich nicht darauf beschränkten, blumige Formulierungen aneinanderzureihen, sondern auch sehr klare Forderungen enthielten, die ein greifbares Fortkommen im geistlichen Leben versprachen. Außerdem gab es auch Hefte, die bei schwierigen Themen klare Orientierung gaben, wie beispielsweise zum interreligiösen Dialog, zum Internet oder zur künstlichen Fortpflanzung. In deutlichen Worten, die man vom eigenen Pfarrer kaum so zu hören bekam, legten sie die »Lehre der Kirche« dar. Es schien uns, als hätten wir einen Schatz entdeckt.

Noch häufiger als die Gottesfamilie bei uns zu Gast war, war ich nun zu Gast bei der Gottesfamilie. Viele Wochenenden und praktisch alle Schulferien verbrachte ich bei den Schwestern. Ich war so oft dort, dass es mir im Nachhinein kaum möglich ist, einen Besuch vom anderen zu unterscheiden. Die Niederlassungen der Gottesfamilie wurden gewissermaßen zu meinem zweiten zu Hause. Im Herbst 2002 kam ich das erste Mal zu den Schwestern in München, die dort zu fünft ein schönes ehemaliges Pfarrhaus mit Garten bewohnten. Im Erdgeschoss lagen die Küche, das Wohnzimmer, ein Büro und ein kleines Empfangszimmer. Im ersten Stock befanden sich die Zimmer der Schwestern und unter dem Dach im zweiten Stock die Kapelle, die Sakristei und weitere Schwestern- und Gästezimmer.

Sr. Ottilie war die Verantwortliche in diesem Haus, von wo aus sie in ganz Bayern unterwegs war und die Kontakte der Gottesfamilie pflegte. Ganz besonders interessierte sie sich für neu ernannte Bischöfe, Regenten in Priesterseminaren und für die theologische Fakultät der Ludwig-Maximilians-Universität. Obwohl sie selbst keinen theologischen Abschluss hatte, bewertete sie scheinbar fachmännisch die Qualität der einzelnen Dozenten, deren Vorlesungen sie sich regelmäßig anhörte. Wer ihr gut genug vorkam, wurde zu den Schwestern eingeladen. So waren dort immer wieder Pfarrer, Seminaristen, Professoren und sogar Bischöfe zu Gast. Sie zelebrierten die Messe in der Hauskapelle, bekamen ein gutes Essen vorgesetzt und wurden beim Tischgespräch weiter auf ihre Kirchlichkeit und Lehramtstreue abgeklopft. Diese Prozedur bekam ich anfangs nie in ihrer ganzen Ausführlichkeit mit. Die Gäste, bei denen ich mit am Tisch saß, waren meistens schon besser mit der Gottesfamilie bekannt und sollten durch die Anwesenheit einer jungen Kandidatin beeindruckt werden, denn Berufungen gelten in bestimmten kirchlichen Kreisen als eine Art Prestige-Objekt. Nur ein Gast, den ich bei meinen Aufenthalten in München öfter als einmal zu sehen bekam, hatte es nicht mehr nötig, beeindruckt zu werden: der frisch zum Kardinal kreierte Dogmatiker Leo Scheffczyk. Er war schließlich nicht nur ein Freund, sondern sogar Mitglied der Gottesfamilie. Ich staunte nicht schlecht, als ich das hörte. Offenbar gab es gar nicht so wenige Kardinäle und Bischöfe, die Mitglieder der Gottesfamilie waren. Die meisten behandelten ihre Mitgliedschaft zwar diskret, sodass außer den Verantwortlichen der Gottesfamilie niemand davon wusste. Aber es gab auch Ausnahmen: Kardinal Peter Erdö, Erzbischof von Budapest, und Kardinal Cahal Daly, Erzbischof von Armagh in Irland, sowie natürlich Bischof Philip Boyce von Raphoe in Irland, der seit den 1970er-Jahren geistlicher Begleiter von »Mutter« gewesen war. Sie machten aus ihrer Zugehörigkeit zur Gottesfamilie kein großes Geheimnis.

Bei allen meinen Besuchen war Sr. Ottilie praktisch die einzige Person, mit der ich sprach. Die anderen Schwestern sah ich nur in der Kapelle oder am Tisch. Mit Sr. Ottilie saß ich in den Stunden dazwischen zusammen. Sie schien für mich zuständig zu sein. Sie ließ sich Briefe von mir schreiben, die sie, wenn ich auf Besuch war, hervorholte und mit mir besprach. Das kam mir zwar seltsam vor und war obendrein unangenehm, aber ich dachte mir, wenn ich erst einmal eingetreten bin, werde ich eine richtige Ausbildnerin bekommen, eine, mit der ich mich zweifellos besser verstehen werde. Denn Sr. Ottilie verstand mich nicht, sie behandelte mich wie ein Kind, das noch viel lernen müsse. Sie lächelte spitz, wenn ich etwas sagte, als halte sie mich für naiv. Ja, manches Mal hatte ich das Gefühl, dass ein subtiler Machtkampf zwischen uns stattfand, in dem sie auf jeden Fall die Oberhand behalten wollte. Das tat sie auch, denn ich wollte ja meine Berufung nicht aufs Spiel setzen, auch wenn ich manches Mal kurz davor war, meiner Wut freien Lauf zu lassen.

Vor allem an *eine* solche Situation kann ich mich gut erinnern: Sr. Ottilie und ich kamen aus dem Gesprächszimmer und gingen miteinander die Treppe hinauf bis vor mein Zimmer. Ich hielt einen Stapel mit einigen Heftchen in der Hand, die sie mir zu lesen gegeben hatte und wollte in mein Zimmer verschwinden. Die Türklinke hielt ich schon in der Hand. Da kam Sr. Ottilie auf meine Kleidung zu sprechen. Wie gesagt, ich kleidete mich, für mein Gefühl, ohnehin schon wie eine Schwester. Ich trug einen langen schwarzen Rock mit einem leichten weißen Karomuster, darunter Nylonstrumpfhosen und dazu einen langärmeligen weißen Pulli mit einem Kragen und Reißverschluss. »Du musst dich wärmer anziehen«, sagte sie, und bevor ich begriff, was geschah, schob sie mich in mein Zimmer, schloss die Tür hinter sich und griff unter meinen Pulli. »Was hast du denn da drunter an?«, fragte sie. Diese Berührung war mir extrem unangenehm. Und die offensichtliche, als Fürsorge getarnte Grenzverletzung irritierte mich. Ich war mir deutlich der Wut bewusst, die mich in diesem Moment überkam und in der vieles, was sich in den letzten Monaten aufgestaut hatte, nach oben kochte. Dennoch brachte ich kein Wort heraus und stand starr, völlig überrumpelt mitten im Zimmer, während Sr. Ottilie, die meinen Pulli nach oben geschoben hatte und mein Unterhemd zwischen ihren Fingern hielt, auf mich einredete. Sie würde mir ein paar warme Unterhemden mitgeben.

Kurz darauf war sie verschwunden. Ich fühlte mich beklemmt. Ein Gefühl, das keineswegs besser wurde, als sie mir nach der Abendanbetung einen Stapel unglaublich dicker, langärmeliger Baumwollhemden in die Hand drückte, mit der Anweisung, diese mit nach Hause zu nehmen und ab sofort zu tragen. Ich machte sogar noch eine freundliche Miene und bedankte mich. Tatsächlich fühlte ich mich gedemütigt. Jahre später dachte ich, dass dies vielleicht der erste in einer langen Reihe körperlicher Übergriffe war, ein Test, was ich alles mit mir machen lassen würde, wie verfügbar ich wäre, ein erster Schritt hin zur ultimativen Katastrophe. Damals war ich einfach nur froh, den Moment irgendwie überstanden zu haben und daheim der Kontrolle von Sr. Ottilie entzogen zu sein. Ich trug die Unterhemden nur, wenn ich zu Besuch kam.

Es gab aber auch Gelegenheiten, bei denen ich das Gefühl hatte, dass auch noch andere Personen mich prüfen sollten. Ich erinnere mich an ein Mittagessen mit P. Klemens, dem Neffen von Mutter Marozia und Verantwortlichen der Priestergemeinschaft im Mutterhaus. Dieser große schlanke Mann mit den leicht ergrauten Haaren saß mir mit fachmännischer Freundlichkeit gegenüber, während Sr. Ana, die neben mir saß, als eine Art Gesprächsassistentin fungierte. Sie gab mir fortwährend Stichworte. »Erzähl doch, wie dein Vater dir Psalmen vorgelesen hat, als du klein warst.« Dies und das sollte ich erzählen, und P. Klemens hörte freundlich zu. Das Essen kam zu seinem Ende, er verabschiedete sich, und ich fragte mich, wozu dieses Gespräch gut gewesen war. Der Verdacht, es wäre eine Art Test gewesen, ließ sich nicht völlig abschütteln.

Gespräch mit Mutter Marozia

Irgendwann wollte auch Mutter Marozia mit mir sprechen. Es war ja völlig klar, dass sie als International Verantwortliche der Schwesterngemeinschaft der Gottesfamilie sich ein Bild von mir machen wollte. Vor dem Gespräch mit ihr war ich ziemlich nervös. Sie erwartete mich an einem Nachmittag im sogenannten großen Empfangszimmer des Mutterhauses. Es lag der Pforte gegenüber und hatte eine zweite Tür auf den Kreuzgang hinaus. Ich kannte den Raum schon. Durch seine Höhe, die großen Fenster und den Stuck an der Decke wirkte er besonders repräsentativ. Mutter Marozia pflegte ihre Gäste und Gesprächspartner hier zu empfangen. Sie war mindestens einen halben Kopf kleiner als ich. Ihre leicht rundliche Figur steckte immer in einem Kostüm, das sich von den weiten und unansehnlichen Röcken und Blusen der gewöhnlichen Schwestern vor allem dadurch abhob, dass es ihr auf gewisse Weise stand.

Das mit Abstand Bemerkenswerteste an ihr war aber ihr Gesicht. Ihr Blick war durchdringend. Um ihren Mund hatte sie einen ungeheuer entschlossenen und dominanten Zug, der dadurch zu entstehen schien, dass sie die Backenzähne aufeinanderbiss und dabei leicht die Lippen spitzte. Ihre Erscheinung hätte etwas Vornehmes haben können, wenn nicht die fieberhafte Dominanz, die ihr Wesen beherrschte, jede Form von Eleganz verunmöglicht hätte. Sie war eine Getriebene. Als ich später Fotos aus ihre Jugend sah, auf denen sie ihre damals noch langen Haare zu einem großen Dutt zusammengebunden hatte, war ich erstaunt über die Veränderung, die diese Frau durchgemacht hatte. Als sie jung war, hatte sie noch einen Glanz in den Augen, ein strahlendes rundes Gesicht, eine gewisse mädchenhafte Liebenswürdigkeit. Als ich sie vor meinem Austritt das letzte Mal sah, war sie eine in sich zusammengefallene und wegen ihrer Wahnhaftigkeit abgeschobene alte Frau.

Als ich ihr beinahe zehn Jahre früher das erste Mal gegenübersaß, war sie zunächst einfach die Oberin, in deren Augen ich bestehen musste. Sie redete in einem fort, und alles, was sie sagte, unterstrich sie mit ihrer erregten Stimme, erhobenen Augenbrauen und einem bedeutungsvollen Blick aus ihren funkelnden Augen. Keinem ihrer Worte hätte man zu widersprechen gewagt. Sie begann damit, dass sie auf ein Vorkommnis während des Mittagessens einging. Das Mittagessen war eine oft genutzte Gelegenheit, Nachrichten und Ankündigungen zu verbreiten. Die Pförtnerin erhob sich und sagte, sie wolle der Gemeinschaft ein »Zeichen der Zeit« mitteilen: »An der Pforte hat heute jemand eine Schachtel Pralinen für uns abgegeben. Jede ist einzeln verpackt und in jeder Verpackung steckt ein Zettel mit einem Spruch. Als wir eines geöffnet haben, was lesen wir da: Teufel, ich liebe dich!«

Die Stimmung im Raum war schlagartig von betroffenem Schweigen geprägt, unter das sich ein geradezu alarmiertes Murmeln mischte. Sie hätte kaum etwas Schrecklicheres sagen können. Da tönte die Stimme eines jungen Fraters durch den Raum, der mit einem breiten Grinsen im Gesicht sagte: »Naja, es heißt ja immer, wir sollten die Pforte entlasten. Ich melde mich freiwillig zum Verzehr der Schoki!«

Lautes Lachen war die Antwort aus der Ecke, in der die Patres saßen. Natürlich erinnerte ich mich daran, als Mutter Marozia wenige Stunden später darauf zu sprechen kam. Ihr Anliegen schien besonders darin zu bestehen, den jungen Frater, für den sie deutlich Sympathie zu hegen schien, zu entschuldigen. »Gott weiß, wo er sich noch bekehren muss. Aber wenn einer die Gnade hat, die ganze Gemeinschaft zum Lachen zu bringen, ist das auch ein Geschenk«.

Ich behielt den jungen Frater in den folgenden Monaten im Blick. Er hieß Alwin. Und die Gabe, die Gemeinschaft zum Lachen zu bringen oder auch einfach nur die Stimmung im Saal zu drehen und sich allgemeiner Panikmache zu entziehen, schien er wirklich in großem Maße zu besitzen.

Mutter Marozia fuhr fort, indem sie mich fragte, wie es denn in der Schule voranginge. Ich kam kaum dazu, ein paar Worte zu meinen Abiturfächern zu sagen. Als ich meinen Geschichts-Leistungskurs erwähnte, hatte sie das Stichwort, um zu einem Buch über das Leben der Gründerin überzugehen, das gerade geschrieben wurde. Ich hätte sicher von der Westfront im ersten Weltkrieg in Flandern gehört? Für eine Antwort, die über ein Kopfnicken hinausgegangen wäre, ließ sie mir keine Zeit. Die Gründerin habe ihre Kindheit in Flandern verbracht und ihre Familie musste während des Weltkriegs fliehen. Sie habe von klein auf ein besonders schweres Schicksal gehabt, voller Entbehrungen und Krankheiten. So wie Mutter Marozia von ihr sprach, musste sie ein ganz außergewöhnliches Kind gewesen sein, hochbegabt und fromm zugleich, kränklich und von ungeheurer Willensstärke. Sie hätte nie gewollt, dass ein Buch über sie geschrieben würde, außer es diente dem Charisma. Mutter Marozia sprach viel vom Charisma. Manches von dem, was sie sagte, kannte ich schon. Sie sprach vom Hochmut der heutigen Zeit, von der Überheblichkeit der modernen Gesellschaft, die sich von Gott abgewendet hatte, und von der großen Gnade, dass die Gottesfamilie eigene Priester hatte und ein eigenes Inkardinationsrecht.

Dann, ich weiß nicht mehr wie, kam Mutter Marozia auf die »große Gnadengabe der Jungfräulichkeit« zu sprechen. »Wir müssen so dankbar sein, dass Gott uns zu einem jungfräulichen Leben berufen hat, als seine Bräute«.

Soweit stimmte ich ihr innerlich zu. Als sie dann aber begann, über das »Martyrium der Ehe« zu sprechen, das so viele arme Frauen durchmachen mussten, wurde mir unwohl. Ihr Blick verdunkelte sich, ihr Oberkörper war leicht vorgebeugt, sie blickte mir intensiver in die Augen und sprach, als ob etwas über sie gekommen wäre. »Männer haben ein viel größeres sexuelles Bedürfnis als Frauen. Darum müssen Frauen in der Ehe viel leiden. Sie müssen ihren Männern zur Verfügung stehen.« So oder so ähnlich redete und redete sie. Sie schien wie besessen von diesem Thema. Und ich war schockiert. Warum sagte sie das? Was wollte sie mir gegenüber mit diesen Worten erreichen? Woher nahm sie diese Überzeugung? Ich verließ das Empfangszimmer mit einem mulmigen Gefühl und ging die knarzende Holztreppe hinauf in mein Zimmer, während ich ein wenig meine Gedanken und Empfindungen sortierte. Neben dem Schock und den Fragezeichen, die ihre letzten Ausführungen in mir verursacht hatten, war ich ein wenig frustriert, weil ich selbst überhaupt nicht zu Wort gekommen war und Mutter Marozias Interesse an mir sich in Grenzen zu halten schien. Dennoch hatte sie mich und meine Reaktionen die ganze Zeit über sorgsam im Auge behalten. Vielleicht, dachte ich mir, hat sie so mehr über mich erfahren, als mir bewusst ist. Schlussendlich überwog die Erleichterung, dass ich auch diesen Test offensichtlich gut überstanden hatte.

Einladung nach Rom

Im Herbst erfuhr ich, dass ich gemeinsam mit meinem großen Bruder eingeladen war, die Tage nach Weihnachten in Rom zu verbringen. Ich konnte mein Glück kaum fassen! In Rom hatte ich die allerschönsten Erfahrungen mit der Gottesfamilie gemacht. Nun sollte ich gleich ein paar Tage dort verbringen. Als wir gegen Abend, am Ende einer langen Zugfahrt, in der Stazione Termini ankamen, holte P. Christoph uns ab. Schon die Autofahrt durch Rom war ein Erlebnis. Wir wurden mit ebenso großer Souveränität wie Geschwindigkeit durch den chaotischen römischen Straßenverkehr chauffiert, machten einen Zwischenstopp an der Piazza di San Pietro und kamen dann über große Kreuzungen und kleine Schleichwege bis ins Ausbildungshaus der Gemeinschaft. Das war neben der Piccola Casa das zweite Haus der Gottesfamilie in Rom. Es war ein gewöhnlicher römischer Palazzo aus roten Steinen, mit mehreren Balkonen auf jeder Etage, umgeben von einem relativ großen Garten mit Palmen, Zypressen und Zitronenbäumen. Als die Haustür sich öffnete, begrüßte uns zunächst eine sehr zierliche kleine Schwester mit einem breiten, schüchternen Lächeln und einem freundlichen »buona sera«. Ihr Name war Sr. Theresia. Ich gewann sie sofort lieb. Zuerst hielt ich sie für eine Italienerin. Später erfuhr ich, dass sie Österreicherin war. Nach dem üblichen kleinen Empfangskaffee im sogenannten Grande Soggiorno, dem großen Empfangszimmer, wurden wir auf unsere Zimmer gebracht.

Ich wohnte in einem Zimmer in der ersten Etage, im Ingresso 1, einer der beiden Schwesternwohnungen. Die Wohnungen im zweiten und dritten Stock bewohnten die Brüder. Das Haus gefiel mir. Weil es ein Wohnhaus war, hatte es keine Klosteratmosphäre, aber es war genauso akkurat und aufgeräumt wie jede Niederlassung der Gottesfamilie. Vor allem die Ästhetik war eine andere als in Österreich. Alles wirkte etwas eleganter und sommerlicher. Die geschwungenen Wände im Eingangsbereich, die Holztüren, farbige Fließen am Boden, Vorhänge in bunten Farben, einige Möbel aus edlem Holz und schließlich auch die Hausbewohner schienen etwas Offeneres und Fröhlicheres an sich zu haben. Die folgenden Tage verbrachten mein Bruder und ich mehr oder weniger getrennt. Es gab quasi für jeden von uns ein eigenes Programm.

Die Tage vergingen wie im Traum. Nur wenige Erinnerungen sind geblieben. Frater Anthony, ein junger Engländer mit rötlichem Haar, hatte in den Tagen vor unserer Ankunft ein von ihm selbst geschriebenes und inszeniertes Theaterstück aufgeführt, »Cullodum's Moor«. Das Echo dieses Erlebnisses klang noch in den Tischgesprächen nach. Dass es in der Gottesfamilie auch Mitglieder gab, die einen Sinn für Literatur und Kunst hatten und dass diese buchstäblich eine Bühne bekamen, machte einen großen Eindruck auf mich. Gerne hätte ich einige Worte mit ihm gewechselt und ihn nach dem Inhalt seines Stückes gefragt. Das gelang mir erst beim Abschied, als er nur mehr lächelnd antworten konnte: »Next time«. Dieses nächste Mal sollte nie kommen. Auch Sr. Theresia sollte ich in der Gottesfamilie nicht mehr wiedersehen. Dafür sollten andere Dinge, die ich in diesen Tagen erlebte, in den folgenden Jahren mit größter Zuverlässigkeit immer wiederkehren, vor allem das Weihnachtsliedersingen, das bei diesem ersten Besuch besonderen Eindruck auf mich machte.

Nach dem Sonntags-Mittagessen wurden DIN-A4-große Liederhefte verteilt, die Weihnachtslieder in den verschiedensten Sprachen enthielten: Latein, Englisch, Französisch, Niederländisch, Italienisch, Ungarisch, Slowenisch, sogar einige afrikanische Lieder waren dabei. Jeder durfte sich ein Lied wünschen, das dann von der ganzen Gemeinschaft mehrstimmig gesungen wurde. Jede Stimmung schien der Gemeinschaft zu gelingen, von alpenländisch, volkstümlich, über musicalhaft bis choralmäßig, gleich ob fröhlich, melancholisch oder kitschig-romantisch. Dieses gemeinsame Singen war ein starkes Gemeinschaftserlebnis. Ich fühlte mich aufgehoben und zugehörig, obwohl ich in den vergangenen Tagen niemanden aus dieser Runde persönlich kennengelernt hatte, mit niemandem wirklich gesprochen, niemandem von mir erzählt hatte. Die Tage vergingen mit Beten, Arbeiten, Ausflügen, Singen und Essen. Die Freundlichkeit der Patres, Brüder und Schwestern war überschwänglich, aber immer unpersönlich.

Ich kehrte von Rom sehr beglückt nach Hause zurück. Diese Tage im milden Klima des Südens unter jungen und fröhlichen Gottgeweihten, die verschiedene Sprachen sprachen und mich schon wie eine von ihnen behandelten, hatten die Kraft alle Schatten zu vertreiben, die das ein oder andere frühere Erlebnis mit der

Gottesfamilie auf meine Vorfreude geworfen hatte. Die Aussicht, bald in einem dieser Häuser wohnen zu dürfen, beflügelte mich. Etwas Schöneres konnte ich mir nicht vorstellen, und ich hielt mich für besonders gesegnet, weil Gott mich gerade in die Gottesfamilie berufen hatte. Aber im Frühjahr 2003, einige Monate vor dem geplanten Eintritt, schien es dann doch, als ob Sr. Ottilie mit ihrer Ankündigung des Berufungskampfes recht behalten sollte.

Der Berufungskampf

In der Kollegstufe hatte ich einen besonders schlimmen Religions-Lehrer. Er vertrat nicht nur die gewöhnliche Palette kirchenkritischer Standpunkte, mit der sich die meisten der sogenannten aufgeklärten Katholiken schmücken, sondern er ging weit darüber hinaus. Er schien mich bewusst damit zu provozieren, dass er im Unterricht Videos mit Predigten von evangelischen Bischöfinnen vorspielte und Sätze wie diesen fallen ließ: »Die zwölf Stämme Israels hat es natürlich nicht gegeben, genauso wenig wie die zwölf Apostel.«

Ich war entrüstet und wartete immer öfter nach der Stunde auf ihn, um ihn persönlich zur Rede zu stellen. Empört schleuderte ich ihm entgegen: »Wie kommt es überhaupt, dass Ihnen Ihre Lehrerlaubnis noch nicht entzogen worden ist?!«
Woraufhin er lächelnd antwortete: »Diese Frage werde ich mir in Gold einrahmen und an die Wand hängen!«

Wir begannen, uns außerhalb der Schule zu treffen. Auf unseren Spaziergängen versuchte ich ihm mit aller Überzeugungskraft, die ich nur aufbringen konnte, die Falschheit seiner Annahmen vor Augen zu führen. Er war in meinen Augen ein unglücklich Verirrter, den ich auf den rechten Weg zurückbringen wollte. Zugleich schmeichelte es mir, dass er mir tatsächlich zuhörte und sich mit meinen Thesen auseinandersetzte. Nicht Weniges von dem, was ich sagte, schien ihn tatsächlich nachdenklich zu machen, umgekehrt übrigens auch. Nicht dass er mich dazu gebracht hätte, meine Ansichten zu ändern, aber ich begann nachzudenken, um sie besser begründen zu können. Er sagte beispielsweise, er kenne keinen Grund, warum Frauen nicht Priester sein könnten, und meinte, meine Ablehnung wäre rein emotional: »Sie wollen sich eben nicht mit der Vorstellung einer Priesterin anfreunden«.

Das konnte ich so nicht stehen lassen, also begann ich nach überzeugenderen Gründen zu suchen, weshalb Frauen nicht Priester sein konnten, denn dass sie es nicht konnten, stand außer Frage. Es war die Lehre der Kirche. Andererseits konnte ich ihn dazu bringen, über die Anbetung und den Rosenkranz nachzudenken, ja ich schaffte es sogar, ihn zu überreden, auf einem unserer Spaziergänge einen ganzen Rosenkranz mit mir zu beten. Immer öfter kamen wir auch auf Persönliches zu sprechen. Er wollte wissen, wie es kam, dass ich dachte wie ich dachte, und er empfahl mir, nach dem Abitur – wenigstens ein paar Semester lang – Theologie zu studieren, »damit Sie Ihren Kinderglauben verlieren.«

Diese Formulierung entsetzte mich. Ich wollte meinen Glauben nicht verlieren, und das Kindliche daran schien mir nichts Schlechtes zu sein, im Gegenteil. Von da an war mir das Theologiestudium suspekt, und ich machte es dafür verantwortlich, dass junge gläubige Menschen reihenweise ihren ursprünglichen Glauben verloren und dann zu den schlechten Religionslehrern wurden, die wir an der Schule ertragen mussten. Nein, ich wollte nie Theologie studieren, vor allem nicht in Deutschland, wo die Professoren besonders gerne Kinderglauben zu zerstören schienen.

Er zögerte nicht, mir auch von sich zu erzählen. Er war Mitte dreißig, hatte Theologie und Anglistik studiert und über einen irischen Schriftsteller promoviert, von dem er mir einmal ein Buch zum Lesen gab, das mich wegen seiner beißenden Kritik am irischen Katholizismus erschreckte. Er verschwieg mir auch nicht, worunter er besonders litt: Er war Single. »Wenn ich mit vierzig noch nicht verheiratet bin, bringe ich mich um.«

Das berührte mich, und ich empfand stark, wie schlimm es sein musste, ab einem gewissen Alter noch allein zu sein. Dass er mit dieser Aussage eine bestimmte Reaktion in mir auslösen wollen könnte, kam mir nicht in den Sinn. Ich merkte nicht, dass sein Interesse bald nicht mehr dem Inhalt unserer Gespräche galt, sondern mir. Auch nicht als er begann, meine Berufung infrage zu stellen. Er gab mir Erfahrungsberichte von Frauen zu lesen, die nach einigen Jahren im Kloster gegangen waren, und er polemisierte gegen die Gottesfamilie. »Schau dir die Schwestern an. Die sind nicht glücklich!«, sagte er zu mir.

Diese Äußerung ließ ich nicht gelten, schließlich kannte ich die Schwestern besser als er. Die Artikel, die er mir zu lesen gab, enttäuschten mich beinahe. Ich hatte mit substanziellerer Kritik gerechnet (die ich natürlich auch zurückgewiesen hätte). Seine Kritik an meiner Berufung schlug ich seiner allgemeinen Kirchenkritik zu. So fiel ich aus allen Wolken, als er eines Tages, als wir nach einem längeren Spaziergang zusammensaßen, mitten im Gespräch meine Hände nahm, mir in die Augen sah und sagte: »Ich liebe dich.«

Ich fühlte mich wie im falschen Film und spürte einen Impuls zur sofortigen Flucht. Aber ich blieb sitzen und hörte mir an, was er zu sagen hatte. Erst jetzt merkte ich, wie hoffnungslos verliebt er war – in mich! Ich war wie vor den Kopf gestoßen. Dennoch ließen mich seine Worte nicht kalt. Die langen persönlichen Gespräche mit ihm hatten ihre Spuren in mir hinterlassen, und sein Liebesgeständnis bewegte mich mehr, als mir lieb war. Er hatte damit abgewartet, bis der reguläre Unterricht zu Ende war, was es mir keineswegs leichter machte, da gerade die Abi-Prüfungen begannen. Ich erbat mir von ihm eine Zeit des Abstands. Ich musste die Prüfungen hinter mich bringen und mir darüber klar werden, was seine Zuneigung zu mir zu bedeuten hatte.

Liebte ich ihn? Eher nicht, aber ich mochte ihn irgendwie. Konnte es nicht sein, dass Gott mir jetzt ein Zeichen gab, dass ich für diesen Menschen da sein sollte? Aber wie? Ich war komplett durcheinander und schrieb Sr. Ottilie einen Brief. Sie war höchst alarmiert und reagierte umgehend. Am Telefon kündigte sie an, dass sie mit mir eine Pilgerfahrt nach Altötting unternehmen würde. Die Muttergottes würde mir Klarheit schenken. Ich merkte ihrer Stimme an, dass sie sich große Mühe gab, möglichst ruhig zu bleiben. Da war nichts von der üblichen helltönenden Selbstsicherheit. Zwar erschien mir ihre aufgeregte Sofortmaßnahme allzu panisch, aber ich war doch irgendwie dankbar, dass mich in dieser schwierigen Situation jemand an die Hand nahm, und ich war insofern beruhigt, als sie die Entscheidung nicht selbst fällen wollte, sondern sie der Muttergottes überließ.

Die Muttergottes spricht

Es war ein Samstag im Mai, als wir mit dem Auto nach Altötting fuhren. Sr. Ottilie schien sehr besorgt und versicherte mir, dass sie sehr viel für mich gebetet habe. Besonders beim Breviergebet habe sie an mich gedacht, nämlich beim Psalmvers »Gib dem Raubtier das Leben deiner Taube nicht preis.« Hätte ich Sr. Ottilie nicht gekannt, wäre mir diese allzu drastische Metapher unangenehm gewesen. In ihren Augen war mein Religions-Lehrer, den sie nie getroffen hatte, ein Raubtier, ein böser Verführer, ein Werkzeug Satans, jemand, der mich vom Plan Gottes abbringen wollte. Der gefürchtete Berufungskampf war ausgebrochen, also musste sie nun um mich kämpfen. Wie sie da mit hoch erhobenem Kopf und entschlossenem Gesichtsausdruck am Steuer saß, sah ich sie gleichsam eine Rüstung tragen. Die Kriegerin auf dem Weg in die Schlacht. Ich musste schmunzeln. Ich selbst hielt mich keineswegs für verführt, ich war nur durcheinander.

Im bayerischsten aller bayerischen Wallfahrtsorte war ich noch nie gewesen. Er wirkte unspektakulär, denn viel war dort nicht los. Sr. Ottilie schien auch kein Programm geplant zu haben. Wir gingen einfach von einer Kirche oder Kapelle in die nächste. Dabei entdeckte sie überall Zeichen, die – wie sie sagte – eine ganz eindeutige Sprache sprachen. Viele dieser angeblichen Zeichen verstand ich nicht. Es war nichts Verwunderliches, an diesem Ort auf Marienbilder zu stoßen, Sr. Ottilie aber erkannte in den Bildern einen Hinweis auf meine Berufung zum geweihten Leben. Gekrönt wurde diese Fülle an Zeichen, als wir eine Kirche betraten, in der gerade das Evangelium verlesen wurde: »Wer um meinetwillen Haus oder Brüder ... verlassen hat, wird das Hundertfache dafür empfangen.«

Sr. Ottilie schien so erschüttert und beglückt, dass ich in mich hineinschmunzeln musste. In ihren Augen war das ein eindeutiges Zeichen. Ich hatte gar nicht zugehört und hätte das Evangelium auch nicht als Zeichen gedeutet. Es antwortete nicht wirklich auf meine Frage, aber für sie schien die Angelegenheit geklärt. »Die Muttergottes hat gesprochen!«, verkündete sie feierlich, als wir die Kirche verließen. Ich war zufrieden, denn ich hatte in den vergangenen Stunden genug Zeit gehabt, um meine Frage selbst zu überdenken und im Gebet vor Gott zu bringen. Nein, es konnte nicht gut gehen, wenn ich meinen Religions-Lehrer heiratete (und eine uneheliche Beziehung kam nicht infrage). Er war so viel älter als ich, und wir waren viel zu unterschiedlich. Ich würde ihn aus Mitleid heiraten. Es wäre nicht richtig. Nein, ich war nicht bei ihm, sondern bei den Schwestern daheim, in der Welt des Stundengebets und der regelmäßigen Abläufe, der diskreten Freundlichkeit und der stillen Arbeit. Letztlich glaubte ich vor allem eines nicht: Dass er mich liebte. Er suchte etwas in mir, aber nicht mich. In unerschütterlicher und zugleich tröstlicher Klarheit stand für mich fest, dass mich eigentlich niemand suchte und kannte – niemand außer Gott. Also konnte mich auch niemand außer Gott lieben.

Abitur und Eintritt

Mit dem Ende der Schulzeit hatte für mich ein neuer Abschnitt begonnen. Das Abitur hatte ich ohne große Mühe mit 1,9 bestanden. Nun stand mir nur noch eines vor Augen: Der Eintritt. Ich hatte den 9. August gewählt, den Gedenktag der vor kurzem heiliggesprochenen Edith Stein. Auch wenn ich mich nicht mit ihr messen konnte, war sie mir doch ein Vorbild. Sie widerlegte das Klischee der ungebildeten, unselbständigen und lebensunfähigen Klosterschwester, das ich inzwischen leid geworden war. Sie hatte in Philosophie promoviert, war Assistentin bei Husserl gewesen, zum Katholizismus übergetreten und schließlich zur großen Verwunderung ihrer Freunde und Bekannten in den Karmel eingetreten.

Auch ich betrachtete mich nicht als unselbständig. Ich war nicht dumm und nicht fremdgesteuert. Ich wusste, was ich wollte und was ich tat, und jeder Schritt war reflektiert und gewollt. Ich war konvertiert und ging nach dem Abitur ins Kloster, nicht weil mir nichts Besseres eingefallen war oder ich mir nichts anderes zutraute, sondern weil ich es wollte. Und ich wollte es, weil Gott mich rief und es nichts Größeres in meinem Leben gab als ihn.

Am 8. August, dem Tag vor der Eintrittszeremonie, machten meine Eltern und Geschwister sich mit mir auf den Weg. Ich saß mit gemischten Gefühlen im Auto. Meine Koffer waren gepackt. Außer meinen Kleidern, meinem Sparbuch und ein paar Dokumenten und Büchern hatte ich nichts dabei. Viel war es nicht, denn viel würde ich ja nicht brauchen. Mein Klavier wurde zu einem anderen Zeitpunkt abgeholt. Der Gedanke, in wenigen Stunden für immer von meinen Eltern und Geschwistern Abschied nehmen zu müssen, vor allem von den beiden Kleinen, gab mir einen Stich ins Herz. Würde ich das überhaupt aushalten, diese familiäre Vertrautheit aufzugeben und endgültig in eine Welt von Erwachsenen überzusiedeln, wo es keine persönliche Nähe, keine Neckereien, keinen Unsinn gab? Schnell schob ich diese Fragen beiseite, denn ich hatte mir angewöhnt, mich von Fragen an die Zukunft, die per se unbeantwortbar waren, nicht aus der Ruhe bringen zu lassen. Ich war überzeugt: Es wird sich alles geben. So schlimm kann es nicht sein. Andere haben es auch geschafft, und schließlich bin ich zu diesem Leben berufen, also werde ich auch die Kraft haben, es zu meistern. Und wenn es manchmal schwer sein wird, und das wird es mit Sicherheit, dann gehört das auch dazu, und ich werde es schaffen.

Den überwiegenden Teil der Fahrt schwebte ich aber in allergrößter Vorfreude. Ab morgen würde ich mit »Schwester« angesprochen werden. Ich würde ein Zimmer bekommen und einen Auftrag, einen festen Tagesablauf und eine neue Familie. Ich würde eine von ihnen sein und das tägliche Leben mit ihnen teilen. Vor allem aber kam ich jetzt Gott näher, denn ich kam an den Ort, an dem er mich haben wollte, an dem er etwas Großes mit mir vorhatte. Ich kam gewissermaßen in sein Haus, als seine Braut. Ich war aufgeregt und überglücklich. Wahrscheinlich gibt es nicht viele Möglichkeiten, wie man die eigene Existenz und Identität von heute auf morgen derart radikal ändern kann, wie ich das damals tat. Dafür muss man ins Kloster gehen – wenn nicht zum Militär oder ins Gefängnis.

Als wir im Mutterhaus ankamen, stellte sich heraus, dass die Gemeinschaft auf uns gewartet hatte. Um 17.30 beteten sie für gewöhnlich die Vesper, und mit dieser Vesper sollte ich begrüßt werden. Nun war es schon deutlich später. Ich bekam ein schlechtes Gewissen, weil sie auf uns gewartet hatten, obwohl wir nichts davon wussten. Schnell, fast hektisch, wurde ich in den Kreuzgang hineingezogen, in dem zwei Reihen von Schwestern im Chormantel standen. Die Pfortenschwester drückte mir einen Blumenstrauß in die Hand und flüsterte mir zu, ich solle ihn an Mutters Grab in der Klosterkirche ablegen. Da setzte sich der Zug auch schon in Bewegung. Mir war etwas mulmig zumute, bei dieser überfallsartigen Aktion. Die Geste mit dem Blumenstrauß kam mir ähnlich albern vor wie das rote Kreuzchen, und es störte mich, dass ich quasi dazu genötigt wurde, denn eine solche Geste hätte ja meiner eigenen Initiative entspringen müssen, um authentisch zu sein. Erst später stellte ich fest, dass der Blumenstrauß ein fester Bestandteil des Eintrittsrituals war. Trotzdem fand ich es auch Jahre später immer noch unauthentisch und albern. Dennoch machte ich gute Miene dazu und tat, was die Schwestern sich wünschten. Es gehört einfach dazu. Der unglaublich schöne Gesang in der Vesper, der Duft der Blumen in der Kapelle und die Willkommensworte in der Ansprache von P. Rektor ließen mich meinen Unmut schnell vergessen. Auch meine Eltern waren gerührt. Meine Schwester dagegen hatte gerade in diesem Moment schwere Augenblicke durchzustehen, was ich aber erst hinterher erfuhr. Sie war in einem bunten Top mit Spaghetti-Trägern gekommen, in dem die Schwestern sie nicht in die Klosterkirche lassen wollten. Sie wollten ihr eine Strickjacke aufzwingen, mit der sie ihre Schultern und Arme bedecken sollte, aber sie weigerte sich standhaft, sodass am Ende beide Seiten leicht frustriert waren, als sie es endlich geschafft hatte, doch mit ihrem Top in der Kirchenbank zu sitzen.

Meine Familie war im Familienhaus untergebracht, einem hübsch renovierten Bauernhof in Hanglage, der seit den 1920ern zum Mutterhaus gehörte. Das Haus diente als Gäste- oder Exerzitienhaus. Wie viel dieser Besitz in den 20ern wert war, vermag ich nicht zu schätzen. Heute aber ist ein solches Grundstück in dieser Lage, wo $1 m^2$ schon mal um die 900 Euro kosten kann, unbezahlbar. Das alles wusste ich nicht, als ich das erste Mal das Haus und die Aussicht bewunderte. Meine Familie fühlte sich dort wohl. Zwei Schwestern wohnten dort und sorgten sich gemeinsam mit Sr. Ottilie, die ebenfalls dort untergebracht war, um meine Familie, bevor sie am nächsten Morgen zu meiner Eintrittsfeier hinunter ins Kloster fuhren.

Die Messfeier fand in der kleinen Kapelle statt, in der ich auch das rote Kreuzchen empfangen hatte. An einem bestimmten Punkt der Feier sollten meine Eltern und ich je ein vorformuliertes Gebet sprechen, das uns zuvor von Sr. Ottilie in die Hand gedrückt worden war. Ich überflog den Text und fand, dass ich mich weitgehend damit identifizieren konnte. Vor Beginn der Messfeier legte ich das rote Kreuz ab. Ich war froh, es nicht mehr tragen zu müssen. Als alle sich erhoben, die Schwestern den Gesang anstimmten und der Priester den Raum betrat, war ich etwas enttäuscht. Es war nicht P. Rektor, sondern P. Jodok, ein kleiner, leicht rundlicher Vorarlberger um die 40, der mir bisher noch kaum aufgefallen war. Immerhin hatte er extra für meinen Eintritt eine Predigt vorbereitet, die mir aber größtenteils unbewusst blieb, bis auf eine Formulierung, die mir merkwürdig vorkam: dass ich »eine würdige Tochter von Mutter werden möge«. Ich kannte diese »Mutter« ja kaum. Nichts von dem, was ich bisher von ihr gehört hatte, hatte es mir möglich gemacht, eine Art innerer Beziehung zu ihr aufzubauen. So gelang es mir nicht, mich als ihre »Tochter« zu fühlen, und ich konnte mir nicht vorstellen, was es heißen sollte, ihrer »würdig« zu sein. Naja, dachte ich, das alles werde ich ja jetzt, wo ich zur Gottesfamilie gehöre, sicher erfahren. Ich sprach mein Gebet mit klarer Stimme, als aber meine Eltern an der Reihe waren, blieben meiner Mutter vor lauter Schluchzen beinahe die Worte im Hals stecken, besonders an der Stelle, wo sie Gott dafür dankten, dass er mich ihnen geschenkt hatte und dass sie mich ihm jetzt wieder zurückschenkten. Ich wusste, dass meine Mutter mich ungern »hergab«, so stolz sie auch auf meine Berufung war.

Nach der Messe standen alle im Gang und gratulierten mir und meinen Eltern. Danach gab es im Konferenzzimmer ein festliches Mittagessen für meine Familie sowie ein paar Patres und Schwestern. Erst am Nachmittag bekam ich eine letzte Gelegenheit, mit meiner Familie allein zu sein. Das heißt, während meine Eltern ein »Glaubensgespräch« mit einem der Priester im Haus führten, durfte ich mich mit meinen Geschwistern und etwas Spielzeug für die Kleinen in eines der Empfangszimmer zurückziehen. Das Herz wurde mir schwer. Ich dachte daran, dass ich sie zum letzten Mal um mich hatte und wir uns ab morgen nicht mehr sehen würden. Ein Eintritt ins Kloster bedeutete den endgültigen Abschied von der eigenen Familie, es konnten Jahre vergehen, bevor man sich wiedersah. Das schien mir logisch. Bei Theresia von Lisieux war es auch so gewesen. Ich hatte nun eine »neue Familie« und es war nicht mehr meine Entscheidung, sondern die meiner Verantwortlichen, ob und wann ich meine Familie wiedersehen würde. Meine Schwestern wehrten sich. »Wir sind deine Schwestern und nicht die da«, sagten sie mir, und »wie kannst du es hier nur aushalten?« Sie fanden das Kloster und die Schwestern schrecklich, und als sie sich über Einzelne von ihnen lustig machten, konnte ich nicht anders als mitlachen. Aber das änderte natürlich nichts an meinem Entschluss.

Der Tag danach

Am nächsten Morgen reiste meine Familie ab. Ich hatte mich schon am Abend zuvor kurz von ihnen verabschiedet, wusste aber nicht, dass meine Mutter noch einmal mit mir hätte sprechen wollen, dass sie am Tag der Abreise mit einer schlimmen Migräne erwachte und Sr. Ottilie sie unbarmherzig zum Aufbruch drängte. Wie hätte ich das auch erfahren sollen? Meine Mutter erzählte es mir erst Jahre später, nach meinem Austritt.

Für mich begann der Tag nach dem Eintritt mit dem gewohnten Programm: um 6.00 Morgengebet, 6.15 Messe, 7.00 Lesehore und Laudes, danach das typische spartanische Frühstück mit dünnem Kaffee, Milch, vom Bäcker geschenkten alten Brötchen, Butter und Marmelade. So bescheiden das auch war, es machte mich glücklich. Jeder Ton, jeder Geruch, jeder Augenblick dieses Klosterlebens war mein neues Leben, zu dem Gott mich gerufen hatte. Alles wurde zu einem Zeichen seiner Liebe zu mir.

Nach dem Frühstück wurde ich mit Sr. Kerstin zum Autoputzen eingeteilt. Das Kloster hatte einen Fuhrpark, der aus einigen mehr oder weniger bescheidenen Autos bestand. Wir putzten an diesem Vormittag zwei von ihnen gründlich, wobei ich versuchte, mein Bestes zu geben. Denn das hatte ich schon verstanden: dass Schwestern beim Putzen sehr viel schärfere Maßstäbe anlegen als gewöhnliche Menschen. Ich putzte also viel gründlicher, als ich es für nötig gehalten hätte, und schien damit richtig zu liegen. Wir sprachen wenig miteinander und ich fragte mich, was nun auf mich zukommen würde. Ich war eingetreten, aber wie würde es nun weitergehen? Bisher hatte niemand mit mir darüber gesprochen, und was ich wusste, war wenig. Ich wusste, dass ich eine Art Ausbildungszeit durchlaufen würde, in der es irgendwann ein Noviziat und ein »Heiliges Bündnis« gab und dass ich eine Verantwortliche haben würde, die mich »ins Charisma einführt« und begleitet. Aber konkret hatte noch niemand mit mir darüber gesprochen. Was würde ich morgen tun? Und wann würde ich einen festen Auftrag bekommen? Vor allem aber: wer würde meine Verantwortliche sein? Und ob ich wohl in ein anderes Zentrum versetzt werden würde, vielleicht nach Rom? Das wagte ich gar nicht zu hoffen. Eines aber stand für mich ohnehin fest, was auch immer kommen würde, es würde der Wille Gottes sein, und ich war fest entschlossen, es anzunehmen und mit all meinen Kräften zu erfüllen.

Die »Einkleidung«

Meine Entschlossenheit wurde schon bald auf eine unerwartete Probe gestellt. Ich erfuhr, dass meine Kleider durchgesehen werden müssten. Das würde bei allen jungen Schwestern nach dem Eintritt geschehen. Nichtsahnend und frohgemut wartete ich an einem sonnigen Nachmittag in meinem kleinen Zimmer auf Sr. Ana, die diese Aufgabe übernehmen sollte. Sie würde kaum etwas aussortieren müssen, dachte ich, denn ich hatte mich ja schon jahrelang wie eine Schwester gekleidet: keine Hosen, keine knalligen Farben, keine kurzen Ärmel, nur Röcke und Blusen. Umso blasser wurde ich, als ich, auf dem Bett sitzend, zusehen musste, wie Sr. Ana ein Kleidungsstück nach dem anderen aus meinem Schrank nahm und sagte: »Nein, das geht nicht. Das auch nicht«. Es schien kein Ende zu nehmen. Als sie auch die Jacke meines Konfirmationsanzuges aussortierte, war ich den Tränen nahe. Da begann Sr. Ana mir zu erklären, warum ich diese Dinge nicht tragen könnte. Dass sie dabei lächelte, machte es nicht besser. Manchmal war es die Farbe: »Mutter Marozia wünscht nicht, dass wir rot tragen«, oder es war der Schnitt, »tailliert, das passt nicht für eine Schwester«, oder es war der fehlende Kragen oder ein Ausschnitt an meinen Blusen, denn Schwestern trugen nur Blusen, die sich bis zum Kehlkopf zuknöpfen ließen.

Schließlich blieben von all dem, was ich im Schrank gehabt hatte, nur zwei hellblaue Blusen und ein blauer Rock, der aber noch gekürzt werden musste, denn er war knöchellang, und auch das gefiel Mutter Marozia anscheinend nicht. Sie schien der Maßstab in Kleiderfragen und überhaupt allem zu sein. Für Röcke galt nun einmal, dass sie wadenlang sein mussten, am besten »18 Zentimeter vom Boden«. Ich war zerknirscht. Vielleicht wollte Sr. Ana mich aufmuntern, als sie mir sagte, meine Sachen »können wir ja unseren Katakombenfamilien weitergeben, die können so etwas tragen«. Tatsächlich gab sie mir mit diesem Satz einen Stich ins Herz. Es waren ja meine Sachen, die sie fortgeben wollte.

Aber ich besann mich. Ich hatte ab jetzt kein Recht mehr auf das, was mir gehörte. Und das leuchtete mir ja auch ein. Während Sr. Ana mit meinen Kleidern verschwunden war und andere, schwesterntaugliche holen wollte, saß ich auf meinem Bett und dachte nach. Indem ich mich für das gottgeweihte Leben entschieden hatte, dem Ruf Jesu gefolgt war, gehörte ich nicht mehr mir selbst. Ich hatte mich ihm übergeben, bedingungslos, in dem kindlichen Vertrauen, dass alles, was er von mir fordern würde, mir nicht schaden, sondern mich ihm näher bringen würde. Nur wenn ich den Weisungen meiner Verantwortlichen folgte, und seien sie noch so banal, nur wenn ich auf mein Eigentum verzichtete und aufhörte an mich selbst zu denken, würde ich zu dem werden, was er von mir wollte. »Nicht mehr ich lebe, sondern Christus lebt in mir«. Das war mein Lebensprogramm. Das wollte ich tun. Wie konnte ich da an meinen Kleidern hängen? Ich beschloss, tapfer zu sein. Das hatte ich auch bitter nötig, als Sr. Ana mit ein paar prallgefüllten Plastiksäcken vom Dachboden wiederkam. Ich musste mich ausziehen und Stück für Stück Röcke und Blusen anprobieren, die wer weiß woher kamen. Entweder aus dem Nachlass verstorbener Wohltäterinnen, so mutmaßte ich, oder es waren Ladenhüter, die gespendet worden waren. Wadenlange karierte Faltenröcke, ärmellose Strickjacken in schrecklichen Beigetönen. Diese Sachen hätte meine eigene Großmutter nicht getragen. Ich fühlte mich schrecklich. Wäre Sr. Ana nicht so unschuldig gewesen (mir war klar, dass sie auch nichts für die Vorschriften konnte und dass sie nicht wusste, was sie mir da gerade antat), wäre ich wohl in wütendes Schluchzen ausgebrochen. Ich konnte mich gerade noch zusammennehmen. Nicht ich, sondern sie entschied, welche Dinge ich behalten sollte. Das einzige Kriterium dafür schien zu sein, ob sie mir passten. Dabei hatte Sr. Ana eine andere Vorstellung von »passen« als ich, denn fast alles, was sie mir gab, war mir ein bis zwei Nummern zu groß. Ich kam mir vor, als würde ich in Säcke gehüllt. Schließlich erriet ich auch, wozu das gut sein sollte, denn bevor sie ihre Sachen wieder zusammenpackte, drückte sie mir noch weiße Baumwollunterwäsche und einen großen Stapel Unterkleider in die Hand, mit der Bemerkung: »Wir tragen das für unsere Mitbrüder«.

Ich verstand nicht sofort. Sr. Ana erklärte es mir etwas umständlich, indem sie mir von einem Priester erzählte, der vor Kurzem im Mutterhaus auf Besuch gewesen sein musste. »Wenn alle Frauen so gekleidet wären wie Sie«, habe er gesagt. Mehr sagte Sr. Ana nicht, aber das genügte, damit ich erraten konnte, was sie meinte. Indem wir unsere Körper so gut wie möglich in Unterkleidern und viel zu weiten Röcken, Blusen und Strickjacken versteckten, schützten wir unsere Mitbrüder vor der Versuchung, der sie ausgesetzt wären, wenn unsere Kleidung die Weiblichkeit unserer Körper sichtbar gemacht hätte. Das kam mir zuerst ziemlich bizarr vor. Aber ich dachte nicht weiter darüber nach.

Als ich alleine mit den »neuen« Kleidern im Zimmer saß und Namensschildchen in jedes einzelne Stück einnähte, wie Sr. Ana mir geheißen hatte, war ich völlig aufgewühlt. Zorn, Wut, Hilflosigkeit, Rätselraten über die Versuchung, die ich darzustellen schien – alles ging wild durcheinander und schlug hohe Wellen. Zugleich rang ich darum, tapfer zu sein, klar zu sehen und möglichst alles richtig zu machen. Es war die erste Krise, die ich in der Gottesfamilie durchlebte, und es war die lebhafteste für eine lange Zeit, denn meine menschlichen Instinkte waren noch nicht völlig getrübt. Ich hatte noch ein Gefühl dafür, dass ich etwas wert war und dass man nicht alles mit mir machen durfte. Ich vergoss sogar einige Tränen. Letztendlich aber siegte der Entschluss zur Tapferkeit. Ich dachte mir: »Von ein paar hässlichen Kleidern werde ich meine Berufung nicht infrage stellen lassen. Wenn sie die Bedingung dafür sind, dass ich als Schwester in der Gottesfamilie leben kann, dann will ich sie wie ein Hochzeitskleid tragen.« Als ich mich so weit durchgerungen hatte, setzte ein regelrechtes Hochgefühl ein. Ich war mir bewusst, dass ich meine erste echte »Berufungskrise« durchgestanden hatte.

Glückliche Wochen

In den folgenden Sommerwochen war ich sehr glücklich. Alles war noch neu und beeindruckend. Das gemeinsame Stundengebet, die vielen mehrstimmigen Lieder in verschiedenen Sprachen, der klare

Tagesablauf. Die morgendlichen Kurzpredigten der Patres schienen jede für sich eine kleine Offenbarung, ein kostbares Geschenk für den Tag, ebenso wie die Frühstücksvertiefungen der Mitschwestern. Mein Tag war voller Sonnenschein und Frieden. Keine unzufriedenen Gesichter um mich, kein Streit, kein Lärm, keine Aufregung. Alles vollzog sich in wohlgeordneten, stillen Bahnen. Die gemeinsame Arbeit und das Essen waren von einer heiteren Ruhe, von einer – wie ich meinte – tiefen, inneren Fröhlichkeit der Mitbrüder und Mitschwestern überstrahlt. Gottes Gegenwart war spürbar. Mir fehlte nichts, obwohl mein Leben sich radikal geändert hatte: Kein Fernsehen, kein Radio, keine Zeitungen störten die heitere Ruhe der Hausgemeinschaft. Bücher, Spaziergänge, Klavierspielen, vieles von dem, was vorher so wichtig für mich gewesen war, gab es nicht mehr. Mein Leben war ganz Gebet und Arbeit. Ich meinte zu spüren, dass dadurch ein tiefer innerer Frieden in mir einkehrte. Es war ein Gefühl, als befände ich mich in einer permanenten Meditationsübung, die darin bestand, nichts mehr zu wollen, nichts mehr aus eigenem Antrieb zu tun, sondern mich ganz dem zu überlassen, was mir für jeden Moment aufgetragen war, um darin Gott zu begegnen.

Mein Tag war völlig ausgefüllt, von 6:00 am Morgen bis 21:00 am Abend. Wenn man hinzufügt, dass wir vor 6:00 und nach 21:00 auf unseren Zimmern sein sollten, kann man sogar sagen, dass ich über keine Minute meines Lebens mehr selbst bestimmte. Alles, was ich tat, wurde von anderen bestimmt und vorgegeben. Ich tat nichts mehr aus eigenem Antrieb, und ich war nie alleine. Auch verließ ich alleine das Kloster nicht mehr, obwohl ich wie alle einen Schlüssel hatte, denn ich hatte nicht nur keine Zeit, sondern auch keinen Grund, das Haus zu verlassen. Sobald ich abends alleine in meinem Zimmer war, ging ich schlafen. Auf einen anderen Gedanken wäre ich auch nicht gekommen, denn erstens waren die Möglichkeiten, alleine im Zimmer noch etwas zu tun, sehr beschränkt (Bücher durften wir nicht haben), und zweitens war ich nach dem langen Tag extrem müde. Müdigkeit wurde in den folgenden Jahren in der Gottesfamilie mein permanenter Begleiter.

Das Einzige, was mich in diesen ersten Wochen beunruhigte, war, dass ein Gespräch über meine Zukunft, ein richtiger Auftrag und eine richtige Verantwortliche auf sich warten ließen. Ich beschloss, diese Zeit der Ungewissheit zu einer Übung in der Tugend der Geduld zu machen und mich mit dem zufriedenzugeben, was in der Zwischenzeit galt. Mir wurde gesagt, dass Sr. Luisa, eine große schlanke Norddeutsche mit dünnem braunen Haar, die Lokalverantwortliche wäre und ich mich an sie wenden sollte, wenn ich praktische Fragen hätte. Außerdem sollte ich sie ansprechen, wenn ich beichten wollte. Dann würde sie einen Mitbruder fragen und einen Beichttermin für mich bei ihm ausmachen. Zur Arbeit wurde ich fürs Erste in der Küche eingeteilt. Sr. Ivana, die Verantwortliche in der Küche, gab mir eine typische Anfängeraufgabe: den Frühstücksdienst. Das bedeutete, dass ich mindestens den ganzen Vormittag und oft auch noch einen Teil des Nachmittages damit zubrachte, die Reste des Frühstücks zusammenzuräumen und alles für das Frühstück am nächsten Tag vorzubereiten. Im Schnitt frühstückten dort im Sommer um die 50 Personen. So, wie es mir gezeigt wurde, kratzte ich die Marmeladenreste aus den einzelnen Schälchen vom Morgen zusammen, spülte die Schälchen und füllte sie wieder. Mit den Butterresten verfuhr ich ebenso. Die weichen Reste wurden in einen Eisschöpfer gestrichen und zu kleinen Butterkugeln »verkugelt«, ein Verfahren, das mich erstaunte, das die Schwestern aber ganz selbstverständlich praktizierten. Die neuen Butterschälchen wurden dann teils mit den Butterkugeln aus den Resten vom Morgen, teils mit frischen Stücken Butter belegt, bevor das alles auch in den Kühlschrank wandern konnte.

Die exakte Zahl der benötigten Marmeladeschälchen, Butterschälchen und Brotkörbchen wurde anhand eines Tagesplans ermittelt, der in einer Schublade neben der Küchentür aufbewahrt wurde und den ich anfangs nicht zu sehen bekam. Er wurde von der Schwester an der Pforte erstellt und enthielt neben Angaben darüber, wer aktuell im Haus war, wer an diesem Tag abfuhr oder ankam, welcher Pater wo die Messe feierte und welche besonderen Vorkommnisse es gab, auch den Hinweis, wie viele Personen welche Mahlzeiten in welchen Räumen einnahmen. In der Regel waren das circa 25 Schwestern, die im Refektorium aßen, circa zehn Patres, die im Pilgerheim aßen, und diverse kleinere Tische an der Pforte. Denn ein Frühstück zu zweit, dritt oder viert wurden gerne für persönliche Gespräche unter Verantwortlichen oder mit Gästen genutzt. Mutter Marozia schien überhaupt nur in den Empfangszimmern an der Pforte zu essen. Selbst wenn sie allein war. Das alles merkte ich allerdings erst viel später, als ich diesen Tagesplan selbst zu Gesicht bekam.

Dass das alltägliche Zusammenmixen von Marmelade- und Butterresten hygienisch bedenklich sein könnte, kam mir nicht in den Sinn. Genauso wenig war mir bewusst, dass keine der in der Küche arbeitenden Schwestern für diese Tätigkeit auch ausgebildet war. Erst Stück für Stück erfuhr ich, dass sie mehr oder weniger ins kalte Wasser geworfen worden waren und schlicht ihr Bestes versuchten. Sr. Ivana beispielsweise sagte, dass sie vor ihrem Eintritt gar nicht kochen konnte. Sie hatte studiert und wollte Lehrerin werden. Nun leitete sie die Mutterhaus-Küche und kochte täglich für dreißig bis fünfzig Personen. Sie schien wie andere, denen es ähnlich ging, stolz darauf zu sein. Denn in der Gottesfamilie war es ein Zeichen besonderen Gottvertrauens, wenn man eine Aufgabe erfüllte, ohne die nach menschlichem Ermessen dafür nötigen Voraussetzungen zu erfüllen. Wer etwas tat, was er gelernt hatte, tat ja schließlich nichts Besonderes. Er war sogar in Gefahr, sich etwas auf sein Können einzubilden. Wer aber eine Aufgabe annahm, der er sich nicht gewachsen fühlte, musste sein Vertrauen ganz auf Gott setzen. Die Oberen konnten ein Mitglied also gewissermaßen alleine dadurch, dass sie ihm einen Auftrag gaben, auch schon zur Erfüllung dieses Auftrags befähigen, denn wenn sie etwas verlangten, würde Gott zweifellos die dafür nötige Gnade schenken. Egal ob das Mitglied für diese Aufgabe geeignet war oder nicht. Einen Auftrag auszuführen, ohne das nötige Wissen und Können dafür zu besitzen, war eine von allen geforderte Tugend. Man nannte das einen »Glaubensakt«. Diese Glaubensakte waren das Thema zahlreicher Predigten und Vertiefungen.

Zwei bemerkenswerte Begebenheiten

Dass das alles problematisch war, merkte ich anfangs noch nicht. Im Haus begegnete ich keinen überforderten, sondern nur fröhlichen und zufriedenen Menschen. Und ich glaubte vollkommen an diese Fröhlichkeit, meine eigene wie die der anderen. Dieser erste Sommer war sicher meine glücklichste Zeit in der Gottesfamilie. Zwei Dinge aus dieser Zeit sind noch bemerkenswert, denn sie ragen aus dem Klosteralltag heraus und sind mir im Gedächtnis geblieben.

Zum einen war da ein auf den ersten Blick sehr gewöhnlicher Verwaltungsakt. Ich musste natürlich amtlich gemeldet werden. Merkwürdig war nur, dass Sr. Reta, eine kleine, etwas rundliche Belgierin mit angegrauten dunklen Haaren, mich aufs Amt begleitete. Mehr noch, sie übernahm alles für mich. De facto begleitete ich sie, während sie mich meldete. Ich musste bei der ganzen Prozedur nicht einmal den Mund auftun. Ehrlich gesagt, dachte ich mir damals nichts dabei. In der Gottesfamilie schien es ganz normal zu sein, dass man nicht alleine aufs Amt ging. Man wurde wie ein Kind behandelt, und indem man so behandelt wurde, machte man sich diese Rolle zu eigen, ohne dessen gewahr zu werden. Erst einige Wochen später spürte ich, wie unselbstständig ich in kurzer Zeit geworden war. Im Vorbeigehen im Kreuzgang sagte Sr. Luisa mir, ich bräuchte einen Reisepass (ich hatte nämlich noch keinen). Instinktiv wartete ich darauf, dass sie mir sagte, wer mich wann wohin begleiten würde, um einen zu besorgen. Als Sr. Luisa das merkte, reagierte sie ungehalten und sagte: »Ach Kindchen, schnapp dir doch ein Rad und fahr zur Botschaft. So schwer kann das doch nicht sein!«

Tatsächlich wusste ich weder, dass es im Mutterhaus Fahrräder gab, die ich benutzen konnte, noch dass man als Deutsche im Ausland einen Reisepass bei der Botschaft beantragt, geschweige denn, wo die Botschaft war. Ich hatte ja noch nie im Ausland gelebt und kannte mich in der Stadt nicht aus. Mein Leben spielte sich fast komplett hinter den Klostermauern ab. Woher hätte ich wissen sollen, wo die Botschaft war? Sr. Luisa beschrieb mir den Weg dorthin, gab mir das Geld für die Verwaltungsgebühr mit, und somit war ich nach Wochen wieder das erste Mal alleine auf der Straße. Ich ging zu Fuß, wie ein geschlagenes Kind, in dem merkwürdigen Gefühl, etwas falsch gemacht zu haben und nicht zu wissen, was.

Erst viel später dachte ich über dieses Erlebnis nach. Sowohl Sr. Reta als auch Sr. Luisa hatten ganz selbstverständlich ein bestimmtes Verhalten von mir erwartet. Einerseits sollte ich gefügig sein, andere für mich sprechen lassen und nur tun, was mir gesagt wurde. Andererseits sollte ich doch wieder selbstständig sein, ohne aber die nötigen Mittel dafür zu haben. Und es gab keine Möglichkeit für mich herauszufinden, wann ich was sein sollte. Ein Zwiespalt, der sich durch mein ganzes Leben in der Gottesfamilie zog. Zweifellos hat die erste Haltung bei weitem den Vorrang in der Ideologie und Praxis der Gottesfamilie. Mit der Zeit kam ich zu dem Schluss, dass Selbstständigkeit tatsächlich nur dann von einem Mitglied verlangt wurde, wenn sich niemand sonst mit der betreffenden Person oder dem jeweiligen Vorhaben herumschlagen wollte.

Die andere bemerkenswerte Begebenheit betraf nur mich allein. Ohne mir recht bewusst zu sein, warum, notierte ich eines Tages in der Küche eine Frage auf einen Zettel, den ich mir dann in die Schürzentasche schob: »Was ist der Sinn von Jungfräulichkeit?« Ich kann heute nicht mehr sagen, was genau der Grund dieser Frage war. Ich erinnere mich aber, dass ich damals – anders als in der darauffolgenden Zeit – noch die lebhafte Angewohnheit hatte, über alles Mögliche nachzudenken, mir Fragen zu stellen und Antworten zu suchen. Die Frage bereitete mir wirklich Kopfzerbrechen, und ich erinnere mich deutlich, wie erschrocken ich darüber war, weil ich mir nie zuvor ernsthafte Gedanken darüber gemacht hatte. Ich hatte einfach akzeptiert, was gesagt wird: Wer nicht verheiratet ist, der hat das Herz freier für Gott. Nun leuchtete mir das mit einem Mal nicht mehr ein. Was hatte biologische Jungfräulichkeit mit einer besonderen Liebe zu Gott zu tun? Ich war aufgewühlt, aber ich konnte mit niemandem darüber sprechen. Schließlich sagte ich mir, dass Jungfräulichkeit erstens einfach Teil meiner Berufung war, dass zweitens meine zukünftige Verantwortliche mir zufriedenstellende Antworten geben würde und ich drittens eine weitere Gelegenheit hatte, mich in Geduld zu üben und dadurch mein Gottvertrauen unter Beweis zu stellen. Damit war ich vorerst zufrieden.

3. ROM

Es war Ende September, als mir gesagt wurde, dass ich Mitte Oktober nach Rom kommen sollte, ins Ausbildungshaus. Hätte ich diese Nachricht bei meinem Eintritt oder kurz danach erhalten, wäre meine Freude wohl überschwänglich gewesen. Nun war etwas Merkwürdiges passiert: Die wochenlange Ungewissheit darüber, was mit mir geschehen würde, hatte eine Gleichgültigkeit in mir aufkommen lassen, die keinen Raum für Freude ließ. Ich nahm einfach zur Kenntnis, dass ich nach Rom geschickt wurde. Freute ich mich? Ich spürte nicht mehr, wie ich mich wirklich fühlte. Ich hatte mir antrainiert, mit jeder Nachricht, auch mit keiner, zufrieden zu sein, und ich war stolz, dass ich es tatsächlich war. Diese Gleichmut hielt ich für eine große Errungenschaft, die unbedingt zum Ordensleben dazugehört. Was auch immer meine Verantwortlichen für mich vorgesehen hatten, ich war bereit, es als den Willen Gottes zu akzeptieren, und solange ich den Willen Gottes erfüllte, war es im Prinzip gleichgültig, worin er bestand. Erst als alle es wussten und ich merkte, dass mein Umfeld doch von mir zu erwarten schien, dass ich mich darüber freute, freute ich mich. Wie ein Kind, das erst durch das aufmunternde Zureden der Erwachsenen begreift, dass es heute Geburtstag hat und dass das etwas Tolles ist.

Und so begann ich mich wirklich zu freuen. Jedenfalls fühlte es sich so an. Vor allem auf eines freute ich mich: in Rom würde ich endlich eine richtige Verantwortliche haben und vermutlich auch einen richtigen Auftrag!

Reiserituale

Die Zugfahrt nach Rom dauerte fast einen ganzen Tag. Ich fuhr gemeinsam mit Sr. Annemarie, die den Sommer wie viele »Römer« im Mutterhaus verbracht hatte. Es war meine erste längere Reise in der Gottesfamilie, meine erste »Versetzung« von einem Zentrum in ein anderes. Viele weitere sollten folgen. Nun lernte ich die Reise-Gepflogenheiten kennen, angefangen beim Packen. Das Ideal ist, alle Habseligkeiten in ein oder zwei Koffern unterzubringen, sodass man sie selbst tragen kann. In der Regel übertrifft der eigene Besitz oder besser das, was man »im Auftrag der Gemeinschaft verwaltet« und was fast ausschließlich aus Kleidung besteht, aber die Kapazität eines Koffers. Zumindest der Wintermantel und die Stiefel müssen meistens zurückbleiben und werden später einem anderen Mitglied mitgegeben, das weniger Gepäck hat. Das war auch bei mir der Fall. Meine Wintersachen blieben vorerst im Mutterhaus, sollten aber schon einige Tage später mit einem »Transport« nachkommen. Es war üblich, dass einige Mitbrüder im Herbst mit einem größeren Auto nach Rom fuhren, um alles zu transportieren, was sich an Post, Koffern, Geschenken und Ähnlichem für Rom angesammelt hatte. Oft wäre es natürlich einfacher gewesen, die Dinge mit einem Kurierdienst zu verschicken. Die Gottesfamilie scheute sich aber davor, solche öffentlichen Kanäle zu verwenden.

Die zweite Besonderheit der Reisen in der Gottesfamilie betraf die Fahrkarten. Sie waren uns besorgt worden, ich weiß nicht von wem. All die Jahre in der Gottesfamilie habe ich keine einzige Fahrkarte und kein Flugticket selbst besorgt, sondern sie wurden mir von meiner Verantwortlichen übergeben. Im Grunde störte mich das nicht. Ich hielt es für ein freundliches Entgegenkommen meiner neuen Familie. Es dauerte sehr lange, bis mir diese Praxis als Unterstreichung meiner Unmündigkeit in der Gottesfamilie erschien. Die dritte Besonderheit, um nicht zu sagen, ein unumstößliches Reiseritual in der Gottesfamilie, war das Picknick: ein Sack mit Broten, Obst, Getränken und oft sogar einem Müsli- oder Schoko-Riegel. Für die Schwestern in der Küche bedeutete das einen nicht unerheblichen Arbeitsaufwand, insbesondere im Herbst, wenn so viele Mitglieder in alle Himmelsrichtungen abreisen. Und wenn man bedenkt, dass die Küchenschwestern das Material für diese Picknicke nicht einkaufen, sondern auf das zurückgreifen, was sie gerade geschenkt bekommen. Für die Reisenden bedeutet es, dass sie unterwegs nichts zu Essen oder Trinken kaufen müssen – oder dürfen.

Die letzte bemerkenswerte Besonderheit bestand darin, dass auch und gerade an solchen Reisetagen das gesamte Gebetspensum eingehalten werden musste. Das bedeutete zunächst, dass man die Reise unter allen Umständen so plante, dass die Teilnahme an der täglichen Heiligen Messe möglich war, entweder vor der Abreise oder nach der Ankunft. Ab und an kam es sogar vor, dass Mitbrüder extra eine Messe um 5:00 am Morgen oder spät am Abend feierten, damit reisende Mitbrüder oder Mitschwestern »ihre tägliche Messe« hatten. Diesmal war das nicht nötig. Wir gingen in die Klostermesse um 6:15 am Morgen, verließen dann die Kapelle, während die anderen das Stundengebet beteten, um zu frühstücken und dann aufzubrechen. Aber natürlich nahmen wir jede ein Brevier mit, damit wir im Zug die Lesehore, Laudes, Sext und Vesper beten konnten. Immerhin beteten wir schweigend, jede für sich. Auch der Rosenkranz und das »Tischgebet« sind auf Reisen unerlässlich, sie gewinnen sogar eine zusätzliche Funktion. Sie werden zum Glaubenszeugnis gegenüber anderen Fahrgästen. Wenn man darauf angesprochen wurde, hatte man die Gelegenheit, anderen von der Schönheit des eigenen Glaubens, der eigenen Berufung, der katholischen Kirche et cetera erzählen zu können. Und auch wenn man nicht darauf angesprochen wurde, wer weiß, was ein stilles Kreuzzeichen vor dem Verzehr des Picknicks in einem anderen auslösen kann?

Die Zugfahrt selbst erschien mir wie ein Geschenk. Nach den arbeitsvollen Tagen der vergangenen Wochen einmal einfach so dasitzen und aus dem Fenster sehen zu können, fühlte sich fast an wie Urlaub. Ich sah tatsächlich hauptsächlich aus dem Fenster, denn ich war nicht einmal auf die Idee gekommen, um Reiselektüre zu bitten. Sr. Annemarie und ich sprachen nicht viel. Gegen Ende der Fahrt setzte sich eine Italienerin zu uns, mit der Sr. Annemarie sich unter anderem über die Hitze und Trockenheit des vergangenen Sommers unterhielt. Viel verstand ich aber nicht, da ich ja noch kein Italienisch konnte. Als wir ankamen, war es Abend. Eine Schwester holte uns vom Bahnhof ab und brachte Sr. Annemarie in die Piccola Casa, bevor sie mit mir weiter ins Ausbildungshaus fuhr.

Ankunft im Ausbildungshaus

Den Abend meiner Ankunft habe ich nicht mehr in Erinnerung. Ich nehme an, dass er wie üblich verlief. Ein Begrüßungsimbiss in einem der Empfangszimmer, bevor ich in mein Zimmer geführt wurde und mich schlafen legte. Mein Zimmer war das Zimmer Nummer fünf, das »Küchenzimmer« im Ingresso 2. In den ursprünglichen Plänen waren die Ingressi als normale Wohnungen mit einem großen Wohnzimmer, Schlafzimmern, Bad und Küche ausgestattet. Alle diese Räume waren von seinen klösterlichen Bewohnern zu Schlafzimmern umfunktioniert worden. Das »Wohnzimmer« war, in der Mitte mit einer dünnen Wand getrennt, in zwei Schlafzimmer geteilt worden. Das kleinste aller Zimmer im Ingresso war aber die »Küche«. Dennoch war der Raum nicht kleiner als die Schwesternzimmer im Mutterhaus. Die Einrichtung war ähnlich: Bett, Schrank, Schreibtisch (mit dem obligatorischen Blumenväschen und Willkommenskärtchen), Stuhl und Waschbecken. Aber nicht nur die Tür auf den Balkon verlieh dem Zimmer italienisches Flair, auch die Einrichtung war anders, irgendwie leichter und bunter als die im Mutterhaus. Die Gitter vor den Fenstern verrieten, dass wir in Rom waren, wo man vor Einbrechern besonders auf der Hut sein musste. Und nur die Fließen am Boden offenbarten, dass dieser Raum einmal eine Küche hätte werden sollen, sie wurden aber von einem Teppich in dunklem Türkis großzügig verdeckt. Mein

Zimmer gefiel mir. Auch das Haus gefiel mir. Weil es sich in lauter kleine Wohnungen teilte, die von je drei bis fünf Personen bewohnt wurden, entstand eine ganz andere Atmosphäre als im Mutterhaus. Es fühlte sich viel mehr nach einem Zuhause an.

Der nächste Morgen zeigte mir, dass nicht so viel anders war, als es auf den ersten Blick erscheinen mochte. Der Tag begann wie in den meisten Zentren der Gottesfamilie um 6:00 in der Kapelle im Erdgeschoss mit dem Morgengebet, der Messe, Lesehore und Laudes. Danach gab es das Frühstück. Der einzige tatsächlich bemerkenswerte Unterschied war der, dass das gesamte Brevier auf Italienisch gebetet wurde, sodass ich anfangs kaum etwas verstand. Als ich nach Weihnachten mit meinem Bruder auf Besuch gewesen war, hatte die gesamte Hausgemeinschaft aus Rücksicht auf uns deutsch gebetet. Nun war ich kein Gast mehr, daher wäre eine solche Rücksicht unangebracht gewesen. Immerhin sollte ich selbst Italienisch lernen. Der zweite Unterschied war der, dass Patres, Brüder und Schwestern das Frühstück gemeinsam im Refektorium einnahmen. Während Brüder und Schwestern im Mutterhaus nur die Mittagessen gemeinsam einnahmen, trennten sie sich in Rom nur beim Abendessen. Und anders als in allen anderen Zentren der Gottesfamilie waren in diesem Haus nicht die Patres in der Unterzahl, sondern die Schwestern, sodass sie es waren, die sich zum Abendessen in einen Nebenraum, das sogenannte Schwesternrefektorium, zurückzogen.

Dass die Schwestern in der Unterzahl waren, lag daran, dass im Ausbildungshaus die Priesteramtskandidaten der Gottesfamilie wohnten, die an den Fakultäten der verschiedenen Päpstlichen Universitäten ihr Studium absolvierten. Gleichzeitig wurde in diesem Haus aber auch die Mehrzahl der jungen Schwestern »ausgebildet«, freilich ohne ein Studium, mit wenigen Ausnahmen. Denn es gab eine Schwester im Haus, die gerade an ihrer Promotion schrieb: Sr. Helen, die einzige Amerikanerin in der Gemeinschaft. Sie hatte ihr Theologiestudium schon vor ihrem Eintritt begonnen. Nun promovierte sie am Angelicum über »John Henry Newman and the Fathers of the Church«. Als spritzige, intelligente und ausgesprochen humorvolle Frau beeindruckte sie mich sehr. Ihre frühzeitig komplett weiß gewordene Kurzhaarfrisur verlieh ihrem jungen Gesicht zusätzlich eine besondere Aura. Gleichwohl war sie nicht mehr eine der »jungen Schwestern«, als die ich die Novizinnen bezeichnen will, also die Schwestern, die den Chormantel noch nicht oder gerade erst empfangen haben. Die einzige junge Schwester in diesem Sinn war außer mir Sr. Esther, eine zierliche rothaarige Österreicherin mit vornehmer Steckfrisur. Sie arbeitete in der Küche gemeinsam mit Sr. Josefa, die mit ihrer unverblümten Art, ihrem buschigen dunklen Kurzhaarschnitt und ihrer fast schon maskulinen Statur das komplette Gegenteil von Sr. Esther war. Sr. Josefa und Sr. Esther wohnten im selben Ingresso wie ich. Sr. Esther bewohnte das Zimmer neben meinem. Darüber war ich sehr froh. Aufgrund ihrer sanften Art und des geringen Altersunterschieds zwischen uns fühlte ich mich zu ihr besonders hingezogen. Ich mochte sie sofort. Damals wusste ich noch nicht, dass ich eine solche Sympathie gar nicht hegen durfte. Aber ich lernte das alles. Ja, ich lernte sehr viel in den kommenden Tagen und Wochen, denn nun hatte ich endlich eine Verantwortliche: Sr. Hilga.

Gespräch mit Sr. Hilga

Sr. Hilga ließ mich nicht lange warten. Wir trafen uns gleich nach dem Frühstück am Morgen nach meiner Ankunft im Ingresso 1, in der sogenannten Sala familiare. Anders als im Ingresso 2 hatte man hier das ursprüngliche Wohnzimmer nicht geteilt, sondern als Gesprächszimmer gestaltet. Es machte einen sehr noblen Eindruck auf mich, der hauptsächlich durch das Parkett und einen wohl sehr alten und wertvollen runden Esstisch zustande kam, der die hintere Hälfte des Raumes einnahm. Die Türen zu den Balkonen waren geöffnet. Die bodenlangen hellen Vorhänge bewegten sich leicht im warmen römischen Herbstwind, durch die Fenster schimmerte das Grün der zwei riesigen Magnolienbäume vor dem Hauseingang. Mich überkam ein Gefühl der Dankbarkeit, dass ich an einem so schönen Ort wohnen durfte.

Sr. Hilga betrat den Raum mit mir und bat mich, auf einem von drei Lesesesseln Platz zu nehmen, die in der vorderen Raumhälfte um einen kleinen Sofatisch standen. Sie passte perfekt in dieses noble italienische Ambiente. Ihre hohe, vollschlanke Gestalt, ihre gerade Haltung, ihre dunklen, leicht gewellten kurzen Haare und ihr Lächeln strahlten trotz ihres etwas zu langen Gesichtes und den leicht zusammengebissenen Zähnen hinter den schmalen Lippen etwas Vornehmes, beinahe Professionelles aus. Sie hatte einige schmale Ordner in der Hand, die sie wie eine Geschäftsfrau elegant in einer Hand balancierte, bevor sie sie im Sitzen fast wieder mädchenhaft auf ihre Knie legte. Keine Frage, diese Frau verstand es, ihre Körpersprache einzusetzen und mit ihrem Charme zu spielen. Man spürte, dass sie sich in ihrem Umfeld und in ihrer Rolle wohl fühlte und dass sie diese gekonnt ausfüllte. Da war nichts von der Verbissenheit einer Sr. Ottilie oder der Wahnhaftigkeit einer Mutter Marozia, nichts von der Unbeholfenheit von P. Rektor oder vom Mäuschengrau der meisten Schwestern. Sr. Hilga hatte ein gewisses Etwas, und sie wusste darum. Ich staunte und fühlte mich sehr klein vor dieser Frau, die mich mit einem überschwänglichen Wortschwall begrüßte. Zwar spürte ich auch, dass etwas an ihr mich gewaltig störte, aber ich konnte es nicht benennen. Ihre Freundlichkeit schien mir etwas Aufdringliches zu haben. Aber ich klammerte dieses Gefühl ein. Vielleicht war mir auch einfach nur die Perfektion ihres Auftritts irgendwie unheimlich, so dachte ich. Jedenfalls zwang ich mich, ihre Freundlichkeit zu akzeptieren.

Sr. Hilga beantwortete der Reihe nach alle möglichen praktischen Fragen, die ich in den letzten Wochen mit mir herumgetragen hatte. Sie tat das mit einer betäubend liebenswürdigen Mitschwesterlichkeit, die dennoch spürbar von einer unerschütterlichen Nachdrücklichkeit getragen war. Im Traum wäre einem nicht eingefallen, sich ihr zu widersetzen oder bestimmte Fragen zu stellen. Ja, sie baute mögliche Fragen von vornherein so in ihre Aussagen ein, dass man das Gefühl hatte, dass nichts mehr zu fragen übrig blieb.

Was meinen Auftrag anging, eröffnete Sr. Hilga mir die allgemeine Praxis in der Gottesfamilie folgendermaßen: »In vielen Gemeinschaften gibt es feste Ausbildungsprogramme. Wer dort eintritt weiß schon – ich sag jetzt mal – dass er sofort ein Studium aufnimmt, das er dann in soundsovielen Jahren beendet. Er weiß, wann er welche Gelübde ablegen wird und welche ›Karrierechancen‹er dann hat. – Bei uns ist das nicht so. Und das soll auch nicht so sein.« Sie hatte mit solcher Überzeugungskraft gesprochen, dass ich selbst diese Aussicht nun auch ganz schrecklich fand. Ein Ordensleben als Karriere. Nein, so durfte das nicht sein! Sie sah, dass ich ihr zustimmte und fuhr fort: »Wir bemühen uns, einen anderen Weg zu gehen und dabei auf die Stimme Gottes zu hören. Auch wir als Verantwortliche wissen nicht, was Gott mit dir vorhat. Und er hat sicher etwas Großes mit dir vor. Aber wir müssen abwarten, welche Zeichen er uns gibt.« Ich schwieg. Vor meinem inneren Auge sah ich die Verantwortlichen der Schwesterngemeinschaft, Mutter Marozia, Sr. Gerda und Sr. Hilga gemeinsam kniend im Gebet versunken und von Gott ein Zeichen erbittend: Was, o Herr, hast du Großes mit Sr. Doris vor? Ich war benommen von soviel Gottvertrauen, vor allem aber von soviel Wertschätzung mir gegenüber. Sie hielten mich für so wichtig, dass sie es sich selbst nicht anmaßen wollten, über meine Zukunft und meine Aufgaben zu entscheiden. Sr. Hilga beobachtete die Wirkung ihrer Worte und unterstrich sie noch ein bisschen mit verschiedenen Geschichten darüber, dass alle Schwestern in der Gemeinschaft nach einigen Jahren Aufgaben innehätten, die sie sich selbst niemals zugetraut hätten.

Ich überlegte. Was würde ich mir selbst nicht zutrauen? Zu meinem Beschämen fiel mir wenig ein. Meine Benommenheit steigerte sich. Sr. Hilga fuhr fort: »Vorerst wären wir froh, wenn wir dich hier im Haus einsetzen dürften. Von Montag bis Mittwoch in der Wäsche bei Sr. Camille und von Donnerstag bis Samstag in der Küche mit Sr. Josefa und Sr. Esther. Wäre dir das recht?« So war ich in der Gottesfamilie noch nie gefragt worden und war etwas überrumpelt. Natürlich war mir das recht. Solange sie um Erleuchtung über meine zukünftige Verwendung beten mussten, wollte ich gerne unter Beweis stellen, wie hingebungsvoll ich auch die einfachsten Arbeiten verrichten konnte. Vermutlich um eventuelle leise Zweifel in mir beiseite zu wischen und ihre Professionalität zu unterstreichen, fügte sie noch hinzu, was die Konstitutionen bezüglich der Ausbildung vorsahen. Es war das erste Mal, dass jemand mir gegenüber aus diesem Text zitierte. Bisher wusste ich nicht mehr über seinen Inhalt, als dass er die grundlegenden Bestimmungen und Regeln für das Leben der Mitglieder der Gottesfamilie enthielt. Dass ich nun das erste Mal solche Bestimmungen zu hören bekam, verlieh dem Augenblick etwas Offizielles, beinahe Feierliches. »Die Konstitutionen sehen vor, dass mindestens ein Jahr in der Ausbildungszeit frei von äußeren Verpflichtungen wie zum Beispiel einem Studium bleibt. Das ist bei den Mitbrüdern manchmal ein Problem. Da haben wir als Schwestern viel größere Freiräume, für die wir dankbar sein müssen.«

Das Stichwort Studium rührte etwas in mir an, das ich instinktiv sofort ausblendete. Ich versuchte, Dankbarkeit dafür zu empfinden, dass ich als Schwester nicht dazu verpflichtet war und »größere Freiräume« hatte. Natürlich, die Fratres studierten alle Philosophie und Theologie. Aber mir war klar: Es würde mich nicht glücklich machen zu studieren, wenn nicht meine Verantwortlichen mich dazu beauftragen würden. Und wer weiß, sie beteten ja um Erkenntnis darüber, was sie mit mir tun sollten.

Was die Beichte anging, fragte sie kurz und knapp: »Wäre es dir recht, vorerst bei P. Konrad beichten zu gehen? Er ist ein sehr erfahrener Beichtvater.«

Natürlich war es mir recht. Ich kannte ihn ja gar nicht, was hätte ich also gegen ihn einwenden sollen? Dass er der leibliche Bruder von Sr. Hilga war, wusste ich damals noch nicht. Aber was hätte das ändern sollen? »Wir gehen einmal monatlich beichten. Du kannst die Termine dann mit ihm direkt besprechen. Falls du das einmal vergisst, wird er sich bei dir melden.« Die geistliche Begleitung für mich würde bis auf Weiteres sie selbst übernehmen, denn sie war die Verantwortliche für alle Schwestern in Rom. Offenbar schloss »verantwortlich sein« die geistliche Begleitung automatisch mit ein. Einmal wöchentlich würde sie sich von nun an mit mir zum Gespräch treffen. Wann genau, würde sie jeweils mit mir ausmachen. Sie unterstrich mir gegenüber noch einmal das Prinzip, von dem mir schon Sr. Ottilie erzählt hatte: »Männer führen Männer und Frauen führen Frauen.« Von dieser Regel konnte es nur im größten Notfall eine Ausnahme geben. Diese Worte bildeten die Überleitung zu einem Thema, das Sr. Hilga sehr am Herzen zu liegen schien, denn sie sprach darüber sehr ausführlich und mit besonderem Nachdruck: »Du hast sicher schon gemerkt, dass Mitbrüder und Mitschwestern in diesem Haus enger zusammenleben als im Mutterhaus. Das ist ein großes Geschenk für uns, aber es fordert auch besondere Wachsamkeit. Die Komplementarität von Männern und Frauen gehört wesentlich zu unserer Berufung. Sie dient dem Wohl der Kirche. Wir dürfen dieses Prinzip nie aufgeben. Aber wir dürfen auch nicht leichtsinnig sein. Mutter hat einmal gesagt ›auch geweihte Kerzen brennen.‹« An dieser Stelle machte sie eine feierliche Pause. Die Stimmung war im Laufe des Gespräches immer dunkler geworden, und das übertrug sich völlig auf mich, denn ich konnte mich, wie wohl die meisten, ihrer Wirkung einfach nicht entziehen. Sie sah mir nicht an, dass ich das Zitat von den brennenden Kerzen nicht verstanden hatte, aber sie war offensichtlich mit meiner Betroffenheit zufrieden und fuhr fort: »Wir haben keine Garantie dafür, dass nichts geschieht. Wir sind alle versuchbar. Deswegen müssen wir sehr wachsam sein. Uns Schwestern kommt dabei die größere Verantwortung zu. Das ist nun einmal so, Männer sind in diesen Angelegenheiten schwächer als Frauen. Deswegen liegt die größere Verantwortung bei uns. Damit wir diese Verantwortung gleich zu Beginn einüben können, findet die Formung der Mitbrüder und Mitschwestern im selben Haus statt. ›Formung auf der Baustelle‹ nannte Mutter das. Sollte das einmal nicht mehr gutgehen, müssen wir Brüder und Schwestern in der Formung eben wieder trennen.«

Sie sah mich an. Ich hatte verstanden, was sie sagen wollte. Aber ich konnte mir nicht recht vorstellen, was das konkret bedeuten sollte. Zu große Nähe hatte ich in der Gottesfamilie noch nirgendwo unter Mitgliedern beobachtet. Das schien mir nachgerade unmöglich. Zudem war ich erschrocken darüber, dass ich diesbezüglich prophylaktisch ermahnt werden musste. Die Erinnerung an das Gespräch mit Sr. Ana wurde wach. Mir wurde bewusst, dass ich ein Unterkleid trug, damit die Mitbrüder im Haus meine Körperformen nicht sehen konnten. Mit einem Mal fühlte ich mich schmutzig und schuldig, war durcheinander, wollte mich innerlich dagegen wehren, und mir schien, ich hätte nur noch Watte im Kopf. Ich muss wohl sehr erschrocken ausgesehen haben. Sr. Hilga wechselte sofort den Tonfall. Ihre Stimme klang fröhlich, als sie sagte: »Es kann immer mal passieren, dass man sich ein bisschen verliebt.« Sie blickte mich mit frohen Augen an, und ich spürte eine gewisse Erleichterung. In einem versöhnlichen Ton fuhr sie fort: »In so einem Fall sag es mir einfach so schnell wie möglich. Niemandem sonst. Dann wird sich eine Lösung finden. Wenn etwas erst einmal in die Einheit gelegt ist, kann der Teufel nicht mehr dazwischen.«

Auch diesen Satz hatte ich schon gehört. Aber es war das erste Mal, dass ich ihn in einem Anwendungsfall zu hören bekam. »Etwas in die Einheit legen« bedeutete, etwas den Oberen mitteilen. Die Mitglieder sollten sich mit allem, was sie wahrnahmen, taten, sagten und dachten, ihren Verantwortlichen anvertrauen und deren Urteil und Weisung vertrauen. Es sollte keinen Unterschied geben. Alle Mitglieder sollten dasselbe empfinden, denken, sagen und tun, das hatte mir schon Sr. Ottilie gesagt: »Manche halten uns deswegen für eine Sekte«, sagte sie damals und lächelte ihr spitzes Lächeln, »sie kommen nicht auf den Gedanken, dass es einfach die Wahrheit ist.« »In die Einheit legen« – jetzt verstand ich, was diese Formel konkret hieß. Wenn ich mich verlieben sollte, ja wann immer etwas in mir nicht mehr in das allgemeine Stimmungsbild passte, musste ich es nur sobald wie möglich mitteilen. So konnte es unschädlich gemacht werden. Zwar konnte ich mir nicht vorstellen, wie das im Einzelfall vor sich gehen sollte, aber das würde ich ja sehen und außerdem hoffte ich, niemals in eine solche Situation zu kommen. Nein, ich würde alles tun, um so tief in die Gottesfamilie und ihre Spiritualität einzutauchen, dass mein Inneres nicht mehr davon abwich. Schließlich war das der mir von Gott zugewiesene Weg zum Glück. Und ich würde alles mitteilen, was in mir vorging, um immer sicher zu sein, dass ich auf dem richtigen Weg war.

Was den Umgang mit den Mitbrüdern anging, gab sie mir noch einige Regeln mit, von denen ich aber die meisten schon kannte: »Wir haben so weit wie möglich getrennte Arbeitsbereiche. Zwar müssen die Mitbrüder auch Grundkenntnisse im Kochen haben, aber die Küche ist kein geeigneter gemeinsamer Arbeitsplatz, man ist sich dabei viel zu nah. Das gilt auch für Autofahrten. Wann immer möglich, werden Brüder und Schwestern in getrennten Autos fahren, vor allem auf längeren Strecken. Und noch etwas: Wir siezen einander. Das schafft schon einmal den nötigen Abstand.«

Und zwar galt diese letzte Regel, wie ich wenig später erfuhr, sogar für Geschwister in der Gottesfamilie. Sr. Hilga siezte P. Konrad und P. Klemens, ihre leiblichen Brüder. Das kam mir schon ein wenig seltsam vor, aber ich war ja nicht direkt betroffen, deswegen konnte es mir auch egal sein. Für mich galt nur, alle Schwestern duzen, alle Männer siezen. Für die Mitbrüder war das schon ein wenig komplizierter. Sie siezten sich zum Teil auch untereinander, und zwar mussten die nicht geweihten (Fratres und Brüder) die geweihten (Patres) siezen, während die geweihten die nicht geweihten duzten.

Nun begann Sr. Hilga in einem etwas muntereren Ton ein paar grundlegende Dinge über die Abläufe im Haus zu erzählen. Zuerst überraschte sie mich mit der Mitteilung, dass ich ab sofort Geld erhalten würde. Sie öffnete eine Mappe und gab mir ein paar DIN-A4-Blätter in die Hand, die sogenannte Abrechnung. Auf jedem Blatt fand sich eine Tabelle, in die ich eintragen sollte, wie viel ich jeden Monat für was genau ausgegeben hatte. Verschiedene Kategorien waren aufgeführt, darunter unter anderem »Haus, persönlicher Bedarf, Gesundheit, Kommunikation, Reise, Sonstiges.« Als ich hörte, wie viel ich jeden Monat zur Verfügung haben sollte, traf mich fast der Schlag: Hundert Euro. »So viel!«, rief ich aus, Sr. Hilga winkte schnell ab: »Das ist natürlich nicht so gedacht, dass du das alles ausgibst. Du sollst nur genug bei dir haben, wenn du einmal außer Haus bist und vielleicht etwas brauchst. Zum Beispiel wenn du auf einen Besuch oder in eine Messe gehst und unterwegs einen Absatz verlierst. Dann hast du auf jeden Fall genug dabei, um dir schnell ein neues Paar Schuhe zu kaufen. Alles, was du ausgibst, notierst du dann auf dem Abrechnungsblatt, legst die Rechnung dazu, zählst am Monatsende alles zusammen und gibst es Sr. Annemarie. Sie stockt dir dann wieder auf, was dir fehlt.«

Es gab auch eine Spalte auf der linken Seite, über der Einkünfte stand. »Aber ich verdiene doch nichts«, sagte ich.

Sr. Hilga löste meine Fragezeichen auf: »Das ist für den Fall, dass du einmal etwas zugesteckt bekommst. Sagen wir, wenn deine Oma dir schreibt und einen Geldschein mit in den Brief legt. Dann vermerkst du es da und rechnest es mit ab. Wir haben keine schwarzen Kassen«, schmunzelte sie. Ich fühlte mich ungeheuer gut versorgt und dankbar. Ich wusste noch nicht, dass die Abrechnung nicht primär meiner Finanzierung diente, sondern meiner Kontrolle. Natürlich, als Schwestern brauchen wir keinen Kaffee, wenn wir unterwegs sind. Wir kaufen uns kein Eis. Wir gehen manche Strecken auch lieber zu Fuß und benutzen im Zweifelsfall lieber öffentliche Verkehrsmittel, als ein Taxi zu nehmen. Jede Ausgabe wird überlegt. Kann ich das auf die Abrechnung schreiben? Jede Überlegung, den allgemeinen Armutszwang im Haus zu umgehen, indem man sich etwa ein Duschgel kauft, statt die vorgesehene Kernseife zu verwenden, wird damit im Vorhinein nichtig gemacht. Ich ahnte damals noch nicht, dass viele Mitglieder, insbesondere Mitbrüder, insgeheim doch schwarze Kassen führten, in denen sie das Geld verwahrten, das ihnen von Angehörigen und Wohltätern zugesteckt wurde. Auf solche Nebeneinkünfte konnte ich als Schwester ohnehin kaum hoffen, zudem hätte ich es nicht gewagt, auch nur einen Cent für mich selbst zu behalten.

Sr. Hilga fuhr mit einigen allgemeinen Informationen fort. Nachdem sie auf den Tagesablauf eingegangen war, der im Wesentlichen mit dem übereinstimmte, den ich aus dem Mutterhaus kannte, ging sie auf das »spezifische Apostolat« des Hauses ein: »Du hast bestimmt schon gehört, dass die Gottesfamilie kein spezifisches Apostolat hat. Grundsätzlich können wir alles tun, was der Kirche dient. Von Zeit zu Zeit und von Haus zu Haus kann es dabei aber verschiedene Schwerpunkte geben. Als Mutter noch lebte war ein großer Schwerpunkt die Familienhilfe, bis Mutter erkannte, dass diese Arbeit zu viele Kräfte band. Sie forderte die Schwestern auf, geistlich mehr in die Tiefe zu gehen. Da mussten sie dann die Familienhilfe aufgeben. Das war für manche nicht leicht, aber es war das Richtige. Danach haben sich andere Schwerpunkte gefunden. Solche Unterschiede gibt es auch von Zentrum zu Zentrum. In Österreich ist zum Beispiel die Familienseelsorge ein großer Schwerpunkt. Es gibt dort sehr viele Katakombenfamilien. Die haben wir in Italien leider noch nicht, auch wenn wir darum beten. Dafür gibt es hier viele Priester und Ordensleute, die eng mit uns befreundet sind. Wir betrachten sie als unsere ›Familien‹, die wir geistlich begleiten. Du wirst bald sehen, dass immer wieder Priester und Bischöfe bei uns zu Gast sind. Sie sind sehr dankbar dafür, uns besuchen und hier auftanken zu können.«

Ich staunte. Seelsorge an Priestern als Familienseelsorge? »Manche von ihnen sind mit uns im Bündnis verbunden, aber nur wenige sprechen offen darüber. Es ist sehr wichtig, dass wir nach außen Diskretion wahren. Das heißt, dass nicht im nächsten Brief an die Mama steht, welche Bischöfe hier im Haus zu Gast waren.«

Den letzten Satz hatte sie mit etwas mehr Nachdruck gesagt. Es war das erste Mal, dass ich mich wegen ihrer Wortwahl wie ein Kind behandelt fühlte. Aber ich war eher erschrocken als verletzt: Was dachte sie von mir? Natürlich würde ich niemandem von den Gästen hier im Haus erzählen. Bestürzt murmelte ich ein paar Worte in diese Richtung, die sie zufriedenzustellen schienen. Insgeheim war ich nun aber doch gespannt. Was konnten das für Freunde und Gäste der Gottesfamilie sein? Würde ich ihre Besuche wirklich direkt mitbekommen? Sr. Hilga wechselte das Thema und sah mich mit einem neckischen Grinsen an. »Sag mal, dein Schwänzchen, das kann doch so nicht bleiben.«

Halb erschrocken, halb verletzt durch diesen Tonfall erriet ich, dass sie meine Frisur meinte. Ich hatte circa schulterlanges Haar, das ich seit meinem Eintritt immer zum Pferdeschwanz zusammengebunden hatte. Natürlich war mir schon aufgefallen, dass alle Schwestern die Haare entweder kurz oder hochgesteckt trugen, aber ich wäre nicht auf den Gedanken gekommen, dass eine Art Zwang dazu bestand. Nun ja, wenn es denn sein sollte. Sr. Hilga schlug mir vor, dass sie mir helfen würde, eine passende Frisur zu finden. Dazu würde sie am nächsten Morgen zwanzig vor sechs in mein Zimmer kommen und mich frisieren. Ich wusste nicht, ob ich deswegen unangenehm berührt oder dankbar sein sollte und war etwas verlegen. Tatsächlich war dann weder das frühmorgendliche Aufkreuzen von Sr. Hilga in meinem Zimmer noch das Ergebnis ihrer Frisierarbeit (ein einfacher an den Hinterkopf gesteckter Zopf) besonders erfreulich, auch wenn sie mir versicherte: »Alle finden es nett!« Wie um mich wieder zu beschwichtigen, wechselte sie sofort wieder das Thema und fügte ein paar Worte an, die ich nicht gleich einordnen konnte: »Bei jedem von uns schleicht sich mit der Zeit eine Art Betriebsblindheit ein. Wir merken selbst nicht mehr alles, was jemandem, der neu dazukommt, komisch vorkommen kann. Wenn dir hier im Haus also irgendetwas seltsam vorkommt oder du dich an etwas störst, dann trag es bitte nicht mit dir herum, sondern sag es mir einfach. Entweder ich kann es dir erklären, oder es ist vielleicht etwas, das wir wirklich ändern sollten. Dann hättest du allen von uns sehr geholfen!«

Etwas Merkwürdiges. Was konnte das sein? Ihre Bitte klang so eindringlich, dass ich mir vornahm, besonders darauf zu achten, ob mir etwas auffallen würde. Zugleich schien mir das aber vollkommen unmöglich, denn ich war ja völlig darauf eingestellt, alles was mir begegnete fraglos anzunehmen. Bisher hatte mich noch niemand dazu aufgefordert, Fragen zu stellen. Sofort schoss mir eine Frage durch den Kopf, die ich auch gleich äußerte: »Und wenn ich eine Frage stelle, die du mir gar nicht beantworten darfst, weil ich vielleicht etwas anspreche, was mich nichts angeht?«

Nun stutzte Sr. Hilga. Sie machte ein Gesicht, als hätte ich beim Spielen einen besonders schlauen Coup gelandet. Ihre Augen blitzten, sie zog einen ihrer Mundwinkel nach oben, als wäre sie belustigt. Diese Reaktion kam mir merkwürdig vor, und es gelang mir nicht, sie einzuordnen. Ich spürte wieder, dass mich etwas an ihr störte. »Das sage ich dir dann schon«, sagte sie trocken. Vermutlich war es das gewesen, dachte ich. Sie wollte nicht so unverblümt sagen müssen, dass es Dinge gab, die sie mir gar nicht sagen durfte. Dabei war das für mich kein Problem. Offenbar war diese Frage, die ich aus der simplen Furcht heraus gestellt hatte, ich könnte einen Fehler machen, von ihr als Kritik gewertet worden, als teenagerhafte Aufmüpfigkeit, vielleicht sogar als Aufforderung zum Machtkampf. Oje, das war alles andere als in meiner Absicht. In den folgenden Minuten wurde ich umso kleinlauter.

Unser Gespräch war auch fast am Ende. Nur ein paar kleinere Informationen schienen Sr. Hilga noch am Herzen zu liegen. Sie schien das erste Mal leicht nervös, als sie begann: »Du erinnerst dich sicher an fr. Anthony?«

Ich bejahte und war gespannt, was nun kommen würde, denn ich konnte mir beim besten Willen nicht vorstellen, weshalb Sr. Hilga nervös wurde. War es meine dumme Frage gewesen, oder war ihm etwas passiert? »Er ist zum Studium nach England gegangen. Das brauchte er einfach. Wir wissen noch nicht, wann er zurückkommt.«

Unglaublich, dachte ich, sie schicken Mitglieder sogar nach England zum Studium, wo es dort doch so teuer ist. Einfach nur, weil die es gerade brauchen. Wieder drängte sich ein Gedanke an meine eigene Zukunft auf, den ich allerdings beiseite schob. Als Sr. Hilga meine begeisterte Reaktion sah, gewann sie ihre volle Souveränität zurück. Und fügte mit etwas Bedauern in der Stimme an: »Wahrscheinlich erinnerst du dich auch an Sr. Theresia. Sie hat die Gemeinschaft verlassen. Sie musste gehen, weil ... sie war einfach nicht stark genug. Sie hat es nicht geschafft.«

Nun war ich bestürzt. Sr. Theresia hatte ich gern gehabt. Was konnte das heißen, »sie war einfach nicht stark genug«? Sie war sehr klein und zierlich, aber körperliche Stärke konnte doch nicht gemeint sein. Mit einem Mal hatte ich das Gefühl, in einen Abgrund zu blicken, der sich auch vor mir auftun konnte. »Sr. Doris war einfach nicht stark genug. Sie musste die Gemeinschaft verlassen.« Nein, das durfte nicht geschehen. Ich würde es schaffen. Betroffen blickte ich Sr. Hilga an. Aber meine Hoffnung, noch ein wenig mehr darüber zu erfahren, wie es so weit hatte kommen können, was passiert war und wie es Sr. Theresia jetzt ging, wurde nicht erfüllt. Stattdessen schien Sr. Hilga etwas anderes wichtig zu sein: »Wir sprechen über diese Dinge nicht miteinander. Wenn du Fragen über andere Mitglieder hast, dann stell sie mir. Grundsätzlich kannst du dir als Faustregel merken: Über alles, was persönlich ist, sprechen wir nicht miteinander, sondern jeder nur mit seinem Verantwortlichen. Das betrifft zum Beispiel die Zeit vor dem Eintritt. Wir haben Mitglieder, die aus zerrütteten Familien kommen. Da ist es besser, wenn es nicht die ganze Gemeinschaft weiß. Manche haben auch ein sehr weltliches Leben geführt, an das sie nicht erinnert werden wollen. Deswegen sprechen wir darüber nicht. Und noch etwas: Wir tauschen grundsätzlich auch keine Kritik untereinander aus. Das ... wie soll ich sagen«, sie lächelte, »das dient einfach der geistigen Klimapflege im Haus. Es ist doch viel angenehmer, wenn über die unangenehmen Dinge nicht gesprochen wird. Sonst steckt man sich gegenseitig an. Im Sommer zum Beispiel, wenn es sehr heiß ist, sprechen wir einfach nicht darüber, so wird es erträglicher.«

Das leuchtete mir ein, und ich bewunderte die Brüder und Schwestern, die so viel innere Stärke aufbrachten. Ja, diese friedliche Heiterkeit, die die Atmosphäre in der Gottesfamilie ausmacht, ist nicht einfach da, sondern sie ist erarbeitet, dachte ich, sie verdankt sich der Tugend jedes einzelnen Mitgliedes. Ich war fest entschlossen, in diesem gemeinsamen Projekt geistiger Klimapflege mitzumachen.

Unser Gespräch war zu Ende. Aber es war nur eines von vielen. Ich weiß nicht, wie viele Male ich Sr. Hilga in den folgenden Monaten und Jahren Woche für Woche gegenübersaß. Meine eigentliche geistige Genese in der Gottesfamilie spielte sich hier ab. Was ich dazwischen erlebte, war gleichsam nur das Material, aus dem

Sr. Hilga beim nächsten Gespräch an ihrem Werk weiterbaute: »Sr. Doris« nahm Stück für Stück Form an, und ich merkte nicht, dass es bald nicht mehr ich war, die da saß, die durchs Haus ging, die in der Kapelle kniete, die meinen Eltern Briefe schrieb. Ich war nicht mehr ich. Aber das hatte ich ja werden wollen: »Nicht mehr ich lebe ...«, das war das Ziel meines geistlichen Weges. Und Sr. Hilga war meine Begleiterin dabei. Ich war ihr sehr dankbar dafür.

In den nächsten Tagen und Wochen lernte ich das Gemeinschaftsleben in Rom Stück für Stück kennen. Ich stellte fest, dass es mir tatsächlich besser gefiel als im Mutterhaus. Zum Einen war da der Garten. Das Mutterhaus hatte zwar auch einen großen Garten, aber als Küchenschwester war ich dort nie hingekommen, außer in seltenen Fällen, wenn eine Verantwortliche mich zum Gespräch mit in den Garten nahm. In Rom war das anders. Die Schwestern beteten jeden Tag den Rosenkranz im Garten. Dabei gingen wir in Zweierreihen auf dem Rasen auf und ab. Noch besser war, dass es ein Klavier gab und ich, anders als im Mutterhaus, auch tatsächlich ab und zu Zeit hatte, darauf zu spielen. Außerdem wurde in verschiedenen Sprachen gebetet. Das gefiel mir ganz besonders. Sogar die tägliche Messe wurde in verschiedenen Sprachen gefeiert. Im Wochenrhythmus wurde zwischen Latein, Italienisch, Deutsch, Englisch und Niederländisch gewechselt. Ich fand das großartig. Langsam begann ich, meine ersten Worte Italienisch zu sprechen. Obwohl die Gottesfamilie bisher kein einziges italienisches Mitglied hatte, bemühten sich doch alle im Haus, Italienisch zu sprechen. Abgesehen vom Stundengebet, das immer Italienisch war, galt Italienisch besonders beim Tischgespräch während des Mittagessens als Zwang. Für mich hatte das zur Folge, dass ich zunächst zum Schweigen und Zuhören verurteilt war. Aber das machte mir nichts, denn ich stellte bald fest, dass die Tischgespräche eine gewaltige Herausforderung waren.

Abgründe des Stolzes

In den ersten Tagen hatte ich mich unbekümmert an den Tisch begeben. Reden fiel mir nicht schwer. Und auch das Gebot, weder über die eigene Vergangenheit noch die der anderen oder sonstige persönliche Angelegenheiten zu sprechen, machte mir keine Sorgen. Es gab ja so viel, worüber man reden konnte! Zumindest, wenn der eine oder andere Tischnachbar mir zuliebe doch ins Deutsche wechselte (fast alle Hausbewohner hatten Deutsch als Muttersprache). Ich meinte, ich würde alles richtig machen. Aber da täuschte ich mich. In einem unserer ersten Formungs-Gespräche wurde ich von Sr. Hilga ermahnt, ich solle mir mein Allgemeinwissen nicht so sehr anmerken lassen. Etwas mehr Demut wäre angemessen. Ich fiel aus allen Wolken. War ich stolz gewesen? Einen Fehler gemacht zu haben, ohne mir selbst im Geringsten dessen bewusst zu sein, das war eine Erfahrung, die ich so zum ersten Mal machte. Ich war sehr verunsichert. Was hatte ich getan? Ich versuchte, mir meine Gesprächsbeiträge ins Gedächtnis zurückzurufen. Hatte ich vielleicht über Rilke gesprochen? Oder über eines meiner Abiturthemen: Edith Stein, die Industrialisierung, den Kulturkampf, Ovid? Ich wusste es nicht mehr. Beklemmung machte sich in mir breit. Egal, was es gewesen war, wenn das schon zu viel an Allgemeinbildung war, was war dann das »erlaubte Maß«? Wie sehr würde ich mich beschränken müssen? Und konnte es wirklich sein, dass ich den einen oder anderen am Tisch überfordert hatte? Das konnte ich mir nicht vorstellen. Das waren doch alles gebildete und intelligente Menschen. Jedenfalls war das mein Eindruck gewesen. Ungläubig sah ich Sr. Hilga an, aber diesmal änderte sie ihren Tonfall nicht: »Das ist etwas, das du lernen musst, Sr. Doris: Demut ist Dien-Mut, sagt Mutter. Denke daran, den anderen gerecht zu werden, auch beim Tischgespräch.« Ihr Blick hatte etwas Bohrendes. Ich fühlte mich schuldig. »Wir alle tragen Abgründe des Stolzes in uns, die wir selbst noch gar nicht kennen. Wenn du das jetzt erfährst, ist das eine große Gnade. Sei dankbar. Nur so wirst du in der Berufung Fortschritte machen.« Nun sah sie mich endlich doch aufmunternd an. Ich zögerte, traute mich dann aber doch zu fragen, über was ich denn dann sprechen dürfe. »Sprich mit den Schwestern über ihre Themen. Über die Küche, die Wäsche, den Garten, was am Tag so geschehen ist. Im Grunde ist das ganz einfach. Viele Schwestern sind am Anfang beim Tischgespräch unsicher. Das ist ganz normal. Sprich einfach ein Stoßgebet, wenn du auf dem Weg ins Refektorium bist. Das machen andere Schwestern auch.«

Ich nahm mir fest vor, das zu tun. Denn auch, wenn mir mein Stolz nicht bewusst war, wollte ich ihn doch auf jeden Fall ablegen, denn Stolz ist das größte Hindernis auf dem Weg zu Gott. Ja, wahrscheinlich war ich doch stolz. Ich war stolz auf mein Abitur und auf meine Allgemeinbildung. Also konnte es mir auf keinen Fall schaden, mich wirklich ganz in das demütige Geschehen jedes Arbeitstages hineinzubegeben und nicht mehr über anderes zu reden. Aber ich stellte bald fest, dass das alles andere als einfach war. Über Küche und Wäsche gab es einfach nicht viel zu erzählen. Hausarbeit interessierte mich nicht, auch wenn ich sie gerne verrichtete. Sie beschäftigte mich geistig nicht. Mit Schrecken erfüllte mich die Einsicht, dass auch das Stolz sein musste. Vermutlich hielt ich mich für zu gut für diese Tätigkeiten. Das Gift des Stolzes war viel tiefer in mir verwurzelt, als mir je bewusst gewesen war. Ich war zerknirscht. In dieser Situation half mir mein Beichtvater weiter.

P. Konrad und eine große Gnade

P. Konrad war eine Instanz in der Gottesfamilie. Er war so etwas wie der Spiritus Rector der Gemeinschaft, jemand, der das Charisma »ganz tief verstanden« hat. Äußerlich glich er seiner Schwester Hilga. Aber ihre Eleganz und Eloquenz fehlte ihm völlig. Dennoch verringerte das seine Wirkung nicht, im Gegenteil. Seine Langsamkeit und seine linkischen Bewegungen verliehen ihm erst recht eine Aura des Weltfremden, Übernatürlichen. Seine schlanke Gestalt und sein strenger Diätplan fügten dem noch einen Hauch von Askese hinzu. Niemals kam im Gespräch mit ihm so etwas wie Vertraulichkeit oder Geschwisterlichkeit auf. Er war immer der Bote Gottes, der Mahner im Namen des Herrn, der die reumütige und gepeinigte Seele mit dem Blick des Seelenarztes maß, bevor er ihr mit fachmännischer Zielsicherheit die nötigen Heilmittel verschrieb. Ich fürchtete mich vor ihm, genauer: vor seinem Urteil. Denn auch er erkannte sofort in mir den Abgrund des Stolzes. Als ich erschüttert und aufgelöst im Beichtstuhl vor ihm kniete und ihm diese bittere Erkenntnis der vergangenen Tage beichtete, stimmte er sofort zu. Fast schien es, dass er eine gewisse Genugtuung angesichts meiner Einsicht empfand. Aber sofort kam ein Wort der Ermutigung von seinen Lippen: »Das ist ein großes Licht, das Sie da empfangen haben, Sr. Doris. Das ist ein Zeichen, dass Gott Sie jetzt näher zu sich führt. Freuen Sie sich, dass Sie diese Gnade schon so früh auf dem Weg der Berufung empfangen dürfen. Geben Sie sich ihm jetzt ganz vertrauensvoll hin, und Sie werden große Fortschritte machen.«

Ich staunte. Mit einem Mal fühlte ich mich sehr getröstet und erleichtert. Gott zog mich näher zu sich. Ich hatte eine außergewöhnliche Gnade geschenkt bekommen, einen Einblick in die sündhaften Abgründe meiner Seele, einen göttlichen Gunsterweis, den so wohl nicht viele Menschen bekamen. Wie auf Wolken schritt ich vom Beichtstuhl zurück in die Kapelle, selig beschwingt. Nun, dachte ich mir, muss ich keine Angst mehr vor unbewussten Fehlern haben. Wenn ich meinen Verantwortlichen vertraue und meine Fehler einsehe, wird mich das unweigerlich näher zu Gott führen.

Lachkrämpfe

Anders als die Mittagessen, bei denen Brüder und Schwestern gemeinsam am Tisch saßen, waren die Abendessen keine Herausforderung. Wenn die Schwestern unter sich waren, geschah fast jeden Abend dasselbe: Sr. Helen, die den ganzen Tag alleine in ihrem Zimmer gesessen und an ihrer Doktorarbeit geschrieben hatte, quoll über vor Erzähllaune. Und Sr. Hilga, die oft tagsüber unterwegs gewesen war und vieles erlebt hatte, kam genauso ins Reden. Wir anderen brauchten den beiden nur zuzuhören. Merkwürdigerweise kippte das Tischgespräch fast jeden Abend an einem bestimmten Punkt in einen allgemeinen Lachanfall um. Wir kugelten uns und lagen vor Lachen beinahe unter den Tischen, so sehr, dass die Mitbrüder im Refektorium nebenan sich regelmäßig wunderten. Dabei waren die Anlässe unserer Anfälle so banal, dass ich manchmal das Gefühl hatte, wir befänden uns kollektiv in einer infantilen Phase. Dennoch tat das Lachen gut. Es löste die Steifheit und Verspanntheit des Alltags. Es war der einzige Moment des Tages, an dem wir uns gehen lassen konnten. Es kam sogar vor, dass wir uns auch nach dem Abendessen, beim Spülen und sogar während der Abendanbetung noch nicht unter Kontrolle hatten, sodass die eine oder andere Schwester die Kapelle verlassen musste. Die Einzige, die nie Probleme damit hatte, ihre Heiterkeit zu unterdrücken, war Sr. Hilga. Sie rang immer wieder darum, diese allgemeinen Ausbrüche der Schwestern rechtzeitig zu unterbinden, denn sie waren tatsächlich peinlich.

Frühstücksvertiefungen

Zur ganz besonderen Anfechtung wurde für mich bald das Frühstück. Jeden Morgen gab es eine sogenannte Frühstücksvertiefung, während wir schweigend am Tisch saßen. P. Konrad verteilte die Themen an einzelne Mitglieder, die dann vor den anderen sprechen mussten. Weil ich die Jüngste im Haus war, erwartete ich nicht, dass es mich treffen konnte. Aber da hatte ich mich geirrt: P. Konrad teilte mir mit, dass ich am Dienstag der nächsten Woche über Psalm 27 sprechen sollte. Ich zögerte. Nein sagen konnte ich nicht. Das wollte ich auch nicht. Psalm 27 war einer meiner Lieblingspsalmen, aber was konnte ich über ihn sagen? Ich durfte nichts Persönliches erzählen. Ich durfte keine Bücher aus der Bibliothek verwenden. Und: die Mehrzahl derjenigen, die mir zuhören würden, hatte Theologie studiert oder studierte Theologie. Was konnte ich denen schon sagen? Würde ich mich nicht unendlich blamieren? Ich fühlte mich schlecht im Gedanken an Dienstagmorgen. Zudem hatte ich praktisch keine Zeit, mich vorzubereiten. Aber wie sollte ich mich schon groß vorbereiten? Ich saß mit der aufgeschlagenen Bibel und einem weißen Blatt Papier an meinem Schreibtisch und war verzweifelt. Mir fiel nichts ein. Schließlich schrieb ich mir doch ein paar Zeilen auf, die mich aber keineswegs beruhigten. Am Dienstagmorgen fühlte ich mich elend. Ich dachte an P. Ulf und P. Friedhelm, die dort sitzen würden, beide waren Mitarbeiter einer vatikanischen Kongregation, all die fratres würden nach dem Frühstück an ihre Unis gehen und theologische Vorlesungen hören. Es half nichts. Ich saß da, mit gesenktem Kopf, wagte nicht aufzusehen und las erst den Psalm vor und dann mehr oder weniger vom Blatt ab, was ich mir aufgeschrieben hatte. Mein Herz raste. Mein Kopf war voller Watte. Nach dem ich geendigt hatte: Schweigen.

Endlich erlöste P. Konrad mich, indem er ein paar allgemeine Worte sagte, die kaum in mein Bewusstsein drangen. War das noch ich? Innerhalb weniger Wochen hatte ich mich in ein Häufchen Elend verwandelt. Keine Spur Selbstbewusstsein. Panik davor, einen Text auch nur vorzulesen. Vor einem halben Jahr hatte ich noch souverän die mündliche Abiturprüfung bestanden und das Referat über meine Facharbeit abgelegt. Ich wischte diese Gedanken weg. Nun gab es nur noch einen Weg, und der führte nach vorne. Ich musste versuchen, mehr aus meinen stark begrenzten Möglichkeiten zu machen. Bei der nächsten Frühstücksvertiefung ging es schon besser. Ich sollte etwas über das Benedictus sagen. Ich zog eine Parallele von Zacharias zu Abraham und anderen späten Eltern im Alten Testament und sagte ein paar Worte zu Verheißung, Hoffnung und Erfüllung. Nach dem Frühstück kam sogar fr. Alwin auf mich zu und sagte, dass ich das gut gemacht hätte. Das freute mich besonders, denn fr. Alwin sagte so etwas nur, wenn er es auch wirklich meinte.

fr. Alwin und ein schwerer Fehler

Fr. Alwin war seit Anfang Oktober wieder in Rom, nachdem er das letzte Jahr im Mutterhaus verbracht hatte. Der erste Eindruck, den ich von ihm im Sommer bekommen hatte, verstärkte sich. Er hatte offenbar Spaß daran, immer wieder die Atmosphäre zu sprengen und Verantwortliche auf intelligente Weise zu provozieren. Die Hausgemeinschaft begegnete dem mit gemischten Gefühlen. Wenn er einen Spaß machte, konnte ihm kaum einer böse sein. Im Grunde genossen es alle. Andererseits durchkreuzte er damit so deutlich die gewünschte Disziplin und Geisteshaltung, dass er doch ständig ermahnt und hin und wieder auch gemaßregelt wurde. Ich muss kaum erwähnen, dass er es auch verstand, sich diesen Maßregelungen immer wieder zu entziehen. Umso entschlossener betete die ganze Gemeinschaft um seine Bekehrung. Ich hatte in diesem ersten Jahr eine besondere Begegnung mit ihm.

Immer wieder gaben Mitbrüder oder Mitschwestern Musikstücke zum Besten. Es wurde Geige und Klarinette gespielt, und im Refektorium stand ein Klavier. Auch ich spielte hin und wieder etwas am Klavier vor. Als ich einmal meine Noten durchsah, fiel mir ein altes Notenbuch für Gesang und Klavier in die Hände, das meine Klavierlehrerin mir zum Abschied geschenkt hatte. Ich blätterte es durch. Wer konnte infrage kommen, das zu singen? Sicher keine von den Schwestern. Alleine vor der Gemeinschaft zu stehen und zu singen, dazu hätte wohl keine den nötigen Mut. Fr. Alwin! Natürlich. Er hatte nicht nur eine sehr schöne Stimme, er hatte auch das nötige Selbstbewusstsein. Mit leichtem Herzklopfen rief ich ihn über das Haustelefon an. Es war Sonntagnachmittag. Er konnte also Zeit haben. Tatsächlich. Er sagte prompt zu und stand wenige Minuten später neben dem Klavier. Ich zeigte ihm das Notenbuch, und wir beschlossen, nach ein wenig Hin- und Herblättern, einfach mit dem ersten Lied zu beginnen: »Leise zieht durch mein Gemüt«. Ich spielte ihm einmal die Melodie vor, und nach ein paar Anläufen klappte das Stück ganz gut. Ich war glücklich! Nicht nur, weil es auf Anhieb funktionierte, sondern weil mir bewusst wurde, dass dies seit Monaten das erste Mal war, dass ich wieder etwas auf eigene Faust unternommen hatte. Ich hatte meine eigene Idee umgesetzt und dabei gleich einen Mitstreiter gefunden. Fr. Alwin war bereit, weiter mit mir zu üben.

Ein paar Tage später ergab es sich, dass ich zum Rosenkranzgebet mit Sr. Esther alleine war. Wir beschlossen, den Rosenkranz nicht im Garten, sondern auf der Mansarde zu beten. Das war die Dachterrasse auf der vierten Etage, in der sonst nur zwei größere Gästezimmer lagen. Sie war zwar schmal und eher unansehnlich, aber sie hatte den entscheidenden Vorteil, dass sich dort oben kaum einmal eine Mücke hinverirrte. Als wir unseren Rosenkranz gebetet und das obligatorische Marienliedchen im Anschluss gesungen hatten, machten wir uns wieder auf den Weg in die Küche, um die letzten Vorbereitungen für das Abendessen zu treffen. Aus irgendeinem Grund schlug ich vor, die Treppen barfuß hinunterzugehen. Entweder es hatte gerade jemand den Boden gewischt, oder es gab einen Grund, aus dem wir besonders leise sein mussten. Sr. Esther lehnte in einem ausnahmsweise erzieherischen Ton ab: »Da sind Mitbrüder im Haus. Da gehen wir nicht barfuß.«

Ich war sprachlos. Auf die Idee, dass es eine Anfechtung für einen Mitbruder darstellen konnte, wenn er uns zufällig barfuß die Treppe hinuntergehen sah, wäre ich gar nicht gekommen. Stumm nahm ich zur Kenntnis, dass Sr. Esther diesbezüglich viel verantwortungsvoller zu sein schien als ich. Sie wusste im Gegensatz zu mir, was für die Mitbrüder gefährlich sein konnte. Halb bewunderte, halb beneidete ich sie dafür. Ich wollte, ich hätte dieses Gespür auch gehabt. Sofort aber schoss mir eines durch den Kopf: Ich hätte fr. Alwin nicht einfach so fragen dürfen, ob er mit mir ein Musikstück einüben will. Ich hätte zumindest vorher jemanden fragen müssen. Nun wollte ich es unbedingt so schnell wie möglich wieder gut machen.

Nach dem Abendessen ging ich nicht gleich in die Küche, sondern passte fr. Alwin ab: »Haben Sie kurz Zeit? Ich muss Ihnen etwas sagen.« Er wirkte verduzt, folgte mir aber ins Schwesternrefektorium, wo mich mein schlechtes Gewissen fast umbrachte. Ich hätte niemals alleine mit ihm hier stehen dürfen. Wenn man einmal einen Fehler gemacht hat, kommt man nicht mehr so schnell wieder heraus. Möglichst aufrecht und selbstbewusst sagte ich, dass wir doch erst fragen müssten, bevor wir miteinander musizierten. Ob er das nicht auch so sähe? Verwundert sagte er: »Ja, das wäre wahrscheinlich besser.« Also kündigte ich an, möglichst bald Sr. Hilga zu fragen. Die beste Gelegenheit dazu war das nächstes Formungs-Gespräch.

Bei diesem Gespräch empfing Sr. Hilga mich mit einem völlig unerwarteten Vorwurf. Sie lächelte zwar, aber ihr Lächeln war nicht freundlich: »Sag mal, was hast du dir da gestern gedacht?« Wusste sie schon von allem? Aber gestern war doch nichts gewesen. Was war gestern? Ich war total verwirrt. Sr. Hilga schien sehr böse zu sein. Ich machte alles nur noch schlimmer, als ich sagte: »Ich weiß nicht, was du meinst«. Sie wurde noch wütender und ich bekam Angst. »Du warst gestern am Klavier, während die fratres bei der Jause waren.«

Ja. Das stimmte. Ich war am Klavier. Nach dem Spülen am Mittag hatte ich eine halbe Stunde Zeit. Während ich spielte, kamen drei fratres herein und tranken einen Kaffee. Nun erst merkte ich, dass das ein Fehler gewesen war. Ich sollte nicht alleine in einem Raum sein, in dem Mitbrüder waren. Aber was hätte ich tun sollen? Aufstehen und gehen? Unter dem strafenden Blick von Sr. Hilga fühlte ich mich elend. Ich hatte doch gerade alles richtig machen wollen. Nun hatte ich schon wieder einen so gravierenden Fehler gemacht. Ich wagte es nicht mehr, irgendetwas dazu zu sagen. Nur ganz im Hintergrund schoss mir eine Frage durch den Kopf: Woher weiß sie das überhaupt? Aber ich wischte diese Frage weg. Das war jetzt auch schon egal. Sie wusste es. Und ich wollte es nicht wieder tun. Ich wollte keine Fehler mehr machen. Als Sr. Hilga auch ihrerseits schwieg und eine leicht versöhnlichere Miene annahm, wagte ich es dennoch, etwas zu sagen: »Das tut mir leid. Mir war nicht bewusst ... was soll ich denn in Zukunft tun? Ich kann ja auch nicht sofort aufstehen und gehen, wenn Mitbrüder hereinkommen, oder?«

Für einen Moment fürchtete ich, das könnte zu frech gewesen sein, aber Sr. Hilga blieb ruhig und schien nachzudenken. Schließlich fanden wir eine Lösung: Ich sollte nur ins Refektorium gehen, wenn dort keine Mitbrüder waren. Und bevor ich begann zu spielen sollte ich das Tablett mit dem Kaffee für die Mitbrüder in die Bibliothek stellen und ein Schild an die Türklinke hängen, damit niemand den Raum betrat. Mit diesem Plan hatte ich eine verlässliche Grundlage, an die ich mich in Zukunft halten konnte. Ich wusste, was ich tun musste, um keine Fehler zu machen. Das beruhigte mich. Aber nun hatte ich etwas ungeheuer Schweres vor mir. Wenn Sr. Hilga schon bei diesem unbeabsichtigten Fehler so wütend geworden war, was würde sie dann erst zu meiner Aktion mit fr. Alwin sagen? Ich kam ins Stammeln, als ich zu reden begann: »Ich habe noch einen Fehler gemacht, weil ich es dir nicht gesagt habe. Aber ... vielleicht ist es ja in Ordnung, wenn du es weißt.« Ihr Blick wurde misstrauischer, zugleich ermunterte sie mich. Also erzählte ich von dem Notenbuch und der Idee, diese Lieder mit jemandem einzustudieren und dass mir dabei fr. Alwin eingefallen war und wir sogar schon miteinander geübt hatten. Ich traute mich sogar, darum zu bitten, ob wir nicht weiterüben könnten, weil es ja so gut geklappt hatte. Sr. Hilga war nicht erfreut, aber offensichtlich war sie erleichtert, dass ich es ihr gesagt hatte. Zu meinem Erstaunen sagte sie nur, dass sie mit ihm reden würde. Auf jeden Fall sei es gut, dass ich es ihr gesagt hätte und sie wäre froh, wenn so etwas in Zukunft nicht mehr vorkommt. »Du und fr. Alwin, die Kombination ist einfach ...ungut«, bemerkte sie abschließend.

Zwei Tage später nahm Sr. Hilga mich nach dem Mittagessen beiseite und sagte, ich solle kurz hier warten, fr. Alwin hätte mir etwas zu sagen. Sie winkte ihn herbei, und während sie danebenstand, sagte er mir, dass es ihn gefreut habe, gemeinsam mit mir zu musizieren, dass dies nun aber vorerst nicht mehr möglich sei. »Danke, fr. Alwin«, sagte Sr. Hilga, und er fügte im Gehen noch schnell hinzu: »Aufgehoben ist nicht Aufgeschoben.« Ich musste schmunzeln über diesen Versprecher. Vor allem aber empfand ich Erleichterung. Nun hatte ich alles richtig gemacht und würde vorerst keine Fehler mehr machen.

Weihnachten

Die Adventszeit begann und mit ihr eine Zeit des leichten Fastens: keinen Nachtisch nach dem Abendessen und Schweigen vom Ende des Abendessens bis nach dem Frühstück am nächsten Tag. Der Blumenschmuck in der Kapelle wurde stark reduziert und das ganze Haus wurde mit violetten Tüchern geschmückt und mit melancholischer Adventsmusik beschallt. Jeden Morgen sangen wir vor dem Morgengebet eine Strophe aus dem Rorate. Das alles machte einen großen Eindruck auf mich. Ich erlebte es ja zum ersten Mal.

Am dritten Adventssonntag gab es beim Frühstück eine überraschende Ankündigung. Am zweiten Weihnachtsfeiertag würde uns

Kardinal Ratzinger besuchen. Ich staunte nicht schlecht, aber auch die anderen schienen zum Teil beeindruckt, vor allem die jüngeren Mitglieder. Dass Kardinal Ratzinger die Gottesfamilie gut kannte und schätzte, war uns allen bekannt. Sr. Hilga ging den Kardinal einmal wöchentlich besuchen, um bestimmte Haushaltsdienste für ihn zu übernehmen. Man sagte, dass schon seit den 1970er-Jahren Schwestern der Gottesfamilie im Haushalt von Kardinal Ratzinger halfen, um seine Schwester Maria zu unterstützen. Dass er aber zu Besuch kam, das schien dann doch ein besonderes Ereignis zu sein.

Während wir auf diesen hohen Besuch warteten und uns vorbereiteten, rückte der Heilige Abend immer näher. Weihnachten bestand, wie alle Feste in der Gottesfamilie, hauptsächlich aus Liturgie. Die Mitternachtsmesse wurde selbstverständlich erst um Mitternacht gefeiert. Bis kurz vor zwölf war bei uns noch Advent. Erst nach der Mitternachtsmesse sollte es ein kurzes Zusammensein bei Weihnachtsgebäck und Getränken geben.

Letzte Zweifel

Sr. Josefa gab mir schon zwei Tage vorher den Auftrag, die Teller für den Imbiss nach der Christmette zusammenzustellen. Wir hatten nichts einkaufen oder selber backen müssen. Alles war geschenkt. Auch meine Mutter hatte ein Paket mit selbstgebackenen Plätzchen geschickt. Meine kleinen Schwestern hatten ihr beim Backen geholfen. Als ich diese durch die Hände meiner kleinen Schwestern gegangenen Vanillekipferl und Spitzbuben zu den anderen Sachen auf die Teller legte, gab es mir einen Stich ins Herz. Aber ich versuchte, tapfer zu sein. Ich stand im Vorratsraum, dem sogenannten Magazin. Weil in der Küche Hochbetrieb war und sich nirgends mehr ein freier Platz zum Arbeiten finden ließ, war ich hierher geschickt worden, wo ich die Teller nebeneinander auf den zwei großen Tiefkühltruhen aufgereiht hatte und nun aus verschiedenen Schachteln Lebkuchen, Stollen und Kekse auf die Teller sortierte. Eine schöne Arbeit eigentlich, aber ich fühlte mich alles andere als zufrieden. Ein böser Gedanke schoss mir durch den Kopf. »Ich bin doch nicht eingetreten, um Kekse auf Teller zu legen.« Ich erschrak. Was dachte ich da? Ich spürte, dass es eine Ebene in mir gab, die mir nicht mehr bewusst war und die nun, wo ich einmal alleine war, mit aller Macht nach oben drängte. Es war das letzte Mal für eine lange Zeit, dass sie sich so deutlich bemerkbar machte. »Mensch«, sagte es in mir, »du hast ein Abitur mit einer Eins vor dem Komma. Denk doch mal nach. Du hast seit Monaten kein einziges Buch mehr gelesen. Welche großartigen Aufgaben hat man dir denn anvertraut? Du schneidest Gemüse und legst die Unterhosen der Hausbewohner zusammen, Woche für Woche. Ist es das, wozu Gott dich berufen hat? Sind das die richtigen Aufgaben für dich? Bist du wirklich glücklich?« Ich schluckte. Ganz klar. Das war eine Art Berufungskampf. »Nein, sagte ich mir, ich habe vielleicht kein Buch gelesen. Aber ich habe gelernt, zu dienen. Ist das vielleicht nichts?« »Solltest du mit deinen Fähigkeiten nicht ganz anders dienen? Was nützen diese Kekse dem Reich Gottes?«, wandte es ein.

Ich hielt dagegen: »Woher weißt du denn, was dem Reich Gottes nützt? Wer legt das fest? Und außerdem: Wer weiß, was noch für Aufgaben auf mich zukommen? Ich stehe ja noch ganz am Anfang.«

Meine innere Stimme begehrte noch einmal auf: »Ach so, du steht ganz am Anfang? Du weißt ja gar nicht, wo du überhaupt stehst, oder hat Sr. Hilga dir darüber irgendetwas gesagt? Bist du eine Novizin, oder was bist du überhaupt? Du weißt gar nichts. Du vertraust ihnen blind.« Ich hielt dagegen: »Wenn ich ihnen nicht vertrauen würde, könnte ich gleich gehen. Und warum ist es wichtig, wo genau ich stehe? Es wird schon alles der Reihe nach so kommen, wie die Konstitutionen es vorsehen.« Dennoch nahm ich mir vor, noch einmal nachzufragen, an welchem Punkt in der Ausbildung ich momentan stünde und wie es weitergehen würde. Vor allem war ich stolz, diese Anfechtung überwunden zu haben, und ich nahm mir vor, Sr. Hilga davon zu erzählen. Ich meinte, dass sie sich über meinen Sieg genauso freuen würde wie ich. Aber bei ihr schien wesentlich mehr die Versuchung hängenzubleiben: »Ich bin doch nicht eingetreten, um Kekse auf Teller zu legen.« Das hörte sie gar nicht gerne. Als ich ihr erzählte, wie ich selbst dagegen angekämpft hatte, schien sie gar nicht zuzuhören, sondern nutzte die Gelegenheit, um mir noch einmal die Bedeutung des selbstlosen Dienens im Allgemeinen und der Hausarbeit im Besonderen vor Augen zu stellen. In der Gottesfamilie galt die Regel, dass die Hausarbeit immer von den eigenen Leuten erledigt werden musste. »Durch diese Arbeit schaffen wir eine Atmosphäre, in der Menschen geborgen sind und die Kirche als Heimat erfahren können.« Das leuchtete mir ein. Ich hatte ja überhaupt nichts mehr einzuwenden, da ich meinen Fehler ja schon selbst eingesehen hatte. Was es hieß, eine Atmosphäre zu schaffen, in der Menschen geborgen sind und die Kirche als Heimat erleben, erfuhr ich beim Besuch von Kardinal Ratzinger.

Besuch von Kardinal Ratzinger

Auf diesen Besuch war ich sehr gespannt, nicht zuletzt weil ich ein Klavierstück zum Besten geben sollte. Ich wusste, dass der Kardinal Mozart mochte, aber ich hatte keinen Mozart auf Lager und konnte so schnell keinen einstudieren, also entschied ich mich für ein immerhin winterliches Stück von Debussy: »La neige danse«. Der Kardinal kam, wenn ich mich recht erinnere, am Nachmittag. Alle standen bereit. Sr. Hilga hatte das Programm geplant und jedem seinen Platz und seine Rolle zugewiesen. Es gab einen Sitzplan und feste Rollen für alles, was in den nächsten Stunden in der Bibliothek, der Kapelle und dem Refektorium geschehen würde. Um keine Unruhe zu verursachen, warteten wir alle auf unseren Plätzen in der weihnachtlich geschmückten Bibliothek, während Sr. Hilga, P.

Rektor und P. Jan, der Hausobere, den Kardinal an der Haustür in Empfang nahmen und ihn bis zu dem für ihn vorgesehenen Platz in der Bibliothek führten. Ich staunte, als ich feststellte, dass er nicht größer war als ich. Eine kleine, fast zerbrechliche und schüchterne Gestalt. So hatte ich ihn mir nicht vorgestellt, war aber umso beeindruckter von ihm. P. Rektor sprach mit einem Spickzettel ein kurzes Willkommenswort, das der Kardinal sehr freundlich und bescheiden erwiderte. Dann erging die allgemeine Einladung, sich bei den bereitstehenden Süßigkeiten zu bedienen. Der Aufforderung kam kaum jemand nach, da der Kardinal nur ein oder zwei Kekse nahm.

Nun war der Moment für P. Nicolaas gekommen, der auf seine sympathische Art sehr gekonnt eine Weihnachtsgeschichte vorlas, eine autobiographische Schilderung von einem ungarischen Priester, der, mittlerweile hochbetagt, eng mit der Gottesfamilie befreundet war. Dem Kardinal schien die Geschichte zu gefallen. Es wurden ein paar im Vorhinein festgelegte Weihnachtslieder aus den schon bekannten Heften gesungen. Nur der Kardinal durfte sich eines wünschen. Wenn ich mich recht erinnere, wählte er »Resonet in laudibus«. Anschließend machten wir uns auf den Weg in die Kapelle zur feierlichen gregorianischen Vesper, bei der der Kardinal in unserem schönsten Rauchmantel den Vorsitz hatte. Zum Abendessen gab es dann einen einfachen Apfelstrudel mit Vanillesoße. Sr. Hilga wusste ja, dass der Kardinal gerne Süßes aß und derlei leichte Mahlzeiten bevorzugte. Prompt wurde das Menü auch von ihm gelobt, wobei mir zum ersten Mal die bayerische Färbung seiner Sprache bewusst wurde. Vom Rest des Tischgespräches dort oben, wo der Kardinal mit P. Rektor, Sr. Hilga und den anderen wichtigen Leuten beisammensaß, vernahm ich nicht viel.

Als das Essen seinem Ende zuging, war ich an der Reihe. Ich musste mein Klavierstück einleiten und sagte etwas über Schnee und darüber, dass der eine oder andere ihn ja hier im Süden vermissen könnte. Das Stück gelang mir leidlich, der Kardinal machte aber keine Bemerkung dazu, was ich dahingehend auslegte, dass es ihm nicht gefallen hatte. Vielleicht war Debussy ihm zu modern, dachte ich. Bevor die Tafel aufgehoben wurde, gab es noch eine Vorstellungsrunde. Jeder am Tisch sollte sich kurz mit seinem Namen, seiner Herkunft und seiner Aufgabe im Haus vorstellen. Erst bei dieser Gelegenheit wurde mir wieder bewusst, wie viele Nationen hier im Haus vertreten waren. Belgien, Irland, Slowenien, die USA, Deutschland und Österreich, wobei der überwiegende Teil der Hausbewohner aus Österreich stammte. Der Kardinal hörte aufmerksam zu und machte hin und wieder eine Bemerkung. Schließlich war es Zeit zum Aufbruch, und er wurde von denselben Personen hinausbegleitet, die ihn auch schon empfangen hatten, während wir uns ans Aufräumen und Spülen machten, bevor wir zur Abendanbetung gingen.

Mehr oder weniger alle wichtigen Besuche, die ich in den nächsten Monaten und Jahren erlebte, verliefen nach diesem Muster. Ich erlebte die Besuche von Kurienmitarbeitern, Bischöfen und Kardinälen mit. Aber ich kann nicht mehr jeden Besuch zeitlich genau einordnen. In diesem ersten Jahr in Rom waren es auch noch nicht so viele wie später, dennoch war es im Verhältnis zur Größe unserer Hausgemeinschaft schon eine beachtliche Zahl. Kardinal Wetter beispielsweise kam uns besuchen, Kardinal Schönborn und Kardinal Grocholewski. Zwei Bischöfe aus Afrika wohnten sogar einige Tage bei uns. Ein Grüppchen amerikanischer Priester war regelmäßig bei uns zu Gast, von denen einige in den folgenden Jahren Bischöfe in den USA wurden. Aber gleich wer kam, immer gab es ein ausgeklügeltes Programm, eine Sitzordnung, eine Station in der Kapelle und eine im Refektorium oder im Garten, sowie die obligatorische Vorstellungsrunde. Dem jeweiligen Gast wurde alles geboten, was das Haus und die Gemeinschaft irgendwie bieten konnten. Aber das war ja auch wichtig, schließlich sollten sie sich daheim fühlen, um neue Kräfte für ihr Amt tanken zu können und

Mut zu fassen für die Zukunft der Kirche. Sie sollten sehen, dass es noch junge Menschen gibt, die sich gerne in den Dienst der Kirche stellen und die Lehre der Kirche treu bewahren. Das war es, was die Gottesfamilie ihren Besuchern vermitteln wollte. Ich dachte nicht im Traum daran, dass dieses ganze Engagement rund um hochrangige Würdenträger nicht ganz selbstlos sein könnte.

Vorbereitung auf das Heilige Bündnis – Wochenbericht

Es dauerte etwas, bis ich den Mut fand, Sr. Hilga nach meinem Status in der Gottesfamilie zu fragen. Sie sagte zunächst, die Ausbildung wäre in der Gottesfamilie »individuell geregelt«, trotzdem versicherte sie mir: »Es gibt einen Ablauf, der für alle gleich ist. Am Beginn steht die allgemeine Probezeit. Darin befindest du dich jetzt. Nach dieser Probezeit gibt es dann die Vorbereitungszeit auf das erste Heilige Bündnis. Einige Zeit nach dem Bündnis beginnt dann das Noviziat, das mindestens zwei und höchstens vier Jahre dauern darf. Mitten im Noviziat schließt man das Heilige Bündnis in jungfräulicher Liebe, am Ende dann das Heilige Bündnis in Armut und Gehorsam.« Als ob sie etwas vergessen hätte, fügte sie noch hinzu: »Irgendwann gibt es dann auch noch ein ewiges Bündnis, aber das braucht dich jetzt noch nicht zu interessieren.« Diesen Ablauf einmal gehört zu haben, beruhigte mich schon etwas. Zwar gab es keine genaueren Zeitangaben, aber die Begründung dafür leuchtete mir durchaus ein. Nicht alle hatten dasselbe »Tempo«, manche kamen schneller voran, andere brauchten mehr Zeit. Natürlich hielt ich mich für eine derjenigen, die schneller vorankam, weswegen Sr. Hilga mich dann doch etwas enttäuschte, als sie sagte, dass diejenigen, die in Katakombenfamilien aufgewachsen sind, am weitesten seien. »Die haben sozusagen daheim schon ein Stück Formung mitgemacht.« Ich konnte ja nichts dafür, dass ich nicht in einer Katakombenfamilie aufgewachsen war, und ehrlich gesagt hielt ich mich auch für reifer als die Mädchen aus den Katakombenfamilien, die ich schon kennengelernt hatte. Aber sofort wurde mir bewusst, dass das schon wieder Stolz gewesen war.

Wie um mich dennoch ein Stück weiter in den Kreis der Eingeweihten zu erheben, eröffnete mir Sr. Hilga, dass sie mich für »weit genug« hielt, um mich mit dem sogenannten Wochenbericht vertraut zu machen. Sie übergab mir einen Packen gefalteter DIN-A4-Blätter. Ich nahm eines und sah es mir an. Auf der Vorderseite war ein Feld vorgesehen, in dem ich meinen Namen eintragen sollte, und eines für das Datum »Woche vom ... bis ...« Daneben stand ein Spruch von Mutter. In der Innenseite fand sich eine Tabelle. Für jeden Wochentag war einzutragen, um wie viel Uhr ich aufgestanden war, was ich tagsüber gearbeitet hatte, ob ich eine Gebetszeit verpasst hatte und wenn ja, warum, und schließlich, wann ich mich schlafen gelegt hatte. Auf der Rückseite war Platz, um ein paar Zeilen zu schreiben. »Ich kriege ja nicht alles mit. Deswegen bin ich einfach froh, wenn du mir selbst mitteilst, was du die Woche über tust. Wann genau du aufstehst und schlafen gehst ist in erster Linie eine Frage der Selbstdisziplin. Wenn du mir diese Dinge aufschreibst, ist es also vor allem eine Hilfe für dich. Auf der Rückseite möchte ich erfahren, was dich die Woche über beschäftigt hat. Es reicht, wenn das ein paar Worte sind. Wir können ja dann ausführlicher darüber sprechen.«

Ich schwieg. Nicht weil mich etwas an diesem Wochenbericht gestört hätte, sondern weil mir nichts dazu einfiel. Ich spürte gar nicht mehr, dass dieser Bericht eine Grenzverletzung darstellte. Es war mir egal. Ich hatte nichts mehr für mich selbst. Ich hatte mich ganz hingegeben. Ich hatte keine Geheimnisse mehr. Sr. Hilga holte noch zu ein paar Erklärungen aus, die sie bei dieser Gelegenheit wohl jeder jungen Schwester gab: »Solche Dinge waren früher ganz normal. Diese Art von Offenheit und Vertrauen gehört einfach zum Ordensleben. Nur auf diesem Weg können wir schnelle Fortschritte machen. Erst wenn ich weiß, was gerade in dir vorgeht, kann ich dich auch wirklich begleiten und führen.« Das leuchtete mir ein. Ebenso der Hinweis, den ich bereits kannte und der sich auf so vieles in unserem Alltag bezog, nichts davon nach außen weiterzuerzählen, vor allem nicht meinen Eltern. »Sie würden es nicht verstehen.«

Fastenzeit

Die Fastenzeit kam, und das echte Fasten begann. Das Essen wurde weniger schmackhaft und salzärmer, mittwochs und freitags gab es zum Frühstück nur trockenes Brot. Der Blumenschmuck wich gänzlich der Fastendekoration, die diesmal nicht nur aus violetten Tüchern bestand, sondern vor allem aus Steinen und Dornen. Jeden Tag sangen wir vor dem Morgengebet den Ruf »Bekehre uns, vergib die Sünde ...« Das ganze Haus war in eine ernste Stimmung gehüllt. Nun gab es noch mehr Vertiefungen als bisher. Schon ein gewöhnlicher Tag in der Gottesfamilie war voll von geistlichem Input: Zusätzlich zum Stundengebet wurden nun morgens, mittags und abends Gebete der Gründerin gesprochen. In der täglichen Hl. Messe gab es eine Kurzansprache, beim Frühstück gab es die Frühstücksvertiefung, und in der Abendanbetung wurden Texte der Gründerin vorgelesen. Zusätzlich gab es am Samstagnachmittag die sogenannte Sonntagsvorbereitung, ein Gespräch über die Lesungen des darauffolgenden Sonntags, bei dem oft und gerne auch Texte der Gründerin herangezogen wurden, die als Interpretationsschlüssel für die biblischen Lesungen dienten. In der Fastenzeit wurden diese Vertiefungen nun noch fordernder. Es ging um Bekehrung, Opfer, Leidensbereitschaft. Forderungen, die keine Ausnahmen zuließen und nicht selten in eine blutige Sprache gekleidet waren. In einem Text von Mutter hieß es zum Beispiel: »Jesus starb aus lauter Gehorsam, um den Willen seines Vaters zu vollbringen ... Wie stehen wir gegenüber dem Leiden und dem Gehorsam? Jede Seele, die zum

Höchsten gelangen will, muss in dem einen oder anderen Punkt den Gehorsam bis zur äußersten Konsequenz vollziehen, um gerade in dem einen oder anderen Punkt von der Eigenliebe erlöst zu werden.« Und in der Herz-Jesu-Litanei, die wir an jedem ersten Freitag im Monat hörten, hieß es: »Schau auf meine durchbohrte Brust, auf dieses Herz, das dich geliebt hat bis zur völligen Selbstaufgabe. Dasselbe Herz, das am Kreuzesholz aufgehört hat zu schlagen, bleibt treu in seiner Liebe zu dir in der nicht mehr zu löschenden Glut des Opferaltars. Erinnere dich, wie ich einst kam, sieh, wie ich nun wiederkehre, um das Feuer der Liebe in dir zu entzünden ... das Feuer der vorbehaltlosen Hingabe als Schlachtopfer. Und wie verlange ich danach, dass es brenne!« Die Botschaft war klar. Nur wenn wir leidensbereit wären bis zum Äußersten, wenn wir uns gewissermaßen hinschlachten ließen, könnten wir Großes bewirken und durch unsere Opfer den Glaubensabfall vieler Menschen verhindern, Sünder zur Umkehr bewegen, arme Seelen im Fegefeuer trösten, dem Herzen Jesu unsere Sühne darbringen und Gott wohlgefällig sein. Ich war Feuer und Flamme dafür. Die Arbeit in der Küche und der Wäsche war längst keine Anfechtung mehr für mich. Ich sah mich Seelen retten, wenn ich schmutziges Geschirr spülte, das Bad putzte oder Socken sortierte, wenn ich müde oder hungrig war. Alles wurde Gebet, jede meiner Handlungen war auf ihre Weise heilsentscheidend, solange sie im Gehorsam und mit Hingabe vollbracht wurde. So etwas wie eigene Wünsche und Bedürfnisse kannte ich nicht mehr. Ich erinnere mich besonders an zwei Vertiefungen von Sr. Hilga in dieser Fastenzeit.

Die erste Vertiefung fand am sogenannten »Schwesternmorgen« statt. Jeden Mittwoch trafen sich alle Schwestern in Rom zu Morgengebet, Laudes und Messe in der Piccola Casa. Beim anschließenden Frühstück hielt Sr. Hilga für uns diesmal eine Art Gewissenserforschung. Sie zitierte Mutter, die davon sprach, dass ihr Inneres »ganz Gottesfamilie geworden« sei. Und stellte uns diese Frage:

»Können wir das auch von uns sagen? Sind wir ganz Gottesfamilie geworden? Bin ich ganz Gottesfamilie geworden? Oder sind da noch eigene Ziele und Wünsche, eigene Meinungen, vielleicht gute Meinungen, die aber doch nicht mit dem Charisma übereinstimmen? Glauben wir daran, dass wir nur als kleines Mosaiksteinchen im Ganzen der Gemeinschaft unser Glück finden ohne auszuscheren, ohne unseren eigenen Platz zu bestimmen, ohne unseren eigenen Willen durchsetzen zu müssen? Halten wir es aus, selbst im Hintergrund zu stehen und dadurch die Gemeinschaft zum Leuchten zu bringen?« Sie brachte starke Bilder und Worte, die ihre Wirkung nicht verfehlten. Ich meinte förmlich zu spüren, wie alle in sich gingen. Demnächst stand ja für jede von uns die Osterbeichte bei P. Konrad an (die allermeisten Schwestern hatten P. Konrad als ihren Beichtvater), und vermutlich war jede von uns insgeheim genauso froh wie ich, wenn wir ihm sagen konnten, dass wir wieder ein großes Licht empfangen hatten, das Gott auf unsere Armseligkeit geworfen hatte.

Die zweite Vertiefung fand im Rahmen eines Formungs-Gesprächs statt. Sr. Hilga war ja meine Ausbildnerin und hatte damit den Auftrag, mich in die Berufung einzuführen. Sicher, der eine Teil der Formung bestand im Gemeinschaftsleben, in der Erfüllung meiner täglichen Pflichten, durch die ich lernte zu dienen. Der andere Teil aber bestand aus der Einführung in das Charisma, in die Schriften der Gründerin, in den Geist der Gottesfamilie. Auf diesen Teil war ich besonders gespannt, denn die Gottesfamilie war von Gott dazu auserwählt worden, die Not der Kirche unserer Zeit zu lindern. Und von dieser Not war ich sehr überzeugt. Priester, die ihr Amt aufgaben, Theologen, die der Lehre der Kirche nicht mehr treu waren, Laien, die die Lehre der Kirche nicht mehr kannten. Was konnte es Traurigeres geben? Das Charisma der Gottesfamilie musste also von einer ganz besonderen Tiefe und Weisheit sein, wenn es die Mittel enthielt, die diesen traurigen Zustand beenden konnten. Sr. Hilga aber hatte die Formung gleich mit einer Enttäuschung begonnen. Ich würde die Texte nur nach und nach kennenlernen. Die Konstitutionen beispielsweise würde ich erst im Noviziat lesen dürfen. Manche Texte von Mutter waren auch für Novizen noch nicht vorgesehen. Ich würde mich also gedulden müssen. Dennoch gab es gewisse Grundbausteine des Charismas, die ich jetzt schon kennenlernen sollte, dazu zählten die drei Pfeiler, mit denen sie mich nun vertraut machte. »Vielleicht hast du das irgendwo schon einmal gehört: *Nicht räsonieren, nicht diskutieren, nicht kritisieren.* Das ist die Kurzfassung. Es ist besser, sie nicht zu verwenden. Sie ist missverständlich. Ursprünglich hat Mutter das Prinzip der drei Pfeiler so formuliert.« Mit diesen Worten schob sie mir einen Zettel zu und forderte mich auf zu lesen: »Im Frieden des Glaubens das Leben wagen, ohne in Gedanken um sich selbst zu kreisen; in Freude auf Gottes Vorsehung vertrauen, ohne sich in fruchtlose Diskussionen und Wortgefechte einzulassen; in Dankbarkeit und Liebe dienen, ohne durch lieblose Kritik der Einheit zu schaden.« Ich schaute auf und sagte, dass ich das wunderschön fand. Es brauchte unglaublich lange, bis ich das Gift sah, das sich in diesen Zeilen verbarg und das in der Kurzfassung sein hässliches Gesicht zeigte. Vorerst merkte ich nur, dass die sogenannte Kurzfassung die Version der drei Pfeiler war, die sich tatsächlich als die gebräuchlichste erwies. Es kam vor, dass Mitglieder sich gegenseitig ermahnten: »Nicht diskutieren!« oder »Nicht kritisieren!«. Nur was »Räsonieren« heißen sollte, verstand ich nicht gleich. Sr. Hilga erklärte es mir. »Man kann die drei Pfeiler auch als Entsprechung der drei göttlichen Tugenden oder der evangelischen Räte lesen: Räsonieren ist das Gegenteil von Glaube und von Gehorsam. Es bedeutet soviel wie ›Grübeln‹, einem Gedanken nachhängen, der uns nicht weiterbringt. Das allzu menschliche Denken führt uns ins Räsonieren. Erst wenn wir lernen, gläubig und übernatürlich zu denken, können wir die Welt und uns selbst im Licht Gottes sehen.« Das alles klang gut. Nur war es wenig konkret. Ich merkte erst Jahre später, wohin es führt, wenn man vermeintlich allzu menschliches Denken verurteilt und es einem »übernatürlichen« Denken gegenüberstellt (das dann einzig darin besteht, den Oberen widerspruchslos zu gehorchen). Vorerst war ich von den drei Pfeilern fasziniert und zweifelte kein Stück daran, dass sie mich innerlich weiter und Gott näher bringen würden.

Nun ließ auch die Vorbereitungszeit auf mein erstes Heiliges Bündnis nicht mehr lange auf sich warten. Sr. Hilga eröffnete mir, dass ich sie am Karfreitag beginnen dürfte. Das sollte aber außer ihr und mir niemand wissen. Es wäre eine Sache einzig zwischen Gott, dem Familienrat und dem betreffenden Mitglied, in diesem Fall mir.

Besuch bei meiner Familie

Nach Ostern geschah etwas völlig Unerwartetes. Ich durfte meine Familie besuchen. Anlass war die Erstkommunion meiner kleinen Schwester. Ich hatte im Leben nicht damit gerechnet, dass ich so früh schon wieder auf Besuch nach Hause gelassen wurde. Ich war ja noch nicht einmal ein Jahr in der Gottesfamilie. Dennoch fühlte es sich an, als wären schon fünf Jahre vergangen, so sehr hatte ich selbst mich geändert. Ich war nicht mehr die, als die ich von daheim fortgegangen war. Sr. Hilga widmete ein ganzes Formungs-Gespräch diesem Besuch. Sie erklärte mir, dass es keinen Grund gäbe, aus dem ich nicht gehen sollte. Es sei zwar vergleichsweise früh und die meisten dürften ihre Familie im ersten Jahr noch nicht besuchen, »aber es kommt ja nicht auf die Zeit an, die man von der Familie getrennt ist, sondern auf den inneren Abstand, den man gewonnen hat. Für dich muss einfach klar sein, dass du nicht mehr als ›die Doris‹ zurückkommst, sondern als Sr. Doris. Wenn du das vor Augen hast, wirst du alles richtig machen.« Obwohl sie mir dieses einfache Grundrezept für meine Heimatmission mitgegeben hatte, fügte sie dennoch eine ganze Reihe konkreter Anweisungen an:

»Wenn zum Beispiel deine Mutter fragt, was du lange nicht gegessen hast und was sie dir kochen soll, dann sag nicht gleich ›Oh ja, das und das …‹ sondern schau, dass nicht der Eindruck entsteht, dass es dir in der Gottesfamilie an etwas fehlt. Schau, dass du nicht zu sehr vom Tagesablauf einer Schwester abweichst. Ich nenne mal als Beispiel: Du kannst natürlich gerne mal etwas länger ausschlafen, aber nicht gerade bis 10 Uhr am Vormittag. Halte die Gebetszeiten ein, soweit dir das möglich ist, und schau, dass du nicht in deine alten Gewohnheiten zurückfällst, sondern dich auch deiner Familie und alten Bekannten gegenüber wie eine Schwester verhältst.« Ich nahm mir fest vor, das alles zu beachten. Wahrscheinlich hätte ich auch gar nicht anders gekonnt. Die Verhaltensweisen, die mir in der Gottesfamilie antrainiert worden waren, saßen schon viel zu tief in mir fest, als dass ich sie in der gewohnten Umgebung meiner Kindheit spontan hätte abstreifen können. Die Tage bei meiner Familie wurden dementsprechend mühsam. Alle freuten sich, mich wiederzusehen, aber ich fühlte mich fremd. Ich konnte nicht mehr einfach so Kontakt zu meinen Eltern und Geschwistern aufnehmen wie früher, und ich fürchtete, dass sie das genauso spürten wie ich. Ich spürte die merkwürdigen Kleider, die ich trug, meine hässliche Frisur, die Zagheit meiner Worte und Gesten. Der Trubel daheim wurde mir schnell zu viel. Ich war so sehr an gleichmäßige, unaufgeregte und immer gleiche Abläufe gewohnt, dass schon eine Mahlzeit im Kreis meiner Familie mich nervlich an die Grenzen brachte. So oft wie möglich zog ich mich in mein Zimmer zurück, um mich dem Brevier, dem Rosenkranz und den täglichen Gebeten der Gottesfamilie zu widmen. Die ohnehin schon übermäßig belastende Situation wurde noch dadurch verschärft, dass ich einen Missionsauftrag mitbekommen hatte, in Form von Albumblättern, die ich bei Fragen nach der Gemeinschaft vorzeigen sollte. Ich beherrschte schon einigermaßen die Floskeln, mit denen wir Außenstehenden die Gemeinschaft, ihre Geschichte, ihre Struktur und ihr

Apostolat nahezubringen hatten. Nun war es das erste Mal, dass ich in die Rolle der Werbeträgerin für die Gemeinschaft schlüpfen musste. Und das ausgerechnet im alten Umfeld meiner Familie und meiner Pfarrei, wo ich vor einem Jahr selbst genüsslich die vergeblichen Bemühungen von Sr. Ottilie verfolgt hatte. Ich fühlte mich unwohl, erkannte mich selbst nicht wieder, hätte fliehen wollen aus dieser unerträglichen Situation und spürte, wie etwas in mir einbrach. Es war ein kaum merkliches Gefühl, vergleichbar einem Streichholz, das einem zwischen den Fingern zerbricht oder einer dünnen Schicht Eis, die man mit dem Fuß eindrückt.

Als der Tag der Abreise gekommen war, war ich froh, bald wieder daheim in Rom zu sein. Die zwiespältigen Gefühle, die mich auf der Heimreise begleiteten, allen voran das diffuse Gefühl, meine Familie verraten oder verloren zu haben, lösten sich erst, als ich Sr. Hilga wieder gegenübersaß und von den vergangenen Tagen erzählte. Sie war froh und sagte, es sei ein gutes Zeichen, dass ich mich in der Gottesfamilie mehr zu Hause fühle als bei meiner Familie. Offenbar hatte ich alles richtig gemacht.

P. Nicolaas

Mit dem Beginn der Vorbereitungszeit auf das Bündnis hatte ich eine entscheidende Hürde geschafft. Ich hatte, so dachte ich wenigstens, die allgemeine Probezeit hinter mir. Ich durfte mich auf das erste Heilige Bündnis vorbereiten. Und ich ahnte nicht, welche Katastrophe in den nächsten Wochen auf mich zukam, in Gestalt eines jungen Mitbruders. Diesmal machte ich zwar keinen Fehler. Ich war inzwischen sehr vorsichtig geworden, und offensichtlich hatte sich auch niemand mehr über mich beschwert, aber es geschah etwas, was ich nicht erwartet hatte. Ich verliebte mich. Dabei war es, so finde ich noch heute, nicht überraschend, dass ein junges Mädchen von zwanzig Jahren sich gerade in diesen Mitbruder verliebte. P. Nicolaas war ein nicht nur außergewöhnlich sprachbegabter und unterhaltsamer, sondern vor allem ein außerordentlich sympathischer Zeitgenosse. Er kam kaum einmal nach Hause, ohne dass er irgendwelche Geschenke mitbrachte, die ihm unterwegs zugesteckt worden waren. Die Frauen in der Nachbarschaft hielten ihn im Gespräch auf oder fragten nach ihm, wenn sie ihn länger nicht gesehen hatten. Und das war kein Wunder. Er war immer freundlich, sehr eloquent und charmant, seine strahlenden blauen Augen taten ihr Übriges. Bei den Mahlzeiten beobachtete ich ihn. Wenn ich seine Stimme hörte, machte mein Herz einen Sprung. Mir wurde klar, dass ich verliebt war, völlig unschuldig. Eine Kindergartenverliebtheit hätte nicht harmloser sein können. Dennoch oder gerade deshalb dachte ich, dass diese Verliebtheit nicht mein Geheimnis bleiben durfte. Ich musste es unbedingt Sr. Hilga sagen. Ich beichtete ihr meinen Zustand bei der ersten Gelegenheit, denn sie hatte ja selbst gesagt, falls es mir passiert, dass ich mich verliebe, sollte ich ihr das so bald wie möglich sagen. Dann könne nichts mehr geschehen.

Ich zog sie also nach dem Mittagessen auf die Seite, wir gingen ins Schwesternrefektorium und schlossen die Tür, und aufrichtig geknickt sagte ich ihr: »Ich habe mich verliebt.« Sie war tatsächlich alles andere als erfreut: »Und wer ist es?«, fragte sie. Für einen Moment schoss mir durch den Kopf, dass sie an fr. Alwin denken musste. Würde sie erleichtert sein, wenn er es nicht war? »P. Nicolaas«, sagte ich tonlos. Damit war unser kurzes Gespräch auch schon beendet. Sie kündigte an, so bald wie möglich mit mir darüber sprechen zu wollen. Jetzt wäre es erst einmal gut, dass ich es ihr gesagt hätte, und wir würden weitersehen.

Das angekündigte Gespräch folgte schon am nächsten Morgen. Sr. Hilga hatte für sich und mich ein separates Frühstücksgedeck in einem der beiden Empfangszimmer bestellt. Sie sagte mir, dass sie es nun auch gemerkt habe, lobte mich aber dennoch für meine Zurückhaltung und setzte mir eine Frist. Sie gab mir einen Monat

Zeit, bis dahin müsse die Verliebtheit ganz verschwunden sein, sonst müsse sie sich andere Maßnahmen einfallen lassen. Aber wie sollte ich das machen? Ich hatte mir das ja nicht ausgesucht. Sie eröffnete mir, dass P. Nicolaas am Ende des Sommersemesters ohnehin in die Niederlande versetzt werden würde. Dadurch hoffte sie wohl, meinen Gefühlen einen Dämpfer geben zu können. Vermutlich konnte sie sich nicht vorstellen, wie harmlos und unschuldig meine Verliebtheit war. Immerhin, dachte ich, vielleicht ist es in einem Monat wirklich vorbei. Ich hoffte es. Sr. Hilga wiederholte noch einmal, was ich in den vergangenen Monaten immer wieder einmal zu hören bekommen hatte, ich sollte mich den Mitbrüdern gegenüber mehr zurückhalten. Ich sei noch viel zu sehr ein Mädchen, unreif irgendwie, backfischhaft. Das müsse sich ändern. »Du weißt nicht, was das in Männern auslösen kann. Sie fühlen sich von dir bedrängt.« Ich war mir nicht im Geringsten bewusst, was sie konkret an meinem Verhalten auszusetzen hatte. Ich hatte ja außer bei den Mahlzeiten überhaupt keine Berührungspunkte mit den Mitbrüdern und suchte sie auch nicht. Schließlich traute ich mich zu fragen und bekam zu meiner Überraschung erstaunlich detaillierte Antworten: »So wie du heute Morgen P. Christoph den Kaffee eingeschenkt hast. Du hast ihn von unten herauf angesehen. Das geht so wirklich nicht. Oder wie du immer dasitzt und dastehst. Bemüh dich aufrecht zu stehen, Schultern hoch. Und achte darauf, wie du schaust. Und deine Stimme. Du sprichst viel zu leise. Trau dich, den Mund aufzumachen! Du hast so etwas Schüchternes, Zögerndes an dir. Das wirkt ungut.« Dass ich so viel falsch gemacht hatte, hätte ich nicht erwartet. Ich hatte mich doch so bemüht. Nun war ich noch mehr verunsichert als vorher. Im Traum wäre ich nicht auf den Gedanken gekommen, dass ich nicht die Einzige war, die so etwas zu hören bekam. »Die größere Verantwortung liegt bei den Frauen.« Jetzt bekam ich zu spüren, was das im Ernstfall bedeutete. Verantwortlich für ihre Keuschheit waren nicht sie, die Männer Gottes und zum Priestertum

Erwählten. Verantwortlich war keinesfalls die Pflicht vollkommener Enthaltsamkeit, die ihnen auferlegt war. Verantwortlich waren wir, junge Frauen, die in einem Haus voller zölibatär lebender Männer wie in einer Löwengrube lebten und unweigerlich Objekte unerfüllter Begierde wurden.

Am Nachmittag desselben Tages zeigten uns Sr. Hilga und Sr. Helen Bilder von ihrer letzten USA-Reise. Dabei kündigten sie an, dass die Gottesfamilie noch in diesem Jahr ihr erstes Zentrum in den USA errichten würde. Ich erinnerte mich an den Besuch von Erzbischof Celestino Migliore vor einiger Zeit. Er war kein Freund der Gottesfamilie, und die Verantwortlichen, insbesondere Sr. Hilga, waren wegen dieses Besuches extrem nervös. Er war ein Diplomat und der ständige Beobachter des Heiligen Stuhles bei der UNO in New York. Für ihn würden also ab demnächst zwei Schwestern der Gottesfamilie arbeiten. Wir staunten nicht schlecht. Die UNO war für die Gottesfamilie so etwas wie die Inkarnation des Antichristen, aber vielleicht war gerade das die Motivation hinter der neuen Aufgabe. Offenbar waren auch weitere Zentren in den USA geplant. Wir sahen Bilder von ihren vielen Besuchen. Sr. Hilga und Sr. Helen hatten mehrere Priester und Bischöfe in verschiedenen Staaten besucht. Über dem, was ich da sah, vergaß ich beinahe die Freude über die unerwartete Ankündigung von der ersten Niederlassung in den USA. Fast auf jedem zweiten Bild standen Sr. Hilga und Sr. Helen mit strahlenden Gesichtern Seite an Seite mit einem Würdenträger, oft sehr eng. Ich wunderte mich. Die Leiden des morgendlichen Gesprächs noch im Kopf war ich sogar wütend auf Sr. Hilga. Ich musste auf jede meiner Bewegungen, auf jeden meiner Blicke achten, und sie konnte sich so mit Priestern ablichten lassen! Aber sofort wirkte der eingetrichterte Mechanismus, und ich schämte mich für diesen Gedanken.

Als ein Monat vergangen war, war meine Verliebtheit zwar weniger geworden, aber ein bisschen war sie immer noch da. Also musste ich auch ehrlich zu Sr. Hilga sein. Die wirkte sehr ernst. Zwei Wochen später erhielt ich die Nachricht, dass ich nach England versetzt werden würde. Ich brachte das in keinen Zusammenhang mit P. Nicolaas. Dennoch war ich nicht sehr froh. In Rom hatte ich mich eingelebt. Und von unserem Zentrum in England wusste ich nichts, außer dass dort nur eine Handvoll Schwestern lebte und Sr. Josefa ein paar Monate vor mir dorthin versetzt worden war. Sie hatte mir das Leben in Rom schwer gemacht und ich war froh gewesen, sie los zu sein. Nun würde ich wieder mit ihr unter einem Dach leben und ihren Anweisungen folgen müssen.

4. ENGLAND

Der Sommer im Mutterhaus

Vor dem Wechsel nach England sollte ich den Sommer im Mutterhaus verbringen. Dieser Sommer 2004 war insofern besonders, als das Kloster umgebaut wurde. Das Refektorium und die Küche wurden radikal modernisiert, und der Kapitelsaal wurde zu einem Refektorium für die Mitbrüder umgebaut. Alles in allem ein Bauvorhaben, das mehrere hunderttausend Euro gekostet haben dürfte.

Sonst ist mir aus diesem Sommer vor allem ein Gespräch mit Mutter Marozia in Erinnerung geblieben. Wir saßen im üblichen großen Empfangszimmer an der Pforte, und Mutter Marozia fragte danach, wie es mir in Rom ergangen war. Aber wie schon bei unseren bisherigen Gesprächen gab sie die Antworten im Prinzip selbst und kam schließlich ganz unvermittelt auf ein bestimmtes Thema zu sprechen: »Wie sehr müssen wir doch für unsere Priester beten, damit sie nicht in Versuchung geführt werden. Gerade in Rom! Wo viel Licht ist, ist auch viel Schatten. Gerade in der Stadt der Heiligen und des Stellvertreters Christi hängen so viele schmutzige Plakate. Das ist kein Zufall! Sie können ihre Augen ja gar nicht so sehr hüten, dass sie diesen Schmutz nicht sehen. Und dann braucht man sich nicht wundern, wenn einen die Versuchung überkommt. Es kann übrigens auch einer Schwester einmal passieren, dass sich das schwache Fleisch seinen Weg sucht. Und dann denkt man: Mein Gott, wie schrecklich! Aber wenn es einmal passiert, dann beichten wir solche Sünden nicht bei unseren Mitbrüdern, das sind ja alles junge Männer. Sondern wir warten, bis sich einmal die Gelegenheit bei einem auswärtigen Beichtvater ergibt.«

Ich war verwirrt und unangenehm berührt. Entweder, dachte ich mir, ist sie persönlich auf dieses Themenspektrum fixiert, oder sie glaubt, dass Sr. Hilga sich nicht traut, darüber zu sprechen. Aber da irrte sie sich, denn Sr. Hilga hatte mir schon längst das Jungfräulichkeitsgebet übergeben (im Wesentlichen ein Anti-Masturbations-Gebet) das jedes Mitglied der Gottesfamilie vor dem Einschlafen beten sollte. Nun aber kam zum ersten Mal auch der Verdacht in mir auf, dass Mutter Marozia von meiner Verliebtheit in P. Nicolaas erfahren hatte. Sprach Sr. Hilga mit anderen über Dinge, die ich ihr anvertraute? Mit wem? Und über was genau? Ich hatte keine Ahnung. Außerdem verwirrte mich Mutter Marozias Aussage aus einem anderen Grund: Was war das für eine Logik, eine schwere Sünde lieber erst einmal nicht zu beichten, weil sie einen jungen Priester vielleicht auf komische Gedanken bringen konnte? In Rom würde ich diese Gelegenheit nie erhalten, außer vielleicht, ich fragte Sr. Hilga extra um Erlaubnis. Und wenn die Sünden, die ich beichtete, zur Gefahr für den Priester werden konnten, der sie hörte, welche Sünden konnte man dann überhaupt noch beichten? Würde das dem auswärtigen Beichtvater nichts ausmachen, nur weil er vielleicht älter war? Ich war verwirrt.

Ankunft in England

Als ich schließlich nach England aufbrechen sollte, war es schon fast herbstlich. Ich sollte ein Flugzeug nach London nehmen, von Friedrichshafen nach Stanstead. Dort würden die Schwestern mich vom Flughafen abholen. Woran ich sie erkennen würde? »Ach«, lachte die Schwester, die mich zum Flughafen fuhr, »uns erkennt man immer. Die Ausstrahlung, weißt du, oder der Rock.« Ja, dachte ich, vermutlich vor allem der Rock. Sr. Beate holte mich mit dem Auto vom Flughafen ab. Ich erkannte sie tatsächlich sofort, obwohl ich sie noch nie zuvor gesehen hatte. Die ungeschminkte Frau mit den kurzen braunen Haaren im beinahe knöchellangen braun-grün karierten Faltenrock, weißer Bluse und brauner Strickjacke konnte nur sie sein. Sie erkannte mich, im dunkelblauen Faltenrock mit hellblauer

Bluse und hässlicher Steckfrisur, genauso schnell und lächelte mir übers ganze Gesicht zu. Sie sprach von Anfang an Englisch mit mir, mit ziemlich deutschem Akzent. Das also würde meine neue Verantwortliche sein.

An dem Ort, in dem wir ankamen, war nichts weiter besonders als der Umstand, dass der englische Theologe John Henry Newman Mitte des 19. Jahrhunderts hier gelebt hatte. Das Gebäude, in dem er damals gelebt und das er »Das College« genannt hatte, hatten die Oratorianer von Birmingham erworben, nachdem es jahrzehntelang ein tristes Dasein als Armenhaus geführt hatte. Sie wollten es in eine Newman-Gedenkstätte umwandeln. Ein Anliegen, für das sich die Schwestern der Gottesfamilie bereitwillig zur Verfügung stellten. Hier also würde ab sofort auch ich wohnen.

Die Hausgemeinschaft

Die Hausgemeinschaft bestand aus Sr. Beate, Sr. Josefa und Sr. Martha. Sr. Josefa hatte ich bereits in Rom kennengelernt, Sr. Martha in der Küche im Mutterhaus. Sr. Beate war die Verantwortliche des Zentrums und damit auch die geistliche Begleiterin der Schwestern vor Ort. Sie war Oberösterreicherin, was man ihr deutlich anhörte, wenn sie ausnahmsweise einmal Deutsch sprach. Sie war ganz anders als Sr. Hilga. Sie besaß keine Eleganz, sondern eine irgendwie mädchenhafte Unbeholfenheit, die ihr aber dennoch einen gewissen Charme verlieh, vor allem, weil sie ständig ein strahlendes Lächeln übers ganze Gesicht ausbreitete, wenn sie einen ansah. Sie konnte richtig rot werden dabei. Man hatte unmittelbar das Gefühl einer fast beklemmenden Vertrautheit, ganz anders als bei Sr. Hilga. An Sr. Beate war nichts Professionelles. Das machte sie liebenswürdig, solange man es nicht peinlich fand. Allerdings traute man ihr von Seiten der Gemeinschaftsleitung die Verantwortung für dieses Zentrum nicht voll zu. Daher wurde sie von zwei Seiten flankiert.

Zum einen fungierte Sr. Gisela als eine Art Schattenverantwortliche vom Mutterhaus aus. Sie war über lange Jahre die Verantwortliche hier gewesen, bevor Sr. Beate kaum dreißigjährig diese Aufgabe übernahm. Nun war sie immer wieder hier auf Besuch und Sr. Beate sprach wohl alle wichtigen Entscheidungen mit ihr telefonisch ab. Zum anderen wurde Sr. Beate immer wieder eine »starke Schwester« an die Seite gestellt. Diese Funktion erfüllte nun Sr. Josefa, zu meinem großen Leidwesen. Denn wo Sr. Beate von sich aus wohl kaum streng zu mir gewesen wäre, war es Sr. Josefa umso mehr. Sie schaffte es von Anfang an, einige sehr schmerzliche Verbote mir gegenüber durchzusetzen. Ich durfte nicht Auto fahren (in Rom hatte ich das gedurft) und keine Führungen im College geben. Weil alle anderen das selbstverständlich taten und ich keinen vernünftigen Grund sah, warum ich es nicht tun sollte, fühlte ich mich wie ein Kind behandelt. Ein Gefühl, das mich ganz besonders quälte. Sr. Josefa war ein Stachel in meinem Fleisch. Wie bei allem, was mir bisher das Leben schwer gemacht hatte, war ich auch diesmal fest entschlossen, die Prüfung bereitwillig auf mich zu nehmen und nahm mir immer wieder vor, besonders freundlich zu ihr zu sein und etwas Gutes in ihr zu entdecken. Auch wenn wohl kaum eine von uns älter als vierzig sein mochte (genau wusste ich es nicht, weil die Regel galt, dass wir untereinander nicht über unser Alter sprachen), war Sr. Martha mir im Alter am nächsten. Sie war eine sehr lebendige und lebensfrohe Natur, jedenfalls war sie das gewesen. Aber sicherlich war sie wegen ihrer Lebhaftigkeit oft ermahnt worden und rang nun um Tugendhaftigkeit. Ihre ursprüngliche Veranlagung ließ sich nie vollständig zurückdrängen, wurde aber immer mehr von einem traurigen, harten Zug überlagert, der sich besonders dann bemerkbar machte, wenn sie andere zur Tugendhaftigkeit ermahnte. Weil Sr. Beate und Sr. Josefa in der Hierarchie über ihr standen, wurde ich bedauerlicherweise zum einzigen natürlichen Objekt dieser Belehrungen.

Das also war meine neue Hausgemeinschaft. Erst nach einigen Wochen realisierte ich, dass es auch zwei sogenannte Mitarbeiterinnen gab: Christa und Maria. Sie waren zwei Frauen um die fünfzig, die sich wie Schwestern kleideten und ein Leben wie Schwestern führten, aber nicht mit uns zusammenlebten, nicht mit »Schwester« angesprochen wurden und keinen Chormantel trugen. Sie lebten alleine in sehr bescheidenen Zimmern und arbeiteten als Altenpflegerinnen. Jede von ihnen kam uns ungefähr einmal im Monat für ein paar Tage besuchen. Ich wusste nicht viel über sie. Zwar hatte ich auch in Rom schon Mitarbeiterinnen kennengelernt, aber nicht so nah wie in diesem kleinen Zentrum. Erst Jahre später erfuhr ich, was es mit den Mitarbeiterinnen auf sich hatte, und bis heute weiß ich nicht alles über sie. Ursprünglich waren die Mitarbeiterinnen ganz normale Schwestern gewesen, so wie ich auch. Aber als in den 1990er-Jahren die Päpstliche Anerkennung der Gemeinschaft nahte, wurden einige Schwestern von der Leitung der Gemeinschaft aussortiert. Man sagte ihnen, dass sie nicht länger Schwestern bleiben konnten, weil sie den Anforderungen des Gemeinschaftslebens und der Spiritualität nicht genügten, die sich in den letzten Jahren sehr verändert hatten. Die Gottesfamilie war immer kontemplativer geworden, die Abhängigkeit der einzelnen Mitglieder immer größer. Die Verantwortlichen waren wohl mit einigen lebhafteren und selbstständigeren oder auch schwierigeren Charakteren überfordert. Sie versetzten sie in den Mitarbeiter-Status und hielten sie damit praktisch in der vollen Abhängigkeit von der Gemeinschaft. Sie waren Rechenschaft über ihr Tun und Denken schuldig, fast genauso wie jede von uns, aber sie kamen nicht mehr in den Genuss derselben Zugehörigkeit und damit finanziellen und sozialen Sicherheit, wie wir sie hatten. Sie mussten ihren Chormantel abgeben und wurden de facto zu Laien, die der Gottesfamilie an sich nichts mehr schuldig gewesen wären, aber von der Gemeinschaft in einer geistlichen und emotionalen Abhängigkeit gehalten wurden.

Ich vermute sogar, dass sie ihr Gehalt weitgehend der Gottesfamilie überlassen mussten und dass wir als relativ kleines Zentrum deswegen zwei Mitarbeiterinnen in unserer Nähe hatten, weil wir uns anders nicht finanzieren konnten. Aber ich weiß nicht, ob das tatsächlich der Fall ist.

Freunde und Bekannte

Unter den Freunden und Bekannten der Gottesfamilie in England ist an erster Stelle Eva zu nennen, die letzte Bewohnerin aus den Armenhauszeiten des Colleges, eine zierliche, etwas schrullige, aber liebenswerte ältere Dame. Sie führte ein weitgehend zurückgezogenes Leben im Cottage 3. Dort war sie aufgewachsen und hatte nie woanders gewohnt. Sie war zwar anglikanisch erzogen worden, aber seit ihre Mutter verstorben war, konnte sie nicht mehr an Gott glauben. Deshalb ging sie auch zu allen Bekehrungsversuchen der Schwestern deutlich auf Distanz, obgleich sie die Aufmerksamkeit und Zeit, die ihr dadurch hin und wieder gewidmet wurde, schätzte.

Außerdem waren da die Oratorianer. Jeden Freitag kam einer von ihnen zu uns und feierte die Messe in unserer, beziehungsweise Newmans kleiner Kapelle, gewissermaßen extra für uns. Priester wie sie hatte ich noch nie zuvor erlebt. Ihre Gemeinschaft und ihre Kirche waren ein Highlight des britisch-konservativen Katholizismus, den ich in den nächsten Jahren noch näher kennenlernen sollte. Seine Bestandteile waren unerschütterliche Treue zur verlautbarten Lehre der Kirche, bis an die Grenzen des Erträglichen zelebrierter Traditionalismus, spezielle Frömmigkeitsformen, Gebet für die Rückbekehrung Englands zum Katholizismus und eine latente Verachtung der anglikanischen Kirche sowie bestimmter gemäßigter und moderner Formen des Katholizismus. Dabei waren die Vertreter dieser Richtung gebildete, sympathische und fröhliche Zeitgenossen. Ich staunte. In Deutschland könnte es diese Art des Katholizismus nicht geben, dachte ich. Dort hätte sie unvermeidlich einen verbissenen und unsympathischen Grundtenor erhalten.

Einerseits mochte ich die Oratorianer. Sie verbanden den Anspruch römischer Würde und Väterlichkeit so nonchalant mit einer besonders kultivierten Form von Britishness, dass es faszinierend war, ihnen zuzusehen und zuzuhören. Vor allem aber gerierten sie sich völlig selbstverständlich als die Individuen, die sie waren, mit ihren persönlichen Vorlieben und Abneigungen. Sie lasen, forschten und gingen vielfältigen persönlichen Interessen nach. Sie sagten, wenn ihnen etwas lästig war, und sie machten Witze. Alles Dinge, die für uns absolut tabu waren. Andererseits konnte ich mich mit der Kirche der Oratorianer nicht so richtig anfreunden. Vor allem die Liturgie war mir fremd. Sie schien mir geradezu entkernt. Gewänder, Paramente, Blumenschmuck, Musik und alles Äußerliche wurde mit einer auf die Spitze getriebenen Genauigkeit und mit einem solchen Pomp inszeniert, dass das Wesentliche dahinter völlig unterzugehen schien.

Die Gottesfamilie suchte vielleicht in erster Linie die Allianz zu diesen Kreisen des konservativen britischen Katholizismus, aber sie beschränkte sich keineswegs darauf. Sie suchte und pflegte auch Kontakt zu ganz anderen Persönlichkeiten, beispielsweise zu Matthew Beasley, dem Pfarrer des Ortes, der jeden Dienstag bei uns zu Mittag aß. Er war ein liebenswürdiger Konvertit aus der Anglikanischen Kirche, der mit seiner schlichten pragmatischen Art so gar nicht in die ideologische Schiene und überhöhte Spiritualität der Gottesfamilie passte, aber aus unerfindlichen Gründen dennoch eingewilligt hatte, das Heilige Bündnis zu schließen. Er war nun in also gewisser Weise unser Mitbruder. Ebenso wie zwei Oratorianer.

Es gab noch eine weitere Person im Heiligen Bündnis: Jane Graham. Sie war eine sehr noble und gebildete ältere Dame. Seit ihrer Jugend war sie gehbehindert. Es war wohl die Freundlichkeit, mit der schon die ersten Schwestern in England sich um sie gesorgt hatten, die ihre Freundschaft mit der Gemeinschaft begründete und sie bis zum Hl. Bündnis gebracht hatte. Ich mochte sie sehr, nicht zuletzt, weil sie gerne viel erzählte und auch viel zu erzählen hatte. Sie war mit Persönlichkeiten wie C. S. Lewis, dem Autor der »Chroniken von Narnia« befreundet gewesen und kannte Christopher Tolkien persönlich, den Sohn und Nachlassverwalter des »Herr der Ringe«-Autors J. R. R. Tolkien. Immer wieder sprach sie davon. Ich liebte es, wenn wir sie in ihrem unglaublich alten Haus besuchten, mit Teetassen und Biscuits versorgt in ihrem Wohnzimmer saßen, und sie mit ihrer schon gebrochenen Stimme in ihrem unverwechselbar wunderbaren Englisch, zu erzählen begann. Leider verstand ich sie nicht immer. Es waren so viele Anspielungen dabei und immer wieder auch Worte und Redewendungen, die ich noch nie zuvor gehört hatte. Aber ich sog die Atmosphäre mit allen Fasern in mich ein.

Außerdem waren da noch viele andere Freunde, Kontakte und Wohltäter der Gottesfamilie, solche wie Fr. Howard Walker, der früher für die BBC gearbeitet hatte und Predigten hielt, die wie Kultursendungen im Radio klangen, die verrückte Rosemary, die ein unglaublich breites Allgemeinwissen hatte und so etwas wie eine alte Freundin von Sr. Gisela war, Fr. Ian Ker, der berühmte Newman Scholar oder Jeff, der an einem Atomfusionsprojekt am Joint European Torus in Culham arbeitete. Wahrscheinlich hatte kein Zentrum der Gottesfamilie so viele gebildete Freunde und Kontakte. Das lag zum einen daran, dass die Hauptaufgabe des Zentrums in der Betreuung des Colleges als Newman-Gedenkstätte lag und Newman nicht nur selbst ein Gelehrter gewesen war, sondern auch ein Aushängeschild des britischen Katholizismus und Gegenstand zahlreicher Forschungsarbeiten weltweit. Zum anderen lag es wohl auch an Sr. Gisela, die vor ihrem Eintritt in die Gottesfamilie unter anderem in Cambridge Philosophie studiert und mit einer Untersuchung über Kants Metaphysik der Sitten promoviert hatte. Umso mehr wunderte ich mich, als ich feststellte, dass keine von uns vier

Schwestern diesen Kontakten auch nur annähernd gewachsen war und auch nicht den leisesten Versuch unternehmen durfte, diese Defizite zu beheben. Ich könnte zahlreiche Anekdoten und Beispiele dazu anführen, will mich aber auf eine Begebenheit beschränken.

Wir hatten einen Monsignore zu Gast, den ich als Vertreter des oben beschriebenen britisch-konservativen Katholizismus bezeichnen würde. Er bewohnte für einige Tage eines der leerstehenden Cottages, um dort seine jährlichen Exerzitien zu verbringen. Am letzten Abend seines Aufenthalts aß er gemeinsam mit uns zu Abend. Nachdem die üblichen Fragen, woher er komme und wie groß seine Pfarrei sei, beantwortet waren, fiel uns nicht mehr viel zu fragen oder zu erzählen ein, und er begann über katholische Schriftsteller zu sprechen. Sr. Josefa, Sr. Martha und ich verstummten vollständig, Sr. Beate begnügte sich damit, ab und zu zu nicken und ein paar zustimmende Worte zu sagen, während er sich eifrig darüber erging, dass alle Welt nur von Chesterton spräche, während ihm ein anderer, an dessen Namen ich mich nicht mehr erinnern kann, es könnte Graham Greene gewesen sein, unbedingt vorzuziehen sei. Glücklicherweise schien er nichts von unserer stummen Beklemmung zu merken. Als wir das Essen zu Ende gebracht hatten und, wieder unter uns, damit begannen, den Tisch abzuräumen und das Geschirr zu spülen, fiel die Anspannung von uns ab. Wir waren erleichtert, diese peinliche Situation hinter uns gebracht zu haben. Sr. Martha lachte Tränen, als sie ausrief: »Ab einem bestimmten Punkt dachte ich, er spricht über zwei Käsesorten!« Wir amüsierten uns über unsere eigene Unwissenheit. Zuerst hielt auch ich dieses Erlebnis für eine amüsante Anekdote. Als sich solche Erlebnisse aber zu häufen begannen, versuchte ich etwas an unserer Unwissenheit zu ändern. Wenn wir in England wirken wollten und den Anspruch hatten, das Charisma der Gottesfamilie hier zu »inkulturieren« (und den Anspruch hatte die Gottesfamilie), dann mussten wir ein gewisses Allgemeinwissen über Englische Geschichte, Kultur und Lebensart erwerben. Meine Bemühungen blieben weitgehend erfolglos. Ich bekam nur die eine immer gleiche Antwort, die Sr. Beate in verschiedene Ausflüchte kleidete: »Das ist jetzt nicht wichtig. Später vielleicht einmal. Schau, wir haben soviel anderes zu tun.« Dahinter witterte ich die mir aus Sr. Hilgas Mund bekannte Antwort: »Mutter hat auch keine Bücher gelesen. Sie wollte Gott kein Hindernis in den Weg legen und das Charisma nicht durch unbedachte Lektüre verfälschen. Je weniger wir das reine Licht des Charismas durch ein anderes Licht verdunkeln, desto schneller werden wir auf dem Weg der Bekehrung vorankommen.« Und sie fügte ein besonders drastisches Bild an, das ihr zufolge auf Mutter zurückging: »Ein ohne Erlaubnis gelesenes Buch ist wie ein unehelich empfangenes Kind.«

Erleichterungen, Verbote und neue Regeln

Zu meiner Enttäuschung spürte ich schon bald, dass diese Maximen der Gottesfamilie hier genauso galten wie in anderen Zentren. Dennoch verspürte ich anfangs eine gewisse Erleichterung in diesem neuen Zentrum. Das lag zunächst daran, dass ich in dieser kleinen Hausgemeinschaft weniger Hemmungen empfand, mich bei Tisch oder in der Sonntagsvorbereitung zu Wort zu melden. Ich konnte viel weniger falsch machen als in Rom, weil es ja keine Mitbrüder gab. Diese Erleichterung wurde noch weiter beflügelt, als ich merkte, dass es mir keineswegs schwer fiel, fließend Englisch zu sprechen. Außerdem war ich nun hauptsächlich für meine Arbeit selbst verantwortlich. Ich war für die Wäsche zuständig sowie für Kapelle und Liturgie. Das hieß, dass ich mehr oder weniger selbst bestimmen konnte, wann ich was tat. Dennoch galt natürlich, dass Montag Waschtag war und Freitag Putztag und dass für Blumen nur ein bestimmtes Budget vorgesehen war, das einen bestimmten Anteil meines monatlichen Geldes nicht übersteigen durfte. Außerdem galten natürlich viele andere Regeln in Bezug darauf, wie Wäsche, Putz, Blumenschmuck und Liturgie in der Gottesfamilie im Allgemeinen und in England im Besonderen auszusehen hatten. Dennoch war für mich das Gefühl, nach langer Zeit wieder alleine arbeiten zu können, ohne für jeden Handgriff extra auf Anweisungen warten zu müssen und ohne, dass mir ständig jemand über die Schulter sah, ungemein wohltuend. Zudem liebte ich die englische Landschaft, die grünen Hügel mit ihren Weiden und Hecken. Ich fühlte mich wohl in einem Zentrum, dessen größter und repräsentativster Ort die Bibliothek war und in dem gebildete Menschen ein- und ausgingen. Mein größtes Glück aber bestand darin, dass ich an einem Fernkurs des Maryvale Institute in Birmingham teilnehmen sollte. Zwar war das nicht der richtige Theologie-Kurs, sondern nur eine Ausbildung in Katechese, aber immerhin gab es Module zum Neuen und Alten Testament, zur Christologie und Ekklesiologie. Ich war begeistert! Alle paar Monate würde ich nach Birmingham ans Institut fahren, um an einem Study Day teilzunehmen. In den Wochen dazwischen sollte ich dann die Handbücher durcharbeiten und zu jedem Modul jeweils einen längeren Aufsatz schreiben. Aber hier wurde meine Euphorie auch schon wieder gebremst.

Natürlich galt auch hier und auch in Bezug auf theologische Literatur, was überall in der Gottesfamilie galt: keine Bücher auf dem Zimmer und keine Lektüre, außer es wird ausdrücklich erlaubt. Ich bekam also nichts als die Modulhandbücher zu lesen. Dennoch bat ich Sr. Beate etwas über oder von Newman lesen zu dürfen. Aber sie versicherte mir, dass keine der Schwestern in diesem Haus, auch sie selbst nicht, ja nicht einmal Sr. Annemarie, die das Newman Center in Rom leitete, sich jemals in die Lektüre von Newmans Werk vertieft hätten. Sie selbst hätte zwar einmal »im Auftrag« Newmans »Apologia pro Vita Sua« gelesen, aber das wäre schon ein sehr schweres Buch und das bräuchte ich nicht. Stattdessen gab sie mir ein schmales Bändchen über Newman. Es schien ein Kinderbuch zu sein. Obwohl mich das fast ein wenig verletzte, las ich es dennoch. Es war das erste »Buch«, das ich seit Langem las und die einzige Informationsquelle über John Henry Newman, die ich vorerst zur Verfügung hatte. Zusätzlich durfte ich einige Wochen später ein längeres Buch lesen, das immerhin für Teenager geschrieben zu sein schien und Newmans Leben in Romanform erzählte: »Snapdragons in the Wall«. Mehr konnte ich vorerst nicht über Newman erfahren.

Zu meiner Enttäuschung musste ich einsehen, dass nicht nur der Maryvale-Katechese-Kurs, sondern auch die Formungsgespräche mit Sr. Beate inhaltlich sehr dürftig waren. Das sind ja erst die Vorbereitungsgespräche auf das Bündnis, dachte ich. Später, im Noviziat, werden sie mir die richtig tiefen Dimensionen der Spiritualität erschließen. Dann werde ich die Konstitutionen lesen dürfen und andere große Texte von Mutter.

Als ich im Mai 2005, knapp zwei Jahre nach meinem Eintritt und ein gutes halbes Jahr nach dem ersten Bündnis, endlich das Noviziat beginnen durfte, wurde ich allerdings auch diesbezüglich enttäuscht. Die Formungsgespräche blieben die immer gleichen Vier-Augen-Gespräche über den Wochenbericht und meine vermeintlichen Fort- oder Rückschritte auf dem Weg der Berufung. Von nun an musste ich regelmäßig, das hieß mindestens einmal monatlich, einen sogenannten Bericht schreiben, in dem ich mein Innenleben offenlegte. Hatte ich Fortschritte im geistlichen Leben gemacht? War ich bestimmten Versuchungen und Zweifeln ausgesetzt? Hielt ich mich treu an die Regeln des Gemeinschaftslebens und war ich dankbar für den Reichtum des Charismas? Außerdem musste ich ab jetzt alle meine Briefe Sr. Beate vorlegen, sowohl die, die ich erhielt, als auch die, die ich schrieb. Dabei kam es vor, dass sie mich beispielsweise einen Brief an meine Eltern nicht abschicken ließ, weil er zu traurig klang: »Was sollen sie denn denken? Da machen sie sich ja Sorgen um dich.« Auch einen Brief an meinen Heimatkaplan musste ich neu schreiben, weil ich geschrieben hatte, ich hätte mich »riesig gefreut« von ihm zu hören. Das »riesig« war zu viel. Also schrieb ich den Brief noch einmal wortgetreu ab, ohne die unerwünschte Vokabel. Außerdem sagte Sr. Beate mir, ich solle doch beim stillen Gebet nach dem Kommunionsempfang nicht die Augen schließen, »das sieht so versunken aus.« Auch diese Weisung befolgte ich, obwohl sie in den letzten mir noch verbliebenen Intimbereich eindrang, das stille Gebet. Ich hatte gelernt zu gehorchen. Das Gefühl dafür, dass ich Anspruch auf Intimsphäre haben könnte, dass ich mir nicht alles gefallen lassen musste, dass andere bestimmte Grenzen respektieren mussten oder dass ich so etwas wie Rechte haben könnte, hatte ich fast schon völlig verloren. Der Instinkt, der mich in früheren ähnlichen Situationen mit spontanem Widerwillen und Aufbegehren reagieren ließ, war praktisch erloschen. Nur in einigen wenigen Situationen bäumte er sich noch einmal auf.

Frieren

Im November wurde es kalt im Haus, und wir begannen zu frieren. Wir mussten extrem sparsam sein. Jedes Zentrum der Gottesfamilie sollte sich finanziell möglichst selbst tragen. Wir mussten das schaffen, ohne dass auch nur eine von uns außerhab des Hauses Geld verdient hätte. Wir lebten also, soweit ich wusste, vollständig von Spenden. Sr. Martha verstand es, extrem sparsam zu kochen. In einer Bäckerei in der Stadt konnten wir nach Ladenschluss das übriggebliebene Brot abholen, und einmal ließen uns Nachbarn Äpfel aus ihrem Garten holen. Sr. Josefa wollte sogar, dass wir tagsüber die Heizungen in unseren Zimmern abdrehten, um Heizkosten zu sparen. Wenn mir beim Durcharbeiten des Maryvale-Modulheftes in meinem Zimmer aber buchstäblich die Lippen blau und die Finger weiß und gefühllos wurden, wollte ich das nicht hinnehmen. Ich sagte Sr. Beate, dass ich liebend gerne arbeiten und Geld verdienen würde, damit wir uns wenigstens die Heizung leisten könnten. Sie lächelte. Natürlich kam das nicht infrage. Wieso, habe ich bis heute nicht verstanden. Stattdessen gab es Frühstücksvertiefungen mit der allgemeinen Aufforderung, sparsam zu sein und die Kälte aufzuopfern. Ich versuchte so tapfer zu sein wie Sr. Beate, die tatsächlich die Heizung in ihrem Zimmer komplett abdrehte. Aber noch hatte ich meinen Körper und meinen Geist nicht vollkommen abgetötet, noch rebellierte etwas in mir. Das Ergebnis dieses inneren Zwiespalts war ein beinahe kindlicher Trotz, der sich immer wieder Bahn brach und mich schier verzweifeln ließ, weil ich mich so nicht kannte. Als ich meine Essays für Maryvale, wie man mir geheißen hatte, am einzigen verfügbaren Uralt-Computer in Cottage 1 schrieb, beschloss ich, die Heizung extra nicht aufzudrehen, obwohl man mir die Erlaubnis gegeben hatte, sie einzuschalten und auf Stufe 2 laufen zu lassen. »In den paar Stunden, die ich hier verbringe, wird der Raum dadurch nicht annähernd warm«, dachte ich mir. Ich wollte nicht frieren, aber wenn ich es ohnehin schon musste, dann wollte ich lieber eine Mahnung dafür einstecken, dass ich die Erlaubnis nicht genutzt hatte als dafür, dass ich die Heizung früher oder höher aufgedreht hatte. Ich sah keine anderen Optionen und verhielt mich wie ein Kindskopf. Tatsächlich kam Sr. Josefa nachsehen, stellte mein trotziges Verhalten fest, und natürlich wurde ich zurechtgewiesen. »Der Gehorsam gegenüber unseren Verantwortlichen ist der direkteste Weg zu Gott« hieß es in der Gottesfamilie. Ich fürchtete, diesen Weg zu verfehlen, konnte aber zugleich nicht daran glauben, dass der Weg zu Gott tatsächlich über eine aus Sparzwängen abgeschaltete Heizung führte, die ich nicht infrage stellen durfte. Mit Gott hatte ich kein Problem, aber ich brachte es nicht fertig, Sr. Josefa als seine Vertreterin zu betrachten.

Dennoch lehrten mich die Kirche und die Gottesfamilie, dass die Oberen mir gegenüber die Stelle Gottes einnahmen und ich niemals fehlgehen konnte, wenn ich ihre Weisungen befolgte, selbst dann, wenn sie damit falsch lagen. Im Zweifelsfall war es immer richtig zu gehorchen. Ich versuchte an Theresia von Lisieux zu denken, die auch ganze Winter ohne Heizung verbringen musste und schließlich an Tuberkulose gestorben war. Sie war dabei heilig geworden. Wollte ich das nicht auch?

Beichten

Eigentlich war alles in unserem Leben punktgenau festgelegt. Nicht nur unsere Kleidung und Frisur, unsere Sprache, unsere Ernährung und unser Tagesablauf, die Temperatur unserer Zimmer und der Kontakt untereinander und nach außen, sondern vor allem unsere Spiritualität. Eifersüchtig wachten unsere Verantwortlichen darüber, dass wir uns aus keiner anderen geistlichen Quelle nährten als aus dem Charisma der Gottesfamilie. Das war der Hintergrund des Leseverbotes und deswegen kamen für uns auch nur bestimmte Beichtväter infrage. In England stellte die Beichte daher ein nicht geringes Problem dar. Außenstehende würden vermuten, wir hätten doch zu den Priestern im Heiligen Bündnis gehen können oder zu den Oratorianern, die der Spiritualität der Gottesfamilie relativ nahe standen. Aber das kam überhaupt nicht infrage. Sie schienen alle samt und sonders nicht geeignet. Ab und zu kam P. Rektor die Schwestern besuchen, dann wurde die Gelegenheit genutzt, und wir legten eine nach der anderen unsere Beichte bei ihm ab. Aber das war keine langfristige Lösung. Wir befanden uns in einem Dilemma. Wir mussten monatlich beichten, aber es gab nicht jeden Monat einen geeigneten Priester, zu dem wir hätten gehen können. Dass jede Einzelne von uns das Recht gehabt hätte, völlig frei zu bestimmen, wann und zu wem sie beichten geht, wusste ich nicht. Das wusste wohl keine von uns. Daher taten wir alle, was schon vor geraumer Zeit als Beichtpraxis für die Schwestern in England vorgesehen worden war: wir fuhren jeweils zu zweit einmal im Monat mit dem

Bus nach London – eine Fahrt von knapp zwei Stunden – und reihten uns in der Westminster Cathedral in die Warteschlange vor den Beichtstühlen ein, um dann bei einem uns unbekannten Priester unsere monatliche Pflicht zu absolvieren. Bevor ich diese Prozedur zum ersten Mal mitmachte, gab Sr. Beate mir diesbezüglich einige Instruktionen: »Diese Priester kennen das Charisma nicht. Wir müssen also darauf achten, was wir beichten, damit sie es nicht falsch verstehen. Wenn man zum Beispiel beichten möchte, dass man räsoniert hat, dann sollte man nicht sagen: ›I reasoned‹.« Natürlich, das konnte man so nicht sagen. Wir lachten.

Das vierzigstündige Gebet

Zu Beginn der Fastenzeit konnten wir uns einen Monat lang die Kosten für die Fahrt nach London sparen. P. Rektor kam uns besuchen. Sein Besuch hatte auch einen besonderen Grund. Der Papst hatte das Jahr 2005 zum Jahr der Eucharistie erklärt, was die Schwestern dazu bewegte, ein vierzigstündiges Gebet in der College-Kapelle abzuhalten. Das vierzigstündige Gebet ist eine alte katholische Tradition in den Faschingstagen. Als Sühne für den Übermut, den manche Menschen in dieser Zeit an den Tag legen, versammeln sich gläubige und fromme Seelen zu einer vierzig Stunden andauernden Anbetung. Das Allerheiligste wird in dieser Zeit ausgesetzt, und Freiwillige tragen sich in Listen ein, um jeweils eine oder eine halbe Stunde im Gebet vor dem Allerheiligsten zu wachen. Die Meister dieser Tradition waren die Oratorianer. Das vierzigstündige Gebet in der Kirche der Oratorianer war mit nichts zu toppen. Die riesige Monstranz thronte über einem Kerzen- und Blumenmeer, das vereint mit dem kostbarsten Weihrauch den ganze Kirchenraum in den unverwechselbaren Duft katholischer Frömmigkeit hüllte. Wir Schwestern wollten es ihnen nun nachtun. Und somit bekam ich den Auftrag, die Kapelle besonders reichhaltig und festlich zu schmücken. Wir liehen

Kerzenständer aus der Pfarrei aus, und ich verwandelte die ganze Wand hinter dem Tabernakel in einen Blumenwald. Die Schwestern luden zur Anbetung ein, und P. Rektor reiste extra an, um die Anbetung zu eröffnen und die zahlreichen Freiwilligen zu empfangen. In der Bibliothek wurden Tee und Buiscuits serviert, um unseren Gästen eine leichte Erfrischung zu bieten, sie in Gespräche zu verwickeln und Spenden für das College einzuwerben. Aber es ging sicher nicht in er ster Linie um das Geld, sondern vor allem darum, neue Freunde und Kontakte zu finden, alte Bekanntschaften neu zu beleben und Menschen »im Glauben zu stärken.« P. Rektor verbrachte voller missionarischem Eifer Tag für Tag in der Bibliothek, um möglichst viele Leute anzusprechen. Wir alle waren rund um die Uhr beschäftigt. Zu jeder Zeit sollte eine Schwester im Chormantel in der Kapelle knien, weil P. Rektor der Ansicht war, dass der Chormantel eine besondere Wirkung hätte und die Menschen »im Gewissen berühren« könnte. Ich musste Besucher zur Kapelle oder von der Kapelle in die Bibliothek führen und alle paar Stunden die Kerzen in der Kapelle austauschen. Dazwischen mussten wir uns abwechseln, damit jede von uns die Gelegenheit hatte, etwas zu Mittag oder zu Abend zu essen. Am Ende hatten wir alle das Gefühl, etwas Großes geleistet zu haben. Wir zählten einige hundert Besucher, was für unsere kleine Kapelle, die nur Sitzgelegenheiten für zehn Leute bot, eine wirklich große Zahl war.

Ein Nachgeschmack blieb allerdings. Im Vorbeigehen hatte ich in der Bibliothek ein Gespräch zwischen Sr. Beate und einer Besucherin gehört, in dem der Name von fr. Anthony fiel. Dabei stellte sich heraus, dass er gar nicht in England studierte, sondern dass er die Gemeinschaft schon 2003 verlassen hatte! Sr. Hilga hatte mir also nicht die Wahrheit gesagt. Konnte das sein? Dachte sie, solange ich in Rom war, würde ich nicht darauf kommen? Ich war benommen und wischte den Gedanken beiseite. Sie musste einen guten Grund dafür gehabt haben.

Fasten

Als die Fastenzeit kam, lernte ich ein Fasten kennen, wie ich es zuvor nicht erlebt hatte. Später erfuhr ich, dass die Küche des Ausbildungshauses in Rom von P. Rektor eine Extra-Erlaubnis für schmackhafteres Essen und weniger strenges Fasten erhalten hatte. Die studierenden Mitbrüder sollten möglichst gut gedeihen. In England dagegen konnten wir nach Herzenslust unseren Geschmack abtöten, so wie es die Spiritualität der Gottesfamilie und der Wille der Gründerin vorsahen. Während in allen Zentren der Gottesfamilie an Freitagen nur dünner Kaffee, Milch und trockenes Brot, bisweilen mit Butter, zum Frühstück eingenommen wurde und das Mittag- und Abendessen weniger schmackhaft und natrülich fleischlos ausfiel, wurde hier zusätzlich konsequent auf jegliche Gewürze verzichtet. In der Regel kochte Sr. Martha freitags eine Kartoffelsuppe, die ausschließlich aus kleinen Kartoffelstückchen bestand, die in ungesalzenem Wasser gekocht wurden. Anfangs konnte ich die Suppe kaum essen, aber mit der Zeit gewöhnte ich mich daran, auch an den Hunger, der mich in der Nacht danach schlechter einschlafen ließ. Die gesamte Fastenzeit wurde ohne Salz und Gewürze gekocht, sechs Wochen lang. Zum Frühstück gab es nur Butter zum Brot, wobei die wirklich Tapferen unter uns auf die Butter verzichteten, genauso wie auf die Tasse Tee zwischen den Mahlzeiten. Und tapfer wollten wir alle sein. Nie hätte ich mich getraut, als Einzige anders zu handeln, meine Mitschwestern hätten mich meine Schwäche spüren lassen. Die einzige Ausnahme bildeten die Sonntage, die nicht unter dem Fastengebot standen und die uns an das erinnerten, was uns die Woche über fehlte. Auch wenn dieses Fasten übertrieben und vermutlich ungesund war, störte es mich nicht. Ich nahm bereitwillig und entschlossen am Wetteifer um Tugendhaftigkeit und innere Stärke teil und schlug mich dabei nicht schlecht. Bald hatte ich mich an den Geschmack der ungesalzenen Speisen gewöhnt.

Die Papstwahl

Ostern kam und damit die Nachricht vom Tod Johannes Pauls II. Das Requiem auf dem Petersplatz war eine der seltenen Gelegenheiten, zu denen wir uns vor dem Fernseher in der Bibliothek versammelten. Das geschah sonst nur beim Papstsegen »Urbi et Orbi« an Weihnachten und Ostern. Und genau wie zum Segen bei Urbi et Orbi knieten wir auch diesmal zum Hochgebet vor dem Fernseher nieder, um der Feier im fernen Rom mit dem gebührenden Respekt zu folgen. Wir verfolgten das Requiem und lasen in den nächsten Tagen alle Predigten und Ansprachen von Kardinal Ratzinger als Frühstücksvertiefung. Als am Dienstag, dem 19. April, die Nachricht kam, dass ein neuer Papst gewählt worden war, ließen wir unsere Arbeiten stehen und liegen, liefen in die Bibliothek und versammelten uns wieder vor dem Fernseher. Voller Spannung harrten wir der Verkündigung des Namens. Die erste Reaktion war dann die von Sr. Josefa: »Die arme Sr. Hilga.« Ich verstand nicht ganz, aber Sr. Josefa erklärte es mir sofort: »Sie wird jetzt viel zu tun haben, noch mehr als bisher.« Natürlich, ich hatte mitbekommen, dass Sr. Hilga jede Woche beim Kardinal war. Sie putzte dort. Dachte ich zumindest. Würde sie nun für den Papst auch putzen? Mir kam das eher unwahrscheinlich vor. »Er wird sicher Schwestern von der Gottesfamilie für den Päpstlichen Haushalt haben wollen«, sagte Sr. Josefa, und die anderen pflichteten ihr bei. Ja, vielleicht, dachte ich. Auf jeden Fall würde das Mutter Marozia freuen. Die Gottesfamilie beim Papst! Sicher wünschten sie sich das. Dennoch war ich nicht imstande, mir auszumalen, was das bedeuten könnte und wie sehr diese Papstwahl die nächsten Jahre in der Gottesfamilie prägen würde. Aber darüber dachte ich auch nicht weiter nach. Die nächsten Wochen brachten ganz andere Aufregungen mit sich.

Bekehrungseifer

In dieser Zeit bekamen wir oft Besuch von mehreren jungen Frauen, die in der Stadt studierten. Eine war Deutsche, die anderen Engländerinnen. Außerdem gab es auch einen Theologiestudenten. Sie alle wurden mit größtem Eifer von uns bearbeitet. Wir luden sie immer wieder ein, einzeln, zu Einkehrtagen, Ausflügen, Anbetungsstunden, Sonntagsvorbereitungen, zeigten ihnen Albumblätter, strahlten das ganze Glück unserer Berufung für sie aus. P. Rektor kam, um mit ihnen zu reden. Sr. Beate führte längere Einzelgespräche mit ihnen. Sie wurden zum Abendsegen eingeladen. Wie gerne hätten wir sie in die Gottesfamilie eintreten sehen. Leider entschloss sich niemand von ihnen zu diesem Schritt. Besonders der Theologiestudent war diesbezüglich eine große Enttäuschung. In keinen war so viel Zeit und Arbeit investiert worden wie in ihn. Und dennoch erkannte er seine Berufung nicht. Dass er dem richtigen Weg endgültig den Rücken gekehrt hatte, wurde allen von uns deutlich, als er ankündigte, mit einer Kommilitonin einige Tage in Rom verbringen zu wollen. Panik breitete sich unter den Schwestern aus. Wenn er seine Jungfräulichkeit verlieren würde, wäre es endgültig um ihn geschehen. Er würde nie mehr den Weg zurück zu seiner Berufung finden. Während wir in der Kapelle knieten und um Einsicht für ihn beteten, führte Sr. Beate ein längeres Vier-Augen-Gespräch mit ihm. Vergeblich. Er ließ sich von der Reise und der Freundschaft mit dem Mädchen nicht abbringen. Nun konnten wir nur noch Sühne darbringen für seinen Fehltritt, um das Herz Jesu über diesen Schmerz hinwegzutrösten.

Wenn ich heute an absurde Szenen wie diese zurückdenke, sind sie mir zutiefst peinlich. Sie zeigen, wie in der Gottesfamilie gedacht und welcher Druck auf Kontakte ausgeübt wurde. Dass ich mich daran beteiligte, reut mich unbeschreiblich. Der Druck auf diesen Studenten war aber nichts im Vergleich zu der Seelenrettungsaktion, die wir kurze Zeit darauf mit vereinten Kräften begingen. Eva, die ältere Dame aus Cottage 3, klagte über Magenschmerzen. Der Arzt hatte ihr Tropfen verschrieben, die aber nicht zu helfen schienen. Sr. Josefa sah bald jeden Abend nach ihr und nutzte die Gelegenheit, um über Gott und den Glauben zu sprechen. Die arme Eva, die mit Schmerzen in ihrem Bett lag und mehr oder weniger auf die Pflege angewiesen war, konnte sich kaum dagegen wehren. Das ging so einige Wochen. Sr. Josefa hängte ein Kreuz in Evas Schlafzimmer auf und begann mit ihr zu beten. Schließlich kamen jeden Abend zwei oder drei von uns zu diesem Nachtgebet dazu, dem Eva auf ihren Kissen mit großen Augen schweigend lauschte. Dabei ging es ihr jeden Tag schlechter. Am Ende verschlechterte sich ihr Gesundheitszustand rapide. Sie wimmerte, kauerte sich zusammen wie ein kleines Kind und wirkte so verzweifelt, dass wir schließlich den Notarzt riefen. Der stellte fest, dass Eva einen Magendurchbruch hatte, vermutlich die Folge eines Geschwürs, das der Arzt übersehen hatte. Sie müsse sofort ins Krankenhaus eingeliefert werden. In Windeseile rief Sr. Josefa Fr. Beasley herbei, der auch sofort ankam, gerade noch rechtzeitig, um Eva, die schon in den Krankenwagen verfrachtet worden war, die Krankensalbung zu spenden. Da war sie schon kaum mehr ansprechbar. »Aber sie ist doch anglikanisch«, sagte ich. Im Notfall sei das erlaubt, und es gehe ja schließlich, wie Sr. Josefa bemerkte, »um eine unsterbliche Seele«. Doch nun begann erst der richtige Kampf um ihr ewiges Heil.

Kaum war Eva auf der Station, gingen wir sie besuchen. Zuerst nur Sr. Beate und Sr. Josefa, als sie zurückkamen und uns mitteilten, dass die Ärzte keine Hoffnung mehr hätten und Eva im Sterben läge, fuhren wir kurzerhand alle gemeinsam ins Krankenhaus. Auch Br. Armin, der in diesen Tagen auf Besuch war, um bei einigen Arbeiten in Haus und Garten zu helfen, kam mit. Nun ging es darum, eine Seele in den Himmel zu bringen. Es war eine gewaltige Erleichterung – nicht nur für uns, sondern vor allem für das Personal und die anderen Patienten – dass Eva in einem Einzelzimmer lag. Hier konnten wir ungestört so viel und ausgiebig beten und singen, wie wir das wollten. Eva war nicht bei Bewusstsein. Phasenweise halluzinierte sie und machte fahrige Bewegungen mit den Händen. Wir standen gemeinsam um ihr Bett, zu fünft, stundenlang. Als es Abend und schließlich Nacht wurde, wechselten wir uns ab. Einige gingen stundenweise hinunter auf den Parkplatz, schnappten frische Luft, ruhten sich im Auto ein wenig aus und tranken etwas Tee, bevor sie die anderen ablösten. In der zweiten Nacht verfuhren wir ebenso, sodass wir am zweiten Morgen nach kaum mehr als drei Stunden Schlaf in mehr als 48 Stunden sehr übermüdet waren. Dennoch spürten wir unsere Müdigkeit kaum. Wie waren wie im Rausch. Etwas ungeheuer Großes und Mächtiges, ein Schauspiel zwischen Himmel und Erde, zwischen den Mächten der Unterwelt und dem Thron des ewigen Vaters spielte sich hier ab, und wir waren die Protagonisten. Gemeinsam standen wir im Kampf gegen die Mächte der Unterwelt und beteten Evas Seele in den Himmel! Ich hatte das erste Mal seit langer Zeit das Gefühl, etwas wirklich Sinnvolles zu tun.

Eva war nun schon lange bewusstlos. Ihre Hände und Füße waren blau-schwarz. Die Krankenschwester hatte ihr schließlich die Infusion abgenommen. An diesem Sonntag, dem 3. Juli, schien die Morgensonne hell zum Fenster herein. Wir hatten aufgehört zu singen und überlegten, wo wir in die Messe gehen und wie wir uns dazu aufteilen sollten. Es war ca. 8:00 morgens. In diesem Moment tat Eva ihren letzten Atemzug. Am Tag des ungläubigen Thomas – ein eindeutiges Zeichen. Eva war gerettet! Es war das erste Mal, dass ich einen Menschen sterben sah. Wir sprachen noch ein paar Totengebete und informierten das Pflegepersonal. Im Bewusstsein, eine große Tat vollbracht zu haben, machten wir uns auf den Weg in die Sonntagsmesse und anschließend in unsere Betten.

Heute weiß ich: Hätten wir Eva tatsächlich etwas Gutes tun wollen, dann hätten wir sie in ihren letzten Lebenstagen nicht mit

Gewalt zu konvertieren versucht, sondern vielleicht früher nach einem anderen Arzt gesehen, um die Ursache ihrer Schmerzen zu finden. In Wahrheit war Eva zum Objekt unseres religiösen Eifers geworden, dem sie schutzlos ausgeliefert war.

Dieses gewissermaßen respektlose Verhalten zeigte sich auch in den Tagen nach Evas Tod. Sr. Josefa begann damit, Cottage 3 auszuräumen. Endlich gehörte den Schwestern das ganze College, und wir hatten ein Cottage mehr, das für Einkehrtage oder Exerzitien genutzt werden konnte. Evas Dinge wurden durchgesehen und wenn möglich weiter verwendet oder aber entsorgt. Ich fand das unwürdig, wagte aber nicht, etwas zu sagen. Was sollen die Schwestern denn anderes tun, fragte ich mich. Allerdings wurde ich tatsächlich wütend, als Sr. Josefa mir kurze Zeit später ein paar »neue« Unterhosen vors Zimmer legte. Ich könnte welche brauchen, meinte sie. Ich hätte nicht genug. Es waren eindeutig Evas Unterhosen, sie trugen ein englisches Label, während sonst unsere Unterwäsche samt und sonders deutscher Herkunft war. Der letzte Rest meine Selbstwertgefühls bäumte sich in mir auf, bevor er in sich zusammenfiel und ich die Unterhosen stillschweigend in meinen Schrank legte. Wieder fühlte ich förmlich etwas in mir zerbrechen. Inzwischen kannte ich dieses Gefühl. Ich war gewohnt, es für einen Fortschritt zu halten, wenn mein Trotz, meine Wut, mein Widerwillen weniger wurden und immer schneller klein beigaben, ja wenn sie sich überhaupt nicht mehr zu Wort meldeten, sondern automatisch alles akzeptierten, was mir zugemutet wurde.

5. DIE ERSTE GROSSE KRISE

Tränen

In den folgenden Monaten machte sich eine große, geradezu überwältigende und scheinbar unbegründete Traurigkeit in mir breit. Zuerst war sie relativ zart. Sie kam in Gestalt einer müden Gleichgültigkeit. Nicht derjenige, die ich von früher kannte, sondern eine viel tiefere, völlig überzeugende. Sie war nicht mehr erkämpft oder erlitten, sondern einschläfernd und beruhigend. Das erste Mal stellte sie sich ein, nachdem mir die Haare geschnitten wurden. Sr. Gisela war zu Besuch bei uns und eröffnete mir in einem Einzelgespräch, dass der Schwesternrat über meine Frisur gesprochen habe. Ich hätte doch allzu dünnes Haar, es wäre besser, wenn ich eine Kurzhaarfrisur trüge. Als mir die Friseuse im Beisein von Sr. Beate die Haare schnitt, weinte ich. Meine langen Haare waren der ganze Stolz meiner Mädchenzeit gewesen. Niemals hatte ich eine Kurzhaarfrisur getragen. Ich konnte die Tränen hilfloser Wut nicht zurückhalten. Kurz darauf war alles vorbei, die Wut, der Widerwillen, der Kampf, das Ringen um Gehorsam. Ich war in Frieden. Alles war mir egal. Die Farben und Bewegungen waren aus mir verschwunden. Da war nur noch endlos stilles Weiß, erlösende Apathie, die meinen Geist und meinen Körper auf unwiderstehliche Weise betäubte. Ich spürte gar nichts mehr. Nicht einmal körperliche Schmerzen drangen mehr zu mir durch. Als einmal die schwere Klapptür zum Dachboden nicht schließen wollte und mir gegen die Stirn knallte, sodass ich unter der Wucht zu Boden ging, spürte ich nichts. Sr. Martha eilte aus ihrem Zimmer, weil sie den Knall gehört hatte. Wäre sie nicht erschrocken, hätte ich gar nichts gemerkt. Ich stand einfach auf und versuchte, die Tür wieder in ihre Verankerung zu heben. Auf meiner Stirn spross eine beachtliche Beule. Auch das war mir egal.

Ich funktionierte mühelos und widerspruchslos. Doch nach einigen Wochen verwandelte sich das Gefühl der Erlösung in eine sich langsam steigernde Beklemmung, die sich schließlich das erste Mal in einem Ausbruch wilder Tränen ihren Weg bahnte. In meiner Verwirrung tat ich etwas völlig Ungehöriges und Aufmüpfiges. Ich ließ meine Arbeit liegen und rannte auf die Straße. Ich fühlte mich, als müsste ich dem Erstickungstod entkommen. Mit tränenverlaufenem Gesicht, schluchzend, voller Angst, Schrecken, zielloser Wut und einem überwältigenden Freiheitsdrang lief ich richtungs- und orientierungslos durch Straßen, die ich nie zuvor gesehen hatte. Irgendwann beruhigte ich mich, blieb stehen, atmete tiefer und versuchte, klar zu werden. Was war geschehen? Was war denn los? Mein Gott, was war denn los? Ich wusste, dass ich nicht alleine spazieren gehen durfte. Außerdem musste ich bei meiner Arbeit sein. Ich musste unbedingt sofort nach Hause zurück. Nur widerwillig betrat ich das College wieder. Es sah mich an wie ein Gefängnis. Glücklicherweise hatte niemand mein Wegsein bemerkt.

In den nächsten Tagen stellte sich wieder die zuvor geschilderte Apathie ein, nur dass sie weniger das Antlitz einer Erlöserin als vielmehr das einer traurigen, aber treuen Begleiterin zeigte. Ich gewöhnte mich an sie. Sie erleichterte mir das tägliche Leben in der Gottesfamilie. Dennoch quälte sie mich auch, da sich Anfälle wie der oben geschilderte von nun an regelmäßig wiederholten. Das geschah manchmal während der Anbetung, sodass mir hemmungslos die Tränen übers Gesicht liefen, während ich gleichzeitig versuchte, mir sonst nichts anmerken zu lassen und den Anfall möglichst tapfer zu überstehen. Oft geschah es am Einkehrtag, wenn ich den ganzen Tag nur Beten und Betrachten sollte und mit mir alleine war. Aber bald schon fand ich eine Antwort auf die Frage, was denn da mit mir los sei. Es konnte nur eine Prüfung sein. Natürlich! Auf dem Weg der Bekehrung war es ganz normal, dass man geprüft wurde. Es war eine Art Berufungskampf. Dieser Gedanke erleichterte mich sehr, und ich begann sogar, meine Depressivität, meine Tränen und Anfälle wohlwollend zu betrachten. Sie waren ein Zeichen dafür, dass Gott mir schon sehr viel zumutete. In seinen Augen musste ich schon weit gekommen sein.

Braut Christi oder Prostituierte?

Nach einiger Zeit kam endlich die Erlaubnis, Auto fahren und Führungen im College geben zu dürfen. Eine Veränderung, die mein Inneres belebte und einige bunte Farbtupfer auf die weiße Leinwand der Gleichgültigkeit malte. Aber ich hatte mich zu früh gefreut. Ich durfte mich nicht mit Büchern auf die Führungen vorbereiten, sondern bekam nur eine Kassette, auf der eine Führung von Sr. Gisela aufgezeichnet war. Außerdem ging ich bei einigen Führungen meiner Mitschwestern mit, bevor ich selbst führen durfte.

Wir führten alle möglichen Arten von Gruppen und Einzelpersonen. Jeden Tag hatte eine von uns Bereitschaft und führte die Gäste, die jederzeit an die Tür kommen konnten. Das inoffizielle Ziel unserer Touren war es, Newman in einem bestimmten Licht darzustellen. Es wurde betont, wie er die Falschheit der Anglikanischen Kirche erkannt hatte, wie fromm und gottergeben er war, wie streng er fastete, dass er den Zölibat für die einzig richtige Lebensform der Priester hielt et cetera. Bald schon fiel mir auf, dass Anglikaner und Newman Scholars unsere Führungen mit höflich verborgener Irritation bis hin zu kaum verborgenem Spott zur Kenntnis nahmen. Den Schwestern schien das nicht aufzufallen. Ich selbst aber fühlte mich unwohl und hielt mich in den Führungen immer mehr zurück. Zugleich schaffte ich es, die Erlaubnis zu bekommen, die »Apologia pro Vita Sua« zu lesen und hatte schon bald ein etwas differenzierteres, wenn auch nicht ausreichendes Bild von Newman, um Führungen geben zu können, deren ich mich nicht mehr schämen brauchte. Darüber sprach ich mit Sr. Beate.

Ich spürte, dass sie leichter zu überzeugen war, als ich bisher gedacht hatte. Ich hatte es geschafft, ihr Vertrauen zu gewinnen. Sr. Beate war, wie gesagt, längst nicht so souverän im Umgang mit der Leitung und Begleitung der Schwestern wie Sr. Hilga. Im Gegenteil machte sie den Eindruck auf mich, dass sie sehr unsicher war und mit ihrer echten oder gespielten Mädchenhaftigkeit um Verständnis, ja um Liebe warb. Das wurde besonders in den Formungsgesprächen mit ihr spürbar. In der Regel gingen wir dabei spazieren, und immer öfter überkam mich das Gefühl, dass diese Spaziergänge etwas Intimes hatten. Sr. Beate war eine andere, wenn wir zu zweit alleine waren. Ihre Mädchenhaftigkeit blühte förmlich auf, ihr Strahlen wurde intensiver, ihre Stimme schmeichelnder, und wenn sie mich ansah, wurde sie rot. Ich fühlte mich geehrt, zugleich aber fühlte ich mich seltsam angefasst. Ich konnte das alles lange nicht einordnen. Zu meinem Erschrecken stellte ich fest, dass es zu immer offeneren Eifersuchtsszenen zwischen Sr. Josefa, Sr. Martha und mir kam. Ich war in der Formung. Ich hatte also regelmäßig Einzelgespräche mit Sr. Beate. Die anderen beiden waren eifersüchtig auf mich! Ich meinerseits begann ähnliche Gefühle zu hegen, wenn Sr. Beate mit Sr. Josefa stundenlang irgendwelche Verwaltungsangelegenheiten besprach. Wie seltsam das war. Ich fühlte mich unwohl. Ein merkwürdiger Machtkampf spielte sich ab, in dem es um ein eigenartiges Gemisch aus Geltungsbedürfnis, Einflussnahme, Anerkennung, Liebe und Zärtlichkeit ging. Wer hatte den größten Einfluss auf Sr. Beate? Wen hatte sie am liebsten? Wir begannen, uns regelrecht zu zerfleischen. Streitigkeiten wegen Kleinigkeiten arteten aus. Ich spürte, wie absurd diese ganze Situation war und wollte ausbrechen aus diesem Strudel emotionaler Abhängigkeit, wusste aber nicht wie.

Einige Wochen später geschah etwas Merkwürdiges. Ich war nach dem Abendessen noch kurz in die Bibliothek gegangen, wo der Flügel stand, wozu weiß ich nicht mehr. Da kam Sr. Beate herein.

Sie war mir gefolgt, hatte mich offenbar gesucht, wollte etwas von mir. Sofort umgab mich die schon gewohnte, zugleich unbeholfene und zuckersüße Nähe, die sie unwillkürlich jedem gegenüber an den Tag zu legen schien. Sie fragte etwas, sagte etwas – ich weiß nicht mehr was – und schlug dann vor, dass wir uns noch einmal kurz an den Flügel setzen sollten, um ein Stück zu üben. Wir hatten schon das ein oder andere Mal einen von den Strauss-Walzern versucht und machten dort weiter. Wir spielten »Rosen aus dem Süden« und »Wiener Blut«. Die Zeit für die Abendanbetung rückte näher, und wir hörten mit dem Spielen auf. Aber Sr. Beate blieb sitzen. So nah wie wir uns körperlich waren, schien sie mit ihrem Blick und ihrem ganzen Sein geradezu in mich einzudringen. Ich fühlte mich hilflos, verwirrt und versuchte mich mit meinen Augen und Händen am Klavier festzuhalten. Sr. Beate sprach, ich weiß nicht mehr was. Die Zeit verging. Die Abendanbetung hatte längst begonnen. Sr. Josefa und Sr. Martha knieten seit über 20 Minuten in der Kapelle, während wir hier saßen, zu zweit auf dem Klavierschemel, Knie an Knie, in der halbdunklen Bibliothek, und Sr. Beates Stimme und Nähe mich zu verschlingen drohten. Was ging vor? Meine Gedanken waren gelähmt. Es verging eine Ewigkeit, bis wir uns endlich erhoben. Die Anbetung war längst vorbei. Bevor wir die Bibliothek verließen, blickte Sr. Beate mir mit einem über und über geröteten Gesicht tief in die Augen. Ich blickte beschämt zu Boden, und sie schloss mich in ihre Arme.

Erst als ich wieder in meinem Zimmer war, wurde mir bewusst, was geschehen war und was Sr. Beate getan hatte. Nie zuvor hatte sie mich in den Arm genommen. Es war nicht normal, es war längst nicht mehr im Rahmen eines gewöhnlichen Verhältnisses zwischen Verantwortlicher und Novizin. Sie wollte etwas von mir, ich wagte nicht zu denken, was. Sie spielte mit meiner Abhängigkeit von ihr, mit ihren und meinen Gefühlen. Sie nutzte mich aus. Bestürzt füg- te ich Puzzleteil zu Puzzleteil, die Erlebnisse der letzten Tage und

Wochen zueinander. Sie tat das mit uns allen. Bewusst oder unbewusst manipulierte sie uns. Sie führte uns nicht, sondern sie verführte uns. Sie brauchte unsere Zuneigung. Sie gierte danach wie eine Pflanze nach Licht, und sie nahm sich, was sie wollte.

Der Traum

In der folgenden Nacht hatte ich einen Traum, der die bedrückenden und verwirrenden Ereignisse der letzten Jahre und Tage zusammenfasste und mir in gewisser Weise offenbarte, was in der Gottesfamilie mit mir geschah. Ich träumte, dass Sr. Beate uns drei Schwestern zu sich rief. Sie hatte einen speziellen Auftrag für uns: Jede von uns sollte zu einem der drei Priester im Hl. Bündnis gehen und mit ihm schlafen. Sr. Josefa und Sr. Martha gingen, ich aber sträubte mich, woraufhin Sr. Josefa mich vorwurfsvoll ansah und Sr. Beate mich ermahnte: »Das tun wir manchmal. Das brauchen sie einfach. Jetzt zier dich nicht so. Gehorche einfach«.

Aber ich war außer mir. »Nein! Nein!«, schrie ich und schlug um mich, bis ich endlich erwachte. Es war nur ein Traum. Aber ich war bestürzt, denn ich erkannte, dass das in gewisser Weise die Wirklichkeit war.

Wir lebten nicht wie Bräute Christi, sondern wie Prostituierte. Wir lernten, uns zu fügen und zu gehorchen, indem wir unsere Freiheit, unseren Willen, unsere Gefühle und unseren Verstand aufgaben. Sie wurden uns regelrecht abtrainiert. Die Scheinargumente, denen sie unterworfen wurden, lauteten genauso, wie ich es geträumt hatte: »Wir tun das« oder »Tu es im Gehorsam«. Wir hatten kein Recht auf Einwände. Nur eine Schwester, die entgegen aller Zweifel und allem Widerwillen gehorchte, war eine gute Schwester. Diese Erkenntnis beunruhigte mich enorm. Dennoch drang sie nicht richtig zu mir durch. Der Traum war wie das letzte Aufbäumen meines alten Ich, das vor seinem endgültigen Erlöschen einen verzweifelten Hilferuf ausstieß. Aber ich war schon viel zu sehr in der Logik und den Hierarchien der Gottesfamilie gefangen, um diesen Hilferuf in seiner ganzen Tragweite zu erfassen. Nicht im Entferntesten dachte ich an einen Austritt aus der Gottesfamilie. Sie war ja eine von Gott geschenkte Berufung für die Nöte der Kirche in unserer Zeit. Ich hatte nur erlebt, was passiert, wenn eine überforderte Verantwortliche in einer kleinen Gemeinschaft die Kontrolle über die zwischenmenschliche Dynamik verliert und dies auch noch ausnützt. Niemals wäre mir in den Sinn gekommen, dass das auch in anderen Zentren der Gottesfamilie der Fall sein könnte, ja, dass es vielleicht sogar der Normalfall war.

Brief an Mutter Marozia

Es gab nur einen Ausweg aus dieser Situation. Sr. Hilga hatte mir ganz zu Beginn gesagt: »Wenn es ein Problem mit deiner Verantwortlichen gibt, kannst du dich damit direkt an Mutter Marozia wenden.« Nun war dieser Augenblick gekommen. Ich schrieb Mutter Marozia einen Brief und schilderte ihr, wie sich die Situation in unserem englischen Zentrum in den vergangenen Monaten zugespitzt hatte. Ich brachte den Brief heimlich zur Post, damit ihn niemand abfangen konnte – und wartete. Was erwartete ich? Ich weiß es nicht. Ich hatte meine Pflicht getan und das Ganze in die Einheit gelegt. Nun war es an Mutter Marozia, etwas zu unternehmen.

Einige Wochen später erhielt ich einen Anruf von Sr. Gisela. Sie sagte mir nur, dass Mutter Marozia meinen Brief erhalten habe und dass ich nach Jerusalem geschickt würde. Vorerst für sechs Wochen, dann werde man weitersehen. Sonst sagte sie nichts. Mein Flug ging schon in der folgenden Woche. Was würde aus den Mitschwestern werden? Wusste Sr. Beate, dass ich diesen Brief geschrieben hatte? Hatte Sr. Gisela schon mit ihr geredet? Wie viele Personen hatten meinen Brief überhaupt gelesen? Das alles erfuhr ich nicht.

Ankunft in Jerusalem

Die Ankunft am Flughafen von Tel Aviv war ein Schock. Eine Sicherheitsbeamtin nahm mich auf die Seite, sobald ich das Flugzeug verlassen hatte, und stellte mir in einschüchterndem Tonfall und mit rasender Geschwindigkeit eine Frage nach der anderen. Meine Kleidung kam mir wieder in den Sinn. Ich fühlte mich elend. Glücklicherweise hatte ich keine Schwierigkeiten, ihr knapp und deutlich zu antworten. Es dauerte aber auch danach noch über drei Stunden, bis ich den Flughafen verlassen konnte. Das beklemmende Gefühl, das mich angesichts der peinlichen Kontrolle und der überall postierten Soldaten mit ihren Maschinengewehren überkam, sollte in den kommenden sechs Wochen nicht mehr von mir weichen. Als ich ins Freie trat und meinen Blick über die kleine Anzahl von Menschen streifen ließ, erkannte ich die Mitschwester sofort. Eine ältere Frau in einem weiten, wadenlangen Rock und einer langärmeligen Bluse: Sr. Leonique. Ein Pater hatte sie begleitet und brachte uns nun mit dem Auto nach Jerusalem.

Ich hatte keine Vorstellung von Jerusalem. Ehrlich gesagt hatte ich auch kein Bedürfnis, diese Stadt zu sehen. Ich blickte hinaus auf die karge Landschaft, die die Autobahn säumte, und hörte die Stimme von Sr. Leonique. In dieser fremden Umgebung zwischen lauter mir bisher unbekannten Menschen fühlte ich mich wie an den Strand gespült. Noch vor ein paar Tagen wusste ich nicht, dass ich jetzt hier sein würde. Ich würde keine Chance haben, hier mit irgendjemandem über die verwirrenden Eindrücke der letzten Monate zu sprechen. Ich war einfach weggeschickt worden, wie ein Möbelstück oder sonst ein Gegenstand, dessen Besitzern einfällt, dass sie ihn plötzlich woanders besser brauchen können. Das Auto erklomm mühsam die steile Straße hinauf zum Löwentor. Als wir ausstiegen, waren wir ganz in der Nähe des Tempelberges im muslimischen Teil der Jerusalemer Altstadt. Hier sorgten die

Schwestern sich um den Haushalt einer Missionskongregation. Wir gingen durch ein Tor, das das Grundstück zur Straße hin abriegelte. Rechts lag das große Haus der Missionare, links führten ein paar Stufen hinauf zum kleinen Haus, in dem die Schwestern wohnten. Sie standen schon bereit, mich zu begrüßen: Sr. Marijke, eine ältere Belgierin, von der man sagte, dass sie lange Zeit Mutter gepflegt hatte, Sr. Marlis, eine stämmige, arbeitsame und immer strahlende Tirolerin, und Sr. Agatha, eine zierliche Österreicherin.

Ich hatte kaum mein Zimmer gesehen, da führte Sr. Leonique mich schon wieder hinaus auf die Straße. Ich hätte heute doch noch keine Messe gehabt. Um 18.00, das war in einer Viertelstunde, sei die Messe in der Grabeskirche. Sie würde mich jetzt dorthin begleiten. Ich war überfahren und fühlte mich alles andere als bereit, jetzt direkt dorthin zu gehen. Aber ich hatte keine Wahl. Die Eindrücke überforderten mich: die Via Dolorosa, der Souk, Gerüche und Klänge, die mir völlig fremd waren, dazwischen streunende Katzen, die sich mit ihrem schmutzigen Fell und ihren hässlichen Narben kaum von den Ratten unterschieden, die ich um die Ecken huschen sah, und an jeder Ecke blutjunge israelische Soldaten und Soldatinnen mit Maschinengewehren.

Schließlich betraten wir die Grabeskirche. Auch wenn ich mir keine genauen Vorstellungen gemacht hatte, hatte ich doch etwas völlig anderes erwartet. Der Lärm, die vielen Menschen, die griechischen, russischen und koptischen Mönche, die mit ihrem lauten Gesang ihre jeweiligen Hoheitsgebiete innerhalb der Kirche zu verteidigen schienen – mir wurde das alles zu viel, und ich konnte meine Tränen nicht mehr zurückhalten. Ich konnte nicht mehr. Ich wollte nur noch Ruhe. Und der einzige Ort, an dem ich sie sonst finden konnte, die Messe, war in einen Basar verlegt worden.

Ich war froh, dass in Jerusalem dasselbe Prinzip galt wie auch in Rom und in England: wir sind zum Dienen hier und nicht zur Stadtbesichtigung. Das hieß, dass ich die nächsten Wochen hauptsächlich im Haus verbrachte und kaum raus auf die Straße musste, in die bedrückende Atmosphäre einer bis aufs Blut umkämpften Stadt.

Ich stellte bald fest, dass die Arbeit in Jerusalem um einiges härter war, als ich es aus den anderen Zentren kannte. Der Tag begann früher. Schon um 5:45 fanden sich die Schwestern zum Gebet in der Hauskapelle ein, um das Stundengebet absolviert zu haben, bevor sie zur Messe gingen. Der restliche Tag bis in den späten Nachmittag war Arbeit. Sr. Leonique arbeitete in der Stadt, im Christian Information Center. Die anderen arbeiteten für die Missionare: Sr. Marijke in der Wäsche und Sr. Agatha in der Küche. Sr. Marlis sprang immer dort ein, wo sie gerade am nötigsten gebraucht wurde. Ich war die meiste Zeit in der Küche. Dort wurde täglich ein reichhaltiges Frühstück sowie mittags und abends je eine mehrgängige warme Mahlzeit für über fünfzig Personen zubereitet, praktisch alleine von Sr. Agatha. Obwohl sie zerbrechlich schien wie ein Strich in der Landschaft, arbeitete sie, als gäbe es nichts anderes auf der Welt. Die Küche war mehr schlecht als recht eingerichtet. Es gab nicht einmal einen Dampfabzug, sodass wir die Wände der Küche regelmäßig mit purem Ammoniak abreiben mussten, um das Fett wieder wegzubekommen. Dennoch war ich erleichtert. Hier gab es nur Arbeit mit klar aufgeteilten Rollen und keine Machtspielchen zwischen den Schwestern. Ich wäre noch mehr erleichtert gewesen, hätte es nicht auch komische Auswüchse gegeben. Die Eierschalen, die ich abkochen, mit dem Mörser zerkleinern und unter die Marmelade mischen sollte. Die Marmelade, die wir aus den Schalen ausgepresster Zitronen zubereiteten. Das Putzen mit purem Ammoniak. Alles Arbeitsaufträge, gegen die sich etwas in mir sträubte, aber nur mehr dunkel und unbestimmt. Ich schaffte es nicht mehr, Gründe für dieses Gefühl zu formulieren oder gar Gegenvorschläge zu machen, also tat ich, was mir gesagt worden war.

Schon bald wurden die Tischgespräche zu einer Qual. Ich brauchte eine gewisse Zeit, bis ich das Durcheinander politischer und religiöser Begriffe, mit denen hauptsächlich Sr. Leonique und Sr. Marijke um sich warfen, halbwegs aufdröseln konnte. Die Schwestern hatten das Gefühl, alles beurteilen und alles durchschauen zu können, mit göttlichem Blick sozusagen. Sie prognostizierten mit einer gewissen Lust, dass der Nahost-Konflikt immer schlimmer werden würde. Die Christen anderer Konfessionen verachteten sie, für die Bekehrung der Missionare beteten sie. Soviel prophetische Selbstsicherheit hatte ich bisher nur bei Mutter Marozia erlebt. Erst langsam merkte ich, dass die Gottesfamilie insgesamt dieses »prophetische Erbe« der Gründerin nie aufgegeben hatte, sondern nur gelernt hatte, es sorgsam vor den Augen und Ohren der Nichteingeweihten zu verbergen. Ich sollte erst später, im Noviziat, damit in Berührung kommen.

Verwirrende Erfahrungen

Zu den verwirrenden Erfahrungen, die ich in Jerusalem machte, gehörten neben der Stadt an sich, mit ihren zahllosen Konflikten, vor allem zwei Gespräche. Das erste Gespräch fand bei einem Barbecue im Garten statt. Eine größere Gruppe von Patres aus aller Welt hatte ihren Studienaufenthalt im Heiligen Land beendet und feierte dies mit einem Barbecue, zu dem auch die Schwestern eingeladen worden waren. Für Schwestern der Gottesfamilie waren solche Einladungen immer eine gewaltige Herausforderung. Sie waren es ja nicht gewohnt, entspannt dazusitzen und sich zu unterhalten. Dazu kam, dass eine Schwester nichts hat, worüber sie reden kann. Von sich selbst darf sie nichts erzählen, eigene Ideen, Interessen und Standpunkte darf sie auch nicht haben, vom Welt- und Tagesgeschehen hat sie keine Ahnung, über ihre eigene Gemeinschaft darf sie nur in den höchsten Tönen sprechen, und vieles, was in der Gemeinschaft geschieht und gedacht wird, darf nicht erwähnt werden. Das Einzige was ich bleibt, ist Fragen stellen und Zuhören.

Das war also auch meine Strategie, als ich als Einzige von den Schwestern zum Barbecue der Missionare geschickt wurde und mit meinen 22 Jahren als einzige Frau in einem Kreis angeheiterter, wesentlich älterer Männer saß. An sich schon eine Situation, in der ich mich unwohl fühlte. Meine Strategie ging nicht auf, weil einige der Patres dazu aufgelegt waren, mich aus der Reserve zu locken. Sie stellten mir alle möglichen Fragen, auf die ich so knapp und ausweichend wie nur möglich antwortete. Schließlich fragten sie, wie viele Mitglieder die Gottesfamilie pro Jahr verlassen. »Niemand«, antwortete ich spontan. Natürlich, ich hatte noch nie davon gehört, dass jemand aus der Gottesfamilie ausgetreten war, und ich war fest davon überzeugt, dass es das »bei uns« nicht gab. Die Patres lachten, und ich fühlte deutlich, für wie naiv sie mich hielten. Darauf begannen sie von Mitbrüdern zu erzählen, die ihre Kommunität verlassen hatten. Besonders die Erzählung von einem, der eine Afrikanerin geheiratet hatte, empfand ich als sehr schockierend. Die Patres aber lachten. Sie nahmen, was ihr Verhältnis zu ihrer Gemeinschaft, ihrem Gründer und ihren Mitbrüder anging, kein Blatt vor den Mund. Ich fühlte mich extrem unwohl. War ich wirklich naiv? Ich hatte Mühe, die Frage beiseite zu schieben. War wirklich niemand ausgetreten? Aber warum sollte man mir das verschweigen? Schlagartig fiel mir Fr. Anthony ein.

Das zweite Gespräch war noch verwirrender. Eine Amerikanerin besuchte uns gemeinsam mit ihrer Tochter. Beunruhigt erzählte sie von Schlagzeilen über die Legionäre Christi. Hier musste ich übersetzen, weil Sr. Leonique – die einzige Mitschwester in Jerusalem, die Englisch sprach – nicht verstand, worum es ging. Es sollte Fälle von sexuellem Missbrauch gegeben haben. Wir kannten diese Schlagzeilen natürlich nicht. Und ich war es, die im Brustton der Überzeugung versicherte, dass das Verleumdungen sein müssten. In einer so papst- und kirchentreuen Gemeinschaft konnte es einfach keine so gravierenden Missstände geben. Woher aber kamen diese Anschuldigungen? Was, wenn sie wahr waren? Ich konnte das schlicht nicht glauben. Es wäre zu absurd gewesen, besser gesagt: es war in meinem Weltbild einfach ausgeschlossen.

Eine Woche bevor meine sechs Wochen in Jerusalem abgelaufen waren, rief Sr. Marijke mich ans Telefon in der Wäscherei. Mutter Marozia wollte mich sprechen. Sie sagte nichts, außer: Es sei alles gut. Ich würde nun zuerst einmal ins Mutterhaus kommen. Ich bedankte mich. Dann legte sie auf. Was meinte sie? Würde ich ins Mutterhaus versetzt? Wahrscheinlich. Dennoch ging mein Rückflug zunächst nach London. Ich musste meine Sachen noch packen. Wie lange würde ich noch dort bleiben? Es wurde ein Rückflug ins Ungewisse.

6. ZURÜCK IN ROM

In England und im Mutterhaus

Erst als ich wieder in England war, erfuhr ich, was mit mir geschehen sollte. Ich sollte nach Rom kommen, das Mutterhaus war nur eine Zwischenstation gewesen. Mein Flug ging schon nächste Woche. Es gelang mir nicht, etwas mit dieser Nachricht zu verbinden. Meine Gefühle waren schon so nachhaltig gelähmt, dass sie nicht mehr spontan funktionierten. Rom, das Mutterhaus, alles war mir einerlei. Es löste nichts in mir aus. Nur ein Gefühl war klar und deutlich. Es war anstrengend, schon wieder aufzubrechen. Wie oft hatte ich in den letzten Jahren völlig unerwartet und unvorbereitet mein komplettes Umfeld wechseln müssen. Ich hatte keine Kraft mehr dazu. Aber es half nichts.

Im Mutterhaus gab es endlich ein Gespräch mit Mutter Marozia. Ich war angespannt und erwartete viel von diesem Gespräch. Ich hoffte, Mutter Marozias Einschätzung zu erfahren. Konnte sie mir erklären, was geschehen war? Würde sie noch Fragen dazu haben? Und was hatte sie vor? Aber von alledem kam nichts. Sie hörte mir nicht einmal zu. Sie sprach ein wenig über die schwierige Kindheit von Sr. Beate und sagte dann nur zwei Dinge: Ich hätte richtig gehandelt, indem ich mich an sie gewendet hatte, und ich bräuchte jetzt mit niemandem mehr darüber reden, auch nicht mit Sr. Hilga. Das sei besser so. In einem Anflug von Verzweiflung rang ich mich dazu durch, ihr von meinem Traum zu erzählen. Aber Mutter Marozia verstand meinen Traum nicht. Sie schien zu glauben, ich spräche über sexuelle Fantasien und kam wieder auf ihr Lieblingsthema: die Versuchbarkeit der schwachen menschlichen Natur und dass gerade wir als Gottgeweihte ein Lieblingsziel des Widersachers waren, der uns seine bösen Gedanken einflüsterte. Sie machte ihre übliche gewichtige Miene und sah mir mit prophetischer Sicherheit in die

Augen. Mein Verdruss kannte keine Grenzen. Dennoch folgte ich der mir inzwischen durch und durch vertrauten Regel. Gott handelt durch die Verantwortlichen, auch wenn sie nicht perfekt sind. Sollte ich Mutter Marozia nicht vertrauen? Immerhin hatte sie mich aus einer misslichen Lage befreit. Es würde sicher alles gut werden.

Ankunft in Rom. Die neue Hausgemeinschaft

Es war Juni 2006, kurz vor dem Herz-Jesu-Fest, als ich in Rom ankam. Nun war Sr. Hilga wieder meine Verantwortliche und P. Konrad mein Beichtvater. Dennoch war längst nicht alles beim Alten. Die Hausgemeinschaft hatte sich gewandelt. Anstelle von P. Jan, der versetzt worden war, war nun P. Jodok der Verantwortliche für die Mitbrüder im Haus und Regens des Seminars. P. Nicolaas und fr. Tom hatten die Gemeinschaft verlassen. Der Erste war laut Sr. Hilga von seiner ungläubigen Schwester dazu verführt worden und hatte obendrein sein Priesteramt aufgegeben. »Wir können nur noch für ihn beten. Außenstehende wissen es vorerst nicht, und es wäre auch besser, wenn sie es nicht erfahren. Wir sprechen auch untereinander nicht darüber«. Da hatte ich nun die Erklärung, warum ich bisher nichts von ausgetretenen Mitgliedern gehört hatte. Wir sprachen nicht darüber. Bei fr. Tom war die Lage eine andere, er war von der Gemeinschaft fortgeschickt worden, nachdem sich herausgestellt hatte, »dass er gewisse mit der Lehre der Kirche unvereinbare Neigungen« hatte. Sr. Helen, die gerade mit Müh und Not ihre Promotion abschloss, sollte schon in den nächsten Wochen in die USA aufbrechen und dort gemeinsam mit Sr. Josefa ein neues Zentrum eröffnen. Außerdem würde fr. Alwin uns verlassen, um ab Sommer wieder im Mutterhaus zu sein. Er beendete mit diesem Semester sein Theologiestudium.

Auf diese letzte Nachricht folgte eine Ankündigung, die mich geradezu euphorisierte. Ich sollte die Bibliothek übernehmen, die er bisher verwaltet hatte. Das hieß, dass mein ausschließliches Hausarbeits-Dasein endlich ein Ende hatte. »Fr. Alwin weiß es schon und freut sich, dass du seine Nachfolgerin wirst. Er wird dir in den nächsten Wochen eine Einweisung in die Bibliotheks-Arbeit geben.« Noch etwas änderte sich. Sr. Hilga wollte die Verantwortung für die praktischen Belange des Hauses und der SG an Sr. Ivana abgeben, die im Herbst nach Rom versetzt wurde. Bisher hatte sie die Küche im Mutterhaus geleitet. Ich wunderte mich, wie sie diese Aufgabe ohne Vorbereitung und ohne Italienischkenntnisse meistern sollte. Immerhin sollte sie ein Stück weit die Repräsentation und äußere Leitung der Schwestern übernehmen. Aber das hatte sich der Schwesternrat sicher gut überlegt, dachte ich. Vielmehr aber beschäftigte mich der Grund, aus dem diese neue Aufgabenverteilung notwendig geworden war. Sr. Hilga hatte nun viel außer Haus zu tun, woran nicht zuletzt das Pontifikat Benedikts XVI schuld war. Und es gab eine Menge neuer Kontakte und Freunde der Gottesfamilie.

Die Bibliothek und Abschied von fr. Alwin

Ich freute mich wahnsinnig, dass ich in der Bibliothek arbeiten durfte. Aber Sr. Hilga hielt es für nötig, meine Euphorie zu bremsen, und kündigte an, dass ich natürlich weiterhin in Küche und Wäsche arbeiten würde. Ein Tag in der Woche konnte für die Arbeit in der Bibliothek bleiben. Außerdem war natürlich völlig klar, dass ich die Bücher nur sortieren und etikettieren, nicht aber lesen sollte. Und: »Die Verantwortung für die Bibliothek liegt nicht allein bei dir. P. Jodok trägt die Letztverantwortung, und er geht auch bei der Einführung mit. Es ist ungut, wenn du da mit fr. Alwin alleine bist.« Diese Ankündigungen zerstörten meine Vorfreude unmittelbar und gründlich. Schuld daran war nicht nur ihr Inhalt, sondern vor allem der Ton. Ich spürte deutlich, dass Sr. Hilga mir die Freude an der Bibliotheksarbeit nicht zugestehen wollte. Sie, die selbst keine intellektuelle Neigung besaß, die nie studiert hatte und kaum über Allgemeinbildung verfügte, konnte entweder nicht ermessen, was mir Bücher bedeuteten, oder schlimmer: als erfahrene Ausbildnerin wusste sie, dass eine Schwester weniger lenkbar ist, sobald sie etwas hat, das ihr etwas bedeutet. Lange, bevor ich es auch nur ahnte, spürte sie, dass ich ihr entgleiten könnte. Ich versuchte, diesen Dämpfer gehorsam anzunehmen, aber es gelang mir nicht. Ich geriet in einen unbewältigbaren inneren Zwiespalt.

Fr. Alwin freute sich aufrichtig, dass ich seine Nachfolgerin werden sollte. Bei der ersten Gelegenheit fragte er höflich neugierig: »Und, wissen Sie es schon?« Seine Freude berührte mich. »Viel Zeit bleibt uns nicht mehr. Wir müssen bald einen Termin ausmachen, damit ich Sie in Ihr neues Aufgabenfeld einführen kann«, sagte er, und mein Herz tat einen Sprung bei diesen Worten. Dennoch behielt der Verdruss die Oberhand. Wenn Sr. Hilga nicht wollte, dass ich mich an dieser Arbeit freute, würde ich mich nicht freuen. Wenn sie nicht wollte, dass ich mit fr. Alwin alleine war und mich mit ihm unterhielt, dann würde ich mich eben nicht mit ihm unterhalten. Der verzweifelte Trotz hatte mich wieder mit aller Gewalt im Griff. Ich werde seiner Einführung folgen wie einer Frühstücksvertiefung von P. Konrad. Ich werde die Bücher etikettieren wie ich in der Wäsche die Unterhosen zusammenlege oder in der Küche die Reste verräume: gewissenhaft, ordentlich, dienend, mit anderen Worten emotionslos. Und so kam es dann auch.

Zu meinem Erstaunen war P. Jodok nicht bei der Einführung dabei. Er sagte, er habe Besseres zu tun. Und so war ich tatsächlich mit fr. Alwin allein, aber ich verbot es mir, mich darüber zu freuen. Stumm und mit versteinerter Miene folgte ich seinen Ausführungen, stellte nur hin und wieder in möglichst distanziert-sachlichem Ton eine Frage. »Welche Freude«, bemerkte er hilflos-lakonisch. Beinahe tat er mir leid, aber ich brachte es nicht mehr fertig, innerlich ganz umzuschwenken. Die Bibliothek hatte zum damaligen Zeitpunkt um die 6000 Bücher in über sieben Sprachen, hauptsächlich in den Bereichen Philosophie und Theologie. Dazu kamen Wörterbücher und Sprachkurse, Kunstbände und ein wenig katholische Belletristik. »Den spirituellen Teil der Einführung schenken wir uns. Das kennen Sie ohnehin schon«, sagte er »und wenn Sie mich fragen, halte ich es für Unfug, die Bücher zu verwalten aber nicht zu lesen. Aber das müssen Sie selbst entscheiden.« Mit diesen paar Worten hatte er eine ganze Reihe Regeln für die Kommunikation unter Mitgliedern gebrochen. Er hatte wie selbstverständlich die Priorität des Spirituellen relativiert, das Bücherleseverbot in Frage gestellt, meine eigene Entscheidungsfreiheit betont und mich als gleichwertig angesprochen. Das erlebte ich zum ersten Mal. Bisher hatte niemand in der Gemeinschaft mir gegenüber Regeln offen infrage gestellt. Ich versuchte mich innerlich dagegen zu verwahren. Schließlich waren wir eindringlich vor einem solchen Verhalten gewarnt worden. Ich beschloss, dass ich einen Mittelweg finden würde, im Umgang mit den Büchern. Er erklärte mir die Systematik, nach der die Bücher aufgestellt waren, die Dewey-Dezimal-Klassifikation. Er hatte sie eingeführt und damit die vorher gebräuchliche und weniger effiziente Eigensystematik der Gottesfamilie abgelöst. Nun mussten alle Bücher der Bibliothek sowie einige hundert Neuzugänge in diese Systematik aufgenommen werden, wozu sie erstmals mit Etiketten versehen und im Computer erfasst wurden. fr. Alwin hatte diese Arbeit schon weit vorangebracht, war aber noch lange nicht damit fertig. Ich sollte sie zu Ende führen.

Im ersten Moment fühlte ich mich tatsächlich ein wenig überfordert. Bis auf die drei Newman-Bücher, die ich in England hatte lesen dürfen, hatte ich seit drei Jahren kein einziges Buch mehr in der Hand gehabt (abgesehen vom Stundenbuch und dem Schott). Und nun sollte ich Bücher nach verschiedenen theologischen Fachgebieten sortieren, wo ich doch von Theologie keine Ahnung hatte. Aber fr. Alwin schien nicht im Geringsten an meinen

Fähigkeiten zu zweifeln. Er sagte wie nebenbei: »Viele Mitglieder werden in der Gemeinschaft unter ihren Fähigkeiten eingesetzt. Sie könnten viel mehr tun.« Bezog sich das auf mich? Ich wusste es nicht, aber der Satz blieb hängen. Zu Übungszwecken ließ fr. Alwin mich Bücher mit und ohne Etiketten einsortieren, wobei ich schließlich nur an einem von zehn scheiterte, ein Werk über »Staurologie«, ein mir unbekanntes Wort. Ich konnte auch aus dem Inhaltsverzeichnis und dem Klappentext nicht erschließen, worum es gehen sollte. »Wenn Sie vor so einem Problem stehen: Dafür gibt es hier unseren Internet-Computer!«, sagte er und setzte mich dort vor den Bildschirm. Ich zögerte. Musste ich nicht erst Sr. Hilga fragen, ob ich ins Internet durfte? Aber fr. Alwin ließ mir für diese Überlegung keine Zeit. Wohl ahnend, dass dies mein erster Kontakt mit dem Netz war, zeigte er mir, wie ich Begriffe in Suchmaschinen eingeben konnte und öffnete gleich noch ein paar andere Seiten, die für die Bibliotheksarbeit hilfreich sein konnten. Er zeigte mir auch die Bibliotheksportale der römischen Universitäten und Kataloge großer Verlage. »Ein guter Kommentar zum Alten Testament, das fehlt uns. Und was Sie auch immer kaufen können, das sind die Fontes Christianae«. Ja, fr. Alwin hatte ein Budget für die Bibliothek durchgesetzt. Aber das durfte nicht ich verwalten. Das war Sache von P. Jodok, den ich bei jeder Anschaffung fragen musste, was zu tun ich bald müde wurde, da er grundsätzlich an der Notwendigkeit von Neuanschaffungen zweifelte. Insgesamt hatte ich zwei oder drei Einführungsstunden mit fr. Alwin. Zum Schluss versicherte er mir noch, dass ich ihn immer anrufen könne, wenn ich Fragen hätte, und kündigte an, bald ein richtiges Bibliotheksprogramm für die Gemeinschaft anzuschaffen, um uns die komplizierte Arbeit mit mehreren provisorischen Programmen zu ersparen.

Einige Tage später wurde dann der Abschied von fr. Alwin gefeiert, indem zum Nachtisch Cola in großen Gläsern ausgeschenkt wurde, ein völlig unorthodoxes Getränk für unsere Verhältnisse.

Wir hatten es geschenkt bekommen, und so durfte es zur Freude von fr. Alwin und den jungen Hausbewohnern ausnahmsweise getrunken werden. Zusätzlich durften einige Mitbrüder am Abend das WM-Finale ansehen. Diese Weltlichkeit der Mitbrüder entsetzte uns Schwestern doch schwer, auch diejenigen, die die Cola noch schmunzelnd zur Kenntnis genommen hatten. Priester, die vor dem Fernseher sitzen und Fußballern zujubeln. Erschütternd! Sr. Hilga beruhigte uns, indem sie bemerkte: »Einige Mitbrüder müssen geistlich sicher noch wachsen«.

Schelten und zitternde Hände

Während meiner ersten Arbeitstage in der Bibliothek entdeckte ich ein schmales englisches Buch über Edmund Campion, einen englischen Konvertiten und Märtyrer im 16. Jahrhundert, dessen Name mir aus England vertraut war. Ich blätterte die ersten Seiten durch und beschloss, das Buch mit aufs Zimmer zu nehmen. Natürlich hätte ich fragen müssen, aber Sr. Hilga war gar nicht da. Sie würde erst nächste Woche wiederkommen, immerhin war es ein Buch über einen Heiligen. Am darauffolgenden Sonntagnachmittag und -abend las ich es in einem Zug durch. Pflichtbewusst wie ich war, erzählte ich Sr. Hilga bei unserem nächsten Gespräch davon. Sie reagierte fassungslos und deutlich erbost. »Was hast du dir dabei gedacht? Das hättest du nicht tun dürfen. Das nächste Mal fragst du vorher!« Ich war sehr geknickt und konnte ihre Reaktion nicht verstehen. Wieso war dieses Buch eine Gefahr für mich? Was war schlecht daran? Konnte ich nicht selbst beurteilen, was ich bedenkenlos lesen konnte? Nach einigen Wochen traute ich mich dennoch und fragte, ob ich ein anderes Buch lesen durfte, diesmal eines über verschiedene Überlieferungen zu Johannes dem Täufer. Sr. Hilga reagierte wie eine ungeduldige Mutter gegenüber einem dummen Kind und sagte in scharfem Ton: »Ich denke nicht, dass du das brauchst.« Mit diesen Worten verließ sie die Bibliothek. Damit war das Thema vorerst erledigt. Mir war klar, dass ich in absehbarer Zeit keine Aussicht auf eine Leseerlaubnis für gleich welche Bücher bekommen würde. Nun wagte ich erst recht nicht mehr, heimlich zu lesen.

Seit Sr. Josefa Rom verlassen hatte, war Sr. Esther die Verantwortliche in der Küche. Ich erkannte sie kaum wieder. Sie war zwar immer schon schüchtern gewesen, aber nun wirkte sie regelrecht verschüchtert. Öfter als einmal fiel mir auf, wie ihre Hände zitterten. Sie presste sie an ihren Körper, damit man es nicht merkte. Ich machte mir ernsthaft Sorgen, aber ich wusste, dass ich sie nicht darauf ansprechen sollte. Persönliche Dinge, gerade wenn es um Gesundheit und Sorgen ging, besprach man nur mit der Verantwortlichen, und Sr. Hilga würde sich sicher um Sr. Esther kümmern, dachte ich. Dennoch war ich beunruhigt. Auch fiel mir auf, dass P. Jodok immer wieder in der Nähe von Sr. Esther war. Er schien viel Zeit zu haben, in der Küche und anderswo Sr. Esther aufzusuchen und mit ihr zu reden. Erst viel später, als ich selbst in dieser Situation war, fiel mir auf, wie hilflos man als Schwester in einem solchen Moment ist. Man kann von seinem Arbeitsplatz nicht weg. Die kochenden Töpfe stehen auf dem Herd, die Mangel ist heiß, der Arbeitsprozess ist im vollen Gang, da kommt ein Mitbruder herein, und man muss ihn da stehen lassen und ihm zuhören, solange er will, ohne ausweichen zu können.

Im Sommer wurde Sr. Esther nach Irland geschickt und kam nicht mehr von dort zurück.

Die Familienarbeit und die neuen Freunde

Im Herbst kam Sr. Lene ins Ausbildungshaus, eine der wenigen Schwestern, die vor ihrem Eintritt eine Ausbildung zur Köchin genossen hatten. Außerdem kam Sr. Veronika, eine sehr junge Schwester aus Österreich. Sie schien fast noch ein Kind zu sein und wirkte auf mich wie eine kleine Schwester. Aber auch äußerlich änderte sich vieles. Eine Nachbarsfamilie hatte uns zur Taufe ihres jüngsten Sohnes eingeladen, der erste Junge nach drei Mädchen. Bei dieser Feier lernten wir eine ganze Reihe gut katholischer Familien kennen, die in der Folge zu uns eingeladen wurden. Nun hatte auch die Gottesfamilie ihre Familienarbeit und Aussicht auf die ersten italienischen Katakombenfamilien, der Nährboden für die so sehr ersehnten ersten italienischen Berufungen.

Die wohl viel wichtigeren Freunde der Gottesfamilie aber waren die mit Rang und Namen. Seit dem Beginn des neuen Pontifikats vermehrten sie sich stetig. Auch alte Bekannte kamen nun häufiger auf Besuch. Mittlerweile hatten wir oft mehrmals die Woche wichtige Gäste, die vor allem von Sr. Hilga empfangen wurden. Manche wurden zum Essen an den großen Tisch eingeladen, manche kamen nur zu einem Vier-Augen-Gespräch. Manche wurden zu zweit oder dritt eingeladen, die meisten aber kamen allein. Einige ließen Spenden da. Fast alle kamen aus dem Umfeld des Papstes, manche andere wollten wohl gerne dorthin. Man sagte uns, dass alle diese Personen die Tiefe des Charismas und den Reichtum der Spiritualität von »Mutter« erkannt hatten und daran Anteil haben wollten. Die meisten bekamen das neu erschienene Buch über Mutter geschenkt, aber vermutlich haben es die wenigsten gelesen. Unter unseren Gästen waren der Privatsekretär des Papstes, Mons. Georg Gänswein; der neue Vorsitzende der italienischen Bischofskonferenz Angelo Bagnasco; der neue Präfekt der Kleruskongregation Mauro Piacenza; Kardinal Marc Ouellet von Quebec, der einige Zeit später Präfekt der Bischofskongregation wurde; Mons. Guido Marini, der neue Zeremoniär des Papstes; Vincenzo Zani, der Sicherheitschef im Vatikan; Patrizio Polisca, der Leibarzt des Papstes; Kardinal Ruini, der ehemalige Vorsitzende der italienischen Bischofskonferenz; Cesare Catananti, der Chef der Gemelli-Klinik; Lorenzo Ornaghi, der Rektor der Katholischen Mailänder Universität Sacro Cuore, der später das Buch über die Gründerin der Gottesfamilie in seinem renommierten Verlag Vita & Pensiero veröffentlichte; Marcello Pera, Mitglied des italienischen Senats; Raffaele Farina, Präfekt der Vatikanischen Bibliothek, der später zum Kardinal erhoben wurde, und viele andere. Dazu kam ein ganzer Schwarm amerikanischer Priester und Seminaristen, die sich auf einmal für die Gottesfamilie interessierten.

Einer unserer liebsten Gäste war aber sicherlich Georg Ratzinger, der Bruder des Papstes. Wenn er in Rom war, kam er oft auch uns besuchen. Solange er im Päpstlichen Palast wohnte oder die Sommerwochen mit seinem Bruder in Castelgandolfo verbrachte, kümmerte sich Sr. Hilga um ihn. Sie las ihm vor, übersetzte bei Empfängen und Besuchen und ging mit ihm spazieren. Das war offiziell ihre Aufgabe in der Päpstlichen Familie. Der Papst hatte nämlich keine Schwestern der Gottesfamilie für seinen Haushalt genommen, sondern Memores Domini, Frauen der Bewegung Communione e Liberazione. Aber immerhin hieß es, der Heilige Vater hätte darauf bestanden, Sr. Hilga auch weiterhin in seiner Nähe zu haben, sodass sie nicht nur bei Georg Ratzingers Besuchen in der Terza Loggia war, sondern auch sonst regelmäßig. Sie konnte im Vatikan ein- und ausgehen, als ob sie dort wohnte. Ihr Name war allen Schweizergardisten wohl vertraut und öffnete auch uns alle Türen, sodass wir bei Päpstlichen Messen bald auf dem Sagrato oder im Altarraum Platz nahmen, unsere Autos im Vatikan parken und Urbi et Orbi von oberhalb der Kolonnaden aus mitverfolgen konnten. Ja, mehr noch, wir wurden mit Geschenken aus dem Päpstlichen Haushalt regelrecht überschüttet. Zum einen wurden Geschenke, insbesondere Lebensmittel an uns weitergeleitet (vor allem Fisch und Meeresfrüchte, denn die mochte der Heilige Vater nicht). Immer wieder erhielten wir aber auch andere Zuwendungen. Einmal machten wir beispielsweise einen Ausflug nach Pompei, in großen Autos aus dem vatikanischen Fuhrpark inklusive Chauffeuren.

In besonderer Erinnerung ist mir ein Abendessen mit dem Chef der Gemelli-Klinik geblieben. Er hatte Sr. Hilga gegenüber darauf bestanden, alle Schwestern zu einem Abendessen einzuladen. Abends um 20 Uhr saßen circa zwölf Schwestern um einen großen Tisch in einem römischen Restaurant. Unser Gastgeber überschlug sich vor Freundlichkeit. Er bestellte die gesamte Vorspeisenkarte, um uns mit den verschiedenen Köstlichkeiten der italienischen Küche vertraut zu machen. Zur Pasta tranken wir Wein, und das Essen hatte mindestens vier Gänge. Währenddessen erzählte er uns Geschichten aus seiner Jugend, wie er seine Frau kennengelernt und das erste Mal bei ihr übernachtet hatte. Alles nichts für Schwesternohren. Wir saßen angespannt und unbeholfen, völlig von der Situation überfordert, um den Tisch herum. Die meisten von uns waren es gewohnt, in der Küche zu stehen, während des Essens vom Tisch aufzuspringen und zu bedienen, nicht aber bedient zu werden, geschweige denn auszugehen. Zudem wurden wir müde, denn es war schon nach 22.00, eine Uhrzeit, zu der wir gewöhnlich längst schliefen. Stattdessen saßen wir in einem Restaurant und wussten nicht, wie wir uns verhalten sollten. Keine außer Sr. Hilga war es gewohnt, Gäste zu unterhalten, Geschichten zu erzählen, keine außer ihr wagte es, offen laut zu lachen, somit blieb wie gewöhnlich die ganze Unterhaltung an ihr hängen, während wir wie blöd danebensaßen. Erst gegen 23.30 wurden wir erlöst und konnten uns auf den Heimweg machen.

Besuche beim Heiligen Vater

Mit der Zeit kristallisierten sich vier Termine im Jahresverlauf heraus, zu denen die Gottesfamilie den Papst besuchte. Ein Advents- und ein Weihnachtssingen in der Päpstlichen Wohnung, eine Maiandacht auf der Päpstlichen Terrasse sowie ein Sommerfest in Castelgandolfo. Diese Termine verlangten von uns allen eine ziemlich aufwendige Vorbereitung. Alles wurde bis ins Kleinste festgelegt.

Die Lieder wurden Monate im Voraus ausgewählt und in stundenlangen Chorproben einstudiert. Sogar die paar Worte, die jeder von uns sagte, wenn wir dem Papst den Ring küssten, legten wir uns vorher bereit und klärten sie mit den Verantwortlichen ab. Als ich das erste Mal dabei sein durfte, war ich ziemlich aufgeregt. Die schieren Ausmaße des Palazzo Apostolico überwältigten mich. Die Wohnung in der Terza Loggia war für die Höhe der Räume erstaunlich gut geheizt. Unwillkürlich musste ich daran denken, wie wir in unseren Zimmern im Winter froren. Das Programm begann in der Privatkapelle des Papstes. Echte Tannen standen dort, an denen echte Kerzen brannten. Wir sangen die gregorianische Vesper, bevor wir uns in die Bibliothek begaben und um den großen Tisch dort Platz nahmen. Der Papst saß am Tischende und lauschte aufmerksam unseren Weihnachtsliedern. Neben ihm saß sein Bruder, gegenüber saßen die Memores sowie die beiden Sekretäre. Gegen Ende wurden die elektrischen Lichter gelöscht, und zu »Stille Nacht« wurden noch ein paar Wunderkerzen am Baum entzündet. Ein Brauch aus der Kindheit des Papstes, der ihm, wie Sr. Hilga wusste, viel bedeutete. Schließlich ergriff der Heilige Vater selbst das Wort und bedankte sich, indem er alles noch einmal in ein paar Worten zusammenfasste. Dann standen wir auf, küssten ihm der Reihe nach den Ring und gingen wieder. Das war die immergleiche Prozedur. Nur, dass es im Advent Adventslieder gab, im Mai eine Marienprozession und im Sommer ein Sommerfest mit traditionellen weltlichen Liedern. Für den Papst wäre das Erholung, sagte man. Für die Gottesfamilie war es eine heilige Pflicht und eine große Ehre. Und selbstverständlich musste über diese Besuche und überhaupt über den Kontakt zum Papst und die Rolle von Sr. Hilga strikteste Diskretion bewahrt werden. Wir dürften uns nicht auf Kosten des Heiligen Vaters wichtig machen, hieß es, wir dürften diesen Kontakt nicht ausnutzen.

Die Vertiefungen in den nächsten Monaten nahmen einen immer verschwörerischeren Tonfall an. P. Konrad wollte uns über einige wichtige »Zeichen der Zeit« aufklären, über gefährliche Strömungen, die Menschen vom Glauben abbringen und anfällig für dämonische Einflüsse machen würden. So hörte ich das erste Mal in meinem Leben vom Gender-Mainstreaming. Offenbar versuchte eine undurchsichtige und sehr einflussreiche Macht die gottgewollten Unterschiede zwischen Männern und Frauen aufzulösen. Das konnte nur auf teuflischen Einfluss zurückgehen, genauso wie beispielsweise die zunehmende Islamisierung Europas und die moralischen Abgründe des Islam. Natürlich war auch der interreligiöse Dialog mehr als bedenklich. P. Konrad erklärte uns, dass er nur dann legitim sei, wenn er sich zum Ziel setze, die Menschen zur Annahme des katholischen Glaubens zu führen. Der Aufklärungswille von P. Konrad kannte keine Grenzen. Überall entdeckte er Zeichen für die dämonische Vergiftung unserer Zeit: Heavy Metal, Esoterik, neues Heidentum, Sterbehilfe, neue Verfahren zur künstlichen Befruchtung.

Schließlich wurde auch nicht versäumt, auf die Wurzeln dieser gefährlichen Entwicklungen hinzuweisen. Das erledigte Sr. Hilga in einer Vertiefung für die SG. Es sei der falsch verstandene Humanismus, der den Menschen an Gottes Stelle setze und die menschliche Freiheit ohne Gott zum höchsten Prinzip mache. Zweifellos stünden hinter dieser Entwicklung, die in der Aufklärung begonnen habe und durch die Erklärung der Menschenrechte besiegelt worden sei, die Freimaurer, gestützt vom Marxismus und dem Internationalen Judentum, alte Feinde der Kirche und des Glaubens. Mutter habe als eine der Wenigen diese Entwicklungen durchschaut und uns vor ihnen gewarnt. Nun sei es an uns, uns für einen echten Humanismus einzusetzen, der die Freiheit des Menschen wieder an die göttlichen Gebote und das Naturrecht bindet. Es sei dringend, denn »der Rauch Satans ist schon in die Kirche eingedrungen.« Menschlichkeit, Toleranz und individuelle Entfaltung würden selbst in vielen kirchlichen Einrichtungen schon an die Stelle von kirchlichen Geboten und Traditionen gesetzt. Mitmenschlichkeit würde betont, die Würde der Liturgie vernachlässigt. In Familien- und Karnevalsmessen würden die Rubriken mit Füßen getreten. Die meisten Menschen hielten sich nicht mehr an Abstinenz- und Fastengebote, Enthaltsamkeit vor der Ehe und der Verzicht auf künstliche Verhütungsmittel würden kaum praktiziert, ja vielfach von den Priestern gar nicht mehr verkündigt. Für uns dagegen müsse gelten: Wir respektieren und verkündigen die Gebote der Kirche ohne Abstriche, »wir beten Gott an in seiner Macht über Satan«, wir haben »lieber keine Butter auf dem Brot als keine Blumen in der Kapelle.« Wir anerkennen den Heiligen Vater als den Stellvertreter Christi auf Erden und sein unfehlbares Lehramt als Ausdruck des göttlichen Willens. Wir würden niemals soziales Engagement an die Stelle von Anbetung und kirchlicher Disziplin setzen. Wir würden keine Gesellschaftsordnung anerkennen »ohne Gott oder gegen Gott«, wie wir es in der Herz-Jesu-Litanei von Mutter beteten. Wir würden uns auch nicht durch falsches Mitleid erweichen lassen, denn Mitleid war nur eine besonders subtile Masche des ungläubigen Sozialismus.

Die Wirkung dieser Vertiefungen wurde noch verstärkt durch die Begeisterung von P. Konrad für den Exorzismus. Er hatte sich eingehend mit dem Thema Besessenheit und dämonischen Einflüssen beschäftigt und schließlich den Kurs für Exorzisten an der Hochschule der Legionäre Christi besucht. Er quoll geradezu über vor diesem Thema und brauchte eine Plattform, die er mit seinen neuen Erkenntnissen beglücken konnte. An einem Nachmittag hielt er eine Vertiefung für die Schwestern. Dabei schilderte er die verschiedenen Formen der Umsessenheit und Besessenheit, führte Beispiele an und erklärte uns, woran man Besessene erkennen könne. Es gäbe Anzeichen wie den Befall mit Würmern oder Abscheu vor Weihwasser und anderen heiligen Zeichen. Schließlich erklärte er uns, dass wir in so einem Fall einen Exorzisten zur Hilfe rufen sollten. Dieser Vortrag wirkte verstörend. Mir war nicht bewusst, dass der Teufel solche Macht über einen Menschen gewinnen konnte, und ich war mir nicht sicher, wie ich mich davor schützen konnte. War ich vielleicht schon besessen? War mein Widerwille gegen manche Anordnungen meiner Verantwortlichen nicht ein Zeichen dafür? In den folgenden Tagen meinte ich immer wieder Anzeichen von dämonischer Nähe und Einflüsterungen zu spüren. Ich fürchtete mich und nahm umso intensivere Zuflucht zum Gebet und zum bedingungslosen Gehorsam gegenüber meinen Verantwortlichen.

7. DIE CHORMANTELFEIER

Die Krise

Es war Januar 2007, als ich endlich die lange ersehnte Nachricht bekam. Im November würde ich den Chormantel empfangen und das Bündnis in jungfräulicher Liebe schließen dürfen! Seit dem Beginn des Noviziates vor beinahe zwei Jahren wartete ich fieberhaft darauf und fürchtete schon, gar nicht zugelassen zu werden. Nun also doch. Endlich! Jetzt würde ich wirkliche Antworten auf meine Fragen zur Jungfräulichkeit bekommen, denn schließlich war die »jungfräuliche Liebe« das Kernstück unserer Berufung in der Gottesfamilie. Ich hatte das Gefühl, eine lange und schwierige Etappe erfolgreich bewältigt zu haben. Doch Sr. Hilga bremste meine Freude sogleich. Erstens gehe es in der Feier nicht um mich, sondern um die Gemeinschaft und das Charisma. Zweitens würde außer mir auch Sr. Franziska das Bündnis schließen. Und außerdem sei dieses Bündnis ein »Anspruch, dem keine von uns jemals gerecht werden kann.« Sie sagte das mit solchem Nachdruck. Ihr Ton war hart wie eine flache Hand, mit der sie mir gleichsam ins Gesicht schlug, auch wenn sie gleich wieder lächelte. »Du wirst dein Leben lang als Schuldnerin vor Gott stehen.«

Verwirrt rannte ich hinauf in mein Zimmer. Seit einigen Monaten bewohnte ich eines der beiden Mansarden-Zimmer im vierten Stock. Es regnete, und ich stand an der Glastür, die hinaus auf die Terrasse führte. Tropfen für Tropfen traf auf die Glasscheibe vor mir, vereinigte sich mit anderen, löste sich wieder und rann Zentimeter für Zentimeter bis zu meinen Füßen hinab. Ich war aufgewühlt wie nie zuvor. Eine gewaltige Macht bäumte sich in mir auf. Das erste Mal seit langem spürte ich meinen eigenen Willen wieder. Einen Willen, der lange unterdrückt war und der sich nun wie ein Riese auftürmte. Ein Riese, der um sein Leben kämpft. Er war wütend und gewaltig, und er wollte sich auflehnen gegen diesen Gott, der mir Ansprüche auferlegte, die ich nicht erfüllen konnte. Der mich zur Jungfräulichkeit berief, nur um mich daran scheitern zu lassen. Der Gott, der sich an der Vergeblichkeit meiner Bemühungen weidete, sich an meiner Schwäche ergötzte, der mit mir spielte, wie ein Marionettenspieler mit seiner Puppe. »Wenn es das ist, was du willst«, sagte ich zu ihm, »wenn du mich nur geschaffen und berufen hast, um mich scheitern zu sehen, wenn du mich benutzt, um mich deine Überlegenheit spüren zu lassen, dann werde ich mich dir entziehen! Ich verweigere mich ein für allemal!« Nein, ich dachte nicht daran, auszutreten oder den Glauben aufzugeben oder etwas Ähnliches. Das wäre viel zu wenig gewesen, denn ich würde ja nach wie vor als das Geschöpf Gottes in dieser Welt leben. Er hätte nach wie vor Zugriff auf mich. Er hatte mir eine Berufung in die Seele gelegt, die bestehen bleiben würde, auch wenn ich ihr nicht folgte. Ich konnte in diesem Leben niemals glücklich werden, weder in der Berufung, weil ich an ihr scheitern musste, noch außerhalb, weil ich auf diese Berufung hin geschaffen war.

Es gab nur einen Weg, wie ich mich Gott entziehen konnte: Ich musste mir das Leben nehmen. Das Leben, das er mir in so grausamer Absicht gegeben hatte. Ich konnte es mir selbst nehmen, und er konnte nichts dagegen tun. Ich fühlte mich stark. Ich triumphierte über meinen Schöpfer. Aber nur den Schatten eines Augenblicks lang. Im nächsten Moment wurde mir klar, dass ich mich selbst durch den Tod Gott nicht entziehen konnte. Denn auch nach dem Tod, ja selbst noch in der Hölle, wäre ich die, als die er mich geschaffen hatte. Es gab keinen Ausweg, der Versuch, mich Gott zu entziehen, war völlig hoffnungslos. Tränen liefen mir über das Gesicht. Ich brach zusammen, schluchzend, am Ende meiner Kräfte sank ich vor dem Fenster auf den Boden. Hass und Wut schmolzen zusammen. Ich gab auf: »Nein, wenn du mich geschaffen hast, dann liebst du mich doch. Du liebst mich. Du willst mein Glück. Ich glaube daran. Es kann nicht anders sein. Es ist unmöglich, dass Gott seine Geschöpfe nicht liebt. Gott liebt mich.« Ich beruhigte mich und spürte eine gewaltige Erleichterung. Ich wusste, wenn Gott mich nicht liebte, machte gar nichts Sinn, dann würde ich auch nicht existieren. Er hatte mich aber gewollt, also liebte er mich auch, und wenn er mich liebte, dann würde er mich auch schützen, dann würde ich an diesem Leben nicht verzweifeln. Es musste eine Erfüllung für mich geben.

Jungfräulichkeit ohne Sinn

Entgegen meiner Erwartungen wurden die Vertiefungen nun noch seltener, da Sr. Hilga immer öfter abwesend war. Dafür ließ sie mich den Abschnitt über Jungfräulichkeit aus dem sechsten Kapitel der Konstitutionen lesen, von dem ich mir so viel erwartet hatte.

Im Abschnitt »Jungfräulichkeit des Leibes« hieß es einfach, dass sie im Verzicht auf die Ehe und vollkommener Enthaltsamkeit bestand und ihre Gefährdung mit Sorgfalt und Gewissenhaftigkeit vermieden werden müsse. Aber warum und wozu? Ich hoffte, in den nächsten Abschnitten, die mit »Jungfräulichkeit des Herzens« und »Jungfräulichkeit des Geistes« überschrieben waren, zufriedenstellendere Antworten zu finden, wurde aber auch hier enttäuscht. Jungfräulichkeit des Herzens bestünde in der »Läuterung der Gefühle«, die die Berufenen befähige, Gott vor allem zu lieben. Denn er »kann sich nicht begnügen mit einer Liebe, die die Geschöpfe wie seinesgleichen behandelt.« Eine obskure Formulierung. Hieß Gott lieben, überhaupt keinen Menschen lieben, also keinerlei Gefühle gegenüber anderen Menschen zu haben? Oder was waren »geläuterte Gefühle«? Auf diese Fragen erhielt ich nie eine explizite Antwort. Auch die Jungfräulichkeit des Geistes blieb ein dunkler Abschnitt. Dort hieß es, dass die Berufenen »ihr ganzes Denken Christus geben«, dass »Erkenntnis aufgeblasen macht, Liebe aber aufbaut« und dass egoistische Denkweisen, Relativismus und Kritik die Jungfräulichkeit des Denkens verletzen. Ein weiterer Abschnitt war mit »Jungfräulichkeit des Glaubens« überschrieben, aber auch er half mir nicht weiter. Es hieß, dass wir auf die Stimme Gottes in unserem Gewissen hören und das Lehramt der Kirche in seiner ganzen Fülle annehmen und weitergeben sollten.

War das Jungfräulichkeit, dem eigenen Lieben, Denken und Glauben Grenzen zu setzen? War das schon alles? Zweifellos war ich bereit, solche Grenzen zu setzen. Aber erstens wollte ich sie verstehen, und das ließ der Text der Konstitutionen nicht zu, und zweitens wollte ich begreifen, was das alles mit körperlicher Jungfräulichkeit zu tun hatte. Was hieß es, Braut Christi zu sein? Welche Form der Liebe war das? Welche Form der Liebe war für mich vorgesehen? Meine Familie hatte ich verlassen. Ich durfte keinen persönlichen Austausch mit meinen Mitbrüdern und Mitschwestern pflegen. Ich würde niemals einen Mann heiraten. Ich würde keine eigenen Kinder haben. Ich würde sehr wahrscheinlich nie sozial aktiv sein. Ja, dachte ich, wenn ich in einem Kinderheim arbeiten dürfte oder in einem Hilfsprojekt, in einem Krankenhaus oder mit Obdachlosen, das würde Sinn ergeben. Dann könnte Jungfräulichkeit irgendwie Sinn machen. Ich würde auf etwas verzichten, um anderen Menschen etwas zu geben. Gerade diese Sichtweise auf die Ehelosigkeit der Priester und Ordensleute wurde in der Gottesfamilie abgelehnt. Jungfräulichkeit hatte keinen praktischen, sondern einen rein geistlichen Grund, sie wurzelte in der Liebe zu Gott. Aber genau das konnte ich nicht begreifen. Was nützte es Gott, wenn ich Jungfrau blieb? Was nützte es, wenn ich keine Freunde hatte, mich mit niemandem austauschte und keine Bücher las? Ich war verzweifelt.

In der Überzeugung, dass es eine Antwort geben musste, bat ich Sr. Hilga um weitere Texte. Vielleicht hilft mir ein theologisch-wissenschaftlicher Text, dachte ich. Zu meinem Erstaunen reagierte Sr. Hilga nicht einmal unwillig, sondern versprach mir sofort die

Dissertationsschrift ihres Bruders Klemens über »Die Entwicklung des Jungfräulichkeitsideals und seine Bedeutung bei Ambrosius und Augustinus« sowie einen Vortrag von irgendeinem Bischof, den sie auf Kassette hatte. Beides enttäuschte mich sehr. Das Werk von P. Klemens verriet nichts über einen tieferen Sinn der Jungfräulichkeit, und die Zitate von Augustinus und Ambrosius, die er kein bisschen historisch-kritisch wertete oder wissenschaftlich kommentierte, waren zum Teil sogar richtig schlimm. Der Bischof auf der Kassette sprach von Jungfräulichkeit als der Tugend, die »die Blume am Wegrand betrachtet, aber nicht pflückt«, ein Satz, der mir in seiner poetischen Plattheit wie Spott vorkam. Ich konnte keinen Sinn von Jungfräulichkeit ausmachen, nirgends.

Ich betete, ich vertraute darauf, dass Gott mich den tieferen Sinn meiner Berufung erkennen lassen würde. Ich wollte ja so leben, als seine Braut, ihm in Liebe zugetan, all meine Kraft und Zeit, mein Wollen und Denken ihm widmen. Ich konnte aber nicht begreifen, was das mit meiner Existenzweise als Schwester der Gottesfamilie zu tun hatte, mit dem Verzicht auf menschliche Freundschaften, auf Information, auf eine eigene Spiritualität, mit dem Aufwand, den wir für unsere hochwürdigen Gäste betrieben, mit dem Tragen von wadenlangen Röcken.

In den folgenden Monaten geriet ich immer tiefer in eine Art Depression. Eine schwere und dunkle Wolke legte sich auf mich. Ich nahm die Welt um mich nur noch wie durch einen verschwommen Nebel wahr. Da war keine Freude mehr, keine Energie, kein Moment der Erleichterung. Alles wurde zur Last, die Arbeit, die Mitschwestern, die Mahlzeiten, ja sogar die morgendliche Messe, die bisher der zuverlässige Lichtpunkt jedes noch so schweren Tages gewesen war. Ich brach öfters unvermittelt in Tränen aus, schaffte es aber immer, sie vor den anderen zu verbergen, um nicht dafür zurechtgewiesen zu werden. Dennoch wurden zum ersten Mal auch andere auf meinen Zustand aufmerksam. Sr. Ivana legte mir eine

Karte vor die Tür, auf der stand: »Ein Blick auf das Kreuz macht es wieder leicht«, keine große Hilfe, aber immerhin ein Zeichen der Aufmerksamkeit. Sr. Hilga war selten da und schien nichts zu merken. Ich war froh darum, denn sie hätte mir wahrscheinlich Druck gemacht, dass ich mich zusammenreißen soll.

Die Vorbereitungen auf die Feier liefen an, die Einladungen wurden verschickt, die Liturgie wurde geplant, das Lokal und die Sitzordnung wurde festgelegt. Aber ich wurde nicht einbezogen und kaum darüber informiert. Bei der Probe der Lieder für unsere Feier musste ich vor die Tür. Unbegreifliche Trauer und Einsamkeit überkam mich. Noch nie zuvor in meinem Leben hatte ich mich so alleine gefühlt und so unendlich erschöpft. Meine Hauptbeschäftigung in diesen Wochen bestand darin, die Bibliothek auszuräumen. Das Untergeschoss mit der Bibliothek, dem Computerraum und dem Schwesternrefektorium sollte komplett umgebaut werden, ebenso wie die Einfahrt und die Terrasse. Dazu mussten alle mittlerweile knapp 7.000 Bücher an einen anderen Ort gebracht werden, eine Arbeit, die ich irgendwie alleine erledigen musste, während schon Stück für Stück der Boden der Bibliothek aufgerissen wurde. Die meiste Räum- und Schlepparbeit verrichtete ich allein, wobei mir meine Mitschwestern zu allem Überfluss immer wieder vorwarfen, ich würde zu viel Zeit und Energie in die Bibliotheksarbeit stecken.

Der Einzige, der in diesen Wochen immer öfter in meiner Nähe war, war P. Jodok. Er half mir nicht nur hin und wieder beim Schleppen der Bücher, als Regens hatte er auch unmittelbar mit den Vorbereitungen auf die Feier zu tun und verriet mir Details, die Sr. Hilga mir nicht oder noch nicht mitteilen wollte. In dieser Zeit war P. Jodoks Präsenz eine gewisse Erleichterung für mich. Während alle anderen noch weiter weg waren als sonst, vielleicht weil sie mich wegen meiner allzu deutlich spürbaren Niedergeschlagenheit mieden, war er gefühlt der Einzige, von dem ich so etwas wie eine persönliche Ansprache bekam.

Die Feier am 11. November sollte als »Mutter-Gedenkfeier« begangen werden. Während alle anderen Zentren schon in den vorherigen Jahren feierliche Gedenkmessen zu Mutters 100. Geburtstag gehalten hatten, holte die römische Kommunität das nun nach. Die Messe fand in der Traspontina statt, einer Barockkirche in der Via della Conciliazione. Wegen ihrer zentralen Lage eignete sie sich ideal für die zahlreich geladenen Gäste.

Das Haus war voll von Mitgliedern aus anderen Zentren. Mutter Marozia war da, P. Rektor, P. Hildebrand, Sr. Odette, Sr. Beate und viele andere. Gäste aller Zentren waren nach Rom eingeladen worden, insbesondere junge Mädchen. Auch meine Familie war eingeladen und in einem Hotel untergebracht worden, aber ihre Gegenwart ließ mich nur umso mehr meine Einsamkeit fühlen. Nicht einmal ihnen gegenüber konnte ich meinen Zustand offenbaren. Alle meinten, dass ich an diesem Tag sehr glücklich sein musste, und ich wollte sie nicht enttäuschen. Dabei war in mir nichts als schwarze Leere. Ich hatte auf meiner Suche nach dem Sinn der Jungfräulichkeit nur einen letzten Strohhalm gefunden, an den ich mich nun klammerte: Dieses Leben war nun einmal meine Berufung, auch wenn ich nie begreifen sollte, welcher Sinn darin lag. Gott, der mich zu diesem Leben berufen hatte, wusste es. Ich ging einfach ein Stück Weg im Dunkeln. Und alles, was ich an diesem Tag tat, war, mich ihm mitten in diesem Dunkel anzuvertrauen. Er würde mich über diesen Tag hinausführen und mein Herz eines Tages wieder froh machen. Ich musste ihm nur vertrauen.

Die Messe fand am späten Nachmittag statt. Die Stunden zuvor lagen wie Blei auf meinem Herzen. Nach dem Frühstück ging ich kurz über die Baustelle im ehemaligen Schwesternrefektorium, um ungesehen ein paar Tränen weinen zu können, bevor ich in der Küche zum Spülen erschien. Nach dem Mittagessen hatte ich nichts mehr zu tun und legte mich schlafen, völlig erschöpft und überwältigt von Traurigkeit, bis es Zeit war, aufzustehen und mich mit den anderen auf den Weg zu machen. Sr. Franziska und ich warteten hinter der Sakristei und zogen mit den Ministranten und Priestern ein. Es war eine schier unüberschaubare Zahl, alles, was die Gottesfamilie hatte einladen können. Sogar Gänswein war da, konzelebrierte aber nicht. Dafür konzelebrierten Mons. Guido Marini und mit ihm mindestens vierzig andere Priester aller Ränge und Sprachen: Kurialen, Professoren, Ordensleute. Hauptzelebrant war Carlo Caffarra, Erzbischof von Bologna und langjähriger Freund der Gemeinschaft. Auch im Kirchenschiff saßen prominente Gäste, allen voran der Ex-Senator Marcello Pera, der später im Lokal gemeinsam mit seiner Frau, mit P. Rektor, Mutter Marozia und Sr. Hilga am Haupttisch saß, während Sr. Franziska und ich mit unseren Familien an Nebentische platziert wurden. Unser Grüppchen italienischer Familien war da, Assistenten von Rettore Lorenzo Ornaghi, von der Katholischen Universität Sacro Cuore und andere. Ein Filmteam nahm die Feier auf Video auf, eine Mädchengruppe aus Belgien begleitete die Messe mit verschiedenen Instrumenten. Für mich schien das alles in diesem Moment weit weg. Die einzigen warmen Punkte, die ich in diesem Kirchenschiff spürte, waren der Altar, meine kleinen Schwestern, die auf der anderen Seite der Kirche links hinter mir saßen, und der mittlerweile zum Priester geweihte P. Alwin, der irgendwo links vorne im Kirchenschiff stand. Mit keinem hatte ich sprechen können, niemand wusste, wie es mir ging. Allein Gott kannte mein Herz in diesem Augenblick, und er allein verstand, was ich vollzog, als ich das Bündnisgebet sprach.

Ich durchlebte den ganzen Abend wie einen unwirklichen Traum. Erst als ich gegen 22.00 alleine in meinem Zimmer war, konnte ich wieder so etwas wie ein paar Gedanken fassen. »Merkwürdige Hochzeitsnacht«, dachte ich, als ich mich auszog und ins Bett kroch. Ich versuchte zu beten und schlief mit Tränen auf den Wangen ein.

Die nächsten Tage wurden nicht besser. Meine Familie wurde noch einmal zum Mittagessen ins Ausbildungshaus eingeladen. Sie wurden getrennt und so über den ganzen Tisch verteilt, dass jedes meiner Geschwister alleine zwischen ein paar meiner Mitbrüdern oder Mitschwestern saß. Meine Mutter saß P. Rektor gegenüber, und es kam nicht ansatzweise ein Tischgespräch zustande. Ein tristes und mühsames Sich-Anschweigen beherrschte die ganze Mahlzeit, und ich fühlte mich doppelt fremd, in meiner Familie genauso wie in meiner Gemeinschaft.

Sr. Veronika hatte sich Kinderfotos von meinen und Sr. Franziskas Eltern geben lassen und daraus mit Musik unterlegt eine liebevolle kleine Einlage für das Essen nach der Feier vorbereitet. Sr. Hilga hielt diese Einlage aber für unpassend angesichts der wichtigen Gäste, die wir hatten, weil es ja bei der Messe nicht um uns ging, sondern um die Gemeinschaft und Mutter. Nun bekamen nicht einmal unsere Eltern diese aufwendig vorbereitete Show zu sehen, sondern nur eine Handvoll Schwestern, am Tag danach. Meine Kinderfotos zu sehen, gab mir einen heftigen Stich ins Herz. Wie fröhlich ich gewesen war, als ich klein war, wie ich mich im Kreis meiner Familie zu Hause gefühlt hatte. Trotz dieses Schmerzes war ich dankbar für diese kleine Einlage. Sr. Veronika war die Einzige, die an uns gedacht hatte, die sich die Mühe gemacht hatte, uns eine Freude zu bereiten. Alle anderen hatten unser Gelübde als Mittel zum Zweck der Kontakt- und Spenderwerbung betrachtet. Die Blumen, die uns geschenkt worden waren, waren sofort in die Kapelle gewandert, das Geld, das man uns geschenkt hatte, sammelte Sr. Hilga ein und übergab es der Ökonomin, die übrigen Geschenke wurden von den Verantwortlichen begutachtet und nach Gutdünken in den verschiedenen Häusern der Gottesfamilie verteilt. Dennoch versicherten uns alle, dass es eine ganz besonders schöne Feier gewesen sei und unsere Gäste vom Charisma tief berührt gewesen seien. Unfähig, all diese Vorgänge und das, was sie in mir bewirkten zu reflektieren, zog ich mich in mich zurück wie ein verwundetes Tier.

In der Gottesfamilie ist es üblich, die neuen »Bräute Christi« nach der Chormantelfeier auf »Hochzeitsreise« zu schicken. Sie besuchen andere Zentren, erzählen dort von ihrer Feier und verbringen ein paar erholsame Tage. Auch ich wurde fortgeschickt, und zwar nach Irland. Vielleicht gibt es keinen trostloseren Ort als Nordirland im November. Die verregneten Klippen, das bleierne Meer, die weiten felsigen Flächen, die grauen einsamen Strände und die weiten unbebauten Landschaften kamen mir vor wie der menschenverlassendste und trübseligste Ort auf der Welt. Es lebten nur zwei Schwestern dort: Sr. Odette, eine kleine, leicht rundliche Belgierin, und Sr. Esther, die ich schon aus Rom kannte. Sie wohnten dort im Bischofshaus. Bischof Philip war aber gerade auf Reisen, sodass ich die Tage mit den beiden Schwestern alleine verbrachte. Sie wussten nichts Rechtes mit mir anzufangen. Ich wurde ein wenig zum Putzen eingeteilt, in die Anbetung geschickt und musste mit Sr. Esther oder alleine lange Spaziergänge durch den grauen Nieselregen machen. Das alles wäre zu ertragen gewesen, wenn Sr. Odette nicht zu allem Überfluss gemeint hätte, sie müsste mich erziehen. Sie fand ständig etwas an meinem Verhalten auszusetzen oder wusste mir ›neue‹ Regeln mit auf den Weg zu geben. Ich war dermaßen apathisch, dass ich alles über mich ergehen ließ, ohne ein Wort zu sagen. Ich fror, weil ich die winzige Heizung in dem riesigen Zimmer unter dem Dach, in dem ich untergebracht war, nur anstellen durfte, wenn ich gerade dort war, sodass der Raum niemals auch nur ein Grad wärmer wurde. Ich hatte Hunger, weil das Essen portioniert wurde und es immer zu wenig war. Ich fühlte mich allein, weil ich nicht nur mit niemandem reden konnte, sondern weil ich mich an diesem fremden Ort nicht auskannte, und Sr. Odette kein Gefühl der Gelassenheit oder des Wohlwollens aufkommen ließ.

8. DIE KATASTROPHE

Ein Ausbruchsversuch: Das Silvester-Quiz

Als ich wieder in Rom war, erlebte ich eine letzte Phase inneren Widerstandes. Ich musste doch irgendwie meine Lage verändern können, dachte ich. Nach wie vor war ich fest entschlossen, alle Regeln einzuhalten. Denn entweder die Gottesfamilie war von Gott, und davon ging ich aus, dann konnte ich Gott in der Gottesfamilie nur finden, wenn ich mich an die Regeln hielt. Oder die Gottesfamilie war nicht von Gott, dann wäre ein Regelverstoß lächerlich, dann müsste ich sowieso ganz etwas anderes mit meinem Leben tun. Aber innerhalb dieser Regeln musste es doch wenigstens möglich sein, das Klima in der Gemeinschaft lockerer und fröhlicher und dadurch das Leben erträglicher zu machen. Die nächste Gelegenheit für einen solchen Versuch war Silvester.

Zu Silvester wurde in der Gottesfamilie vor allem gebetet. Es gab jedes Jahr eine stille Anbetungsstunde von 22.00 bis 23.00 Uhr und eine gemeinschaftliche von 23.00 bis 00.00, an deren Ende das feierliche lateinische Te Deum gesungen wurde. Dann wurde gewöhnlich kurz mit einem Glas Sekt angestoßen, und spätestens um 1.00 Uhr lagen alle in ihren Betten. Allerdings wurde dieses Jahr für die Zeit vor 22.00 ein gemeinschaftliches Beisammensein angekündigt. Vielleicht war die Päpstliche Familie das Vorbild. Wie schon letztes Jahr verbrachte Sr. Hilga den Silvesterabend im Palazzo Apostolico, wo die Memores Domini während der letzten Stunden vor dem Jahreswechsel Bingo spielten. Warum, dachte ich mir, sollten wir dann nicht spielen dürfen? Ungewiss, ob es akzeptiert werden würde, machte ich den Vorschlag, ein Quiz vorzubereiten. Und es funktionierte, ich bekam grünes Licht. Das erste Mal seit langer Zeit tat ich etwas Kreatives. Ich dachte mir ein Punktesystem aus, fand Kategorien und überlegte mir Fragen.

Als wir, relativ beengt, alle im Grande Soggiorno versammelt waren (die Bibliothek war immer noch eine Baustelle) begann etwas, das ich nicht mehr vergessen sollte. Es war ein äußerst simples Spiel, es waren keine allzu schweren Fragen, aber es entwickelte sich eine Dynamik, die mir regelrecht unheimlich war. Lang unterdrückte Leidenschaften wurden wieder zum Leben erweckt und machten sich mit gieriger Lust über das unschuldige Vergnügen des Spielens her. Alle, ohne Ausnahme, wurden mitgerissen. Selbst P. Konrad vergaß sich. Die Wangen glühten, die Augen sprühten, die Stimmen überschlugen sich. Ein Rausch ergriff uns alle, legte sich über den Raum, betäubte die skrupulösen Gewissen, löste die erstarrten Gesichter und Körper. Niemand merkte, dass die Zeit für die Anbetung schon längst gekommen war. Erst kurz vor 22.30 erkannte Sr. Ivana das schwere Versäumnis und rief laut dazwischen. Aber selbst jetzt noch war der Rausch ungebrochen, und die frömmsten Hausbewohner protestierten lautstark, dass das Spiel zu Ende gespielt werden müsse. In diesem Moment wurde mir endgültig klar, was geschehen war. Aus Lust am Spiel hatten wir kollektiv und einige vielleicht sogar willentlich das Gebet vergessen. Jesus wartete einsam im Tabernakel, während wir uns vergnügten. Ein ungeheuerlicher und vielleicht einmaliger Vorgang in der Geschichte der Gottesfamilie. Es dauerte wenige Minuten, bis alle aus dem Rausch erwacht waren. Einer nach dem anderen erhob sich ernüchtert und machte sich auf den Weg in die Kapelle. Spätestens am nächsten Tag wurden alle von schlechtem Gewissen geplagt. Die Freude, die ich der Hausgemeinschaft hatte bereiten wollen, war zur Sünde geworden. Das Spiel, die unschuldige Lust, die Begeisterung wurden zur Beichtmaterie. Und ich war die Anstifterin.

Zwar machte mir niemand einen Vorwurf. Sr. Hilga war ja nicht dagewesen und konnte sich aus dem, was ihr nach ihrer Rückkehr wohl erzählt wurde, vermutlich kein rechtes Bild machen. Dennoch traf mich das Erlebnis mit ungeheurer Wucht. Und ich erkannte, dass es keine Möglichkeit gab, innerhalb der Regeln fröhlich zu sein. Freude, gefühlte lebendige Freude, war notwendig eine Sünde oder führte dazu. Nur in der Pflicht, in dienender Selbstüberwindung, in konsequenter Disziplin und Selbstlosigkeit, im Nebeneinanderherleben und Gehorchen, bestand dieses Leben, zu dem ich berufen war. Wie trist das war. Wie eintönig. Und dennoch wollte ich es versuchen. Es musste ein tieferer Sinn darin liegen, es musste mich irgendwie Gott näher bringen.

Nachstellungen

Immer öfter war nun P. Jodok um mich. Er rief mich über das Haustelefon an, kam in die Küche, besuchte mich am Waschplatz. Wenn ich alleine in der Bibliothek arbeitete, kam er wie zufällig vorbei und blieb stehen, um sich dies oder das von der Seele zu reden. Er wusste immer, wo ich war, weil meine Woche ja fest eingeteilt war, und er konnte sich als Regens frei bewegen, war niemandem unmittelbar Rechenschaft schuldig und hatte immer einen scheinbar guten Grund, dort zu sein, wo er gerade war.

Mit dieser Situation war ich völlig überfordert. Es gab keine Regeln dafür und kein richtiges Verhalten. Einerseits war er als Regens jemand, dessen Wort galt und dessen Anweisungen zu befolgen waren. Außerdem war er ja auch für die Bibliothek verantwortlich. Ich musste befolgen, was er mir diesbezüglich zu sagen hatte. Andererseits tat er etwas, das überhaupt nicht vorgesehen war. Er redete sich seinen Frust von der Seele, er, der Regens, bei mir, der Novizin. Was sollte ich tun?

Erst einmal hoffte ich, dass es bald wieder vorbeigehen würde. Ich dachte, dass er es eben momentan besonders schwer habe. Er konnte weder Sr. Hilga noch Sr. Ivana leiden, musste aber mit beiden zusammenarbeiten. Dabei wog vor allem die Vorbereitung der vielen Besuche schwer, die die ganze Hausgemeinschaft an die Grenze der

Belastbarkeit brachten. Hier ein Kardinal, dort ein Bischof, dort ein Nuntius. Zum Teil drei Besuche mit feierlicher Liturgie, großem Abendessen und sonstigem Programm in einer Woche. Und neben dem allem musste auch der normale Alltag weitergehen, der immer mehr ins Hintertreffen geriet. Putzen, Einkaufen, Rasenmähen, Studieren, Handwerksarbeiten. P. Jodok musste als Regens zu allen Gästen besonders freundlich sein. Dabei hegte er gegen die meisten Menschen eine abgrundtiefe Abneigung, ja geradezu einen beängstigenden Hass.

Als er anfing, von früher zu erzählen, ahnte ich, dass seine Besuche bei mir nicht vorbeigehen würden. Er fühlte sich von aller Welt ungerecht behandelt. Da war P. Rektor, der immer P. Ulf bevorzugte, P. Friedhelm, der es weiter gebracht hatte, Mutter Marozia, an deren spirituellen Ansprüchen seine Dissertation im Kirchenrecht gescheitert war, Sr. Gerda, die ihn immer wieder zur Weißglut getrieben hatte. Überhaupt waren es vor allem Frauen, von denen er sich sein Leben lang ungerecht behandelt gefühlt hatte, angefangen bei seiner eigenen Mutter. Als ich das Ausmaß seiner Frustration zu ahnen begann, wurde ich hilflos. Auch wenn ich es öfters versucht hatte, es nutzte nichts, ihm zu sagen: »Das sollten Sie nicht mit mir besprechen. Reden Sie mit P. Rektor. Er ist Ihr Verantwortlicher.« Einen derart frustrierten und verbitterten Menschen wie P. Jodok konnte man nicht mit ermutigenden Worten erreichen. Ich drang überhaupt nicht zu ihm durch. Ich war keine Gesprächspartnerin für ihn, ich war nur eine verfügbare Anlaufstelle.

Langsam aber sicher bekam ich Angst vor ihm. Auch wenn er mir leid tat, sein Hass war mir unheimlich. Er schien wie hypnotisiert. Sein Blick verfinsterte sich, wenn er redete. Es lag ein regelrechter Zwang auf ihm, in dem er sich von einem Rausch aus Hass und Frust ergreifen ließ. Keines der Worte, mit denen ich versuchte, ihm zu helfen, ihn abzulenken oder fortzuschicken, erreichte ihn. Erst wenn sein Anfall vorüber war, sagte er: »Aber so etwas sollte ich Ihnen nicht sagen. Sie dürfen ja nicht an der Autorität Ihrer Verantwortlichen zweifeln«, und lächelte verkrampft. Immer öfter sprach er mich darauf an, dass Sr. Hilga nicht die richtige Verantwortliche für mich sei. Aber immer verteidigte ich sie. Ich wollte nichts von dem preisgeben, was tatsächlich in mir vorging. Ich wollte mich an die Regeln halten. Dennoch ließen seine Aussagen und seine ungeheure Verbitterung einen tiefen Schrecken in mir aufkommen, einen nachhaltigen Zweifel am Zustand der Gemeinschaft.

Als ich immer öfter ein seltsam seliges Lächeln auf seinen Lippen sah, wenn er auf mich zukam, und speziell als er einmal wie nebenbei seinen Arm um meine Schulter legte und mich an sich drückte, läuteten die Alarmglocken in meinem Kopf. Was sollte ich tun? Wenn ich es Sr. Hilga sagte, würde sie mich für sein Verhalten verantwortlich machen, niemand würde P. Jodok helfen, und ich würde dafür bestraft werden, dass er meine Nähe suchte. Ich musste selbst mit ihm reden. Ich musste ihm klar und deutlich zu verstehen geben, dass ich für seine Anfälle nicht mehr zur Verfügung stand.

Ich wartete nicht darauf, dass er wieder kam, sondern ergriff die Initiative und rief ihn übers Haustelefon an. »Ich muss Ihnen etwas sagen. Wann können wir uns kurz sprechen?« »Jetzt gleich?«, schlug er vor, »im Grande Soggiorno«. Ich war aufgewühlt, denn ich wusste, dass ich mich auf Messers Schneide bewegte, in einem Graubereich zwischen Erlaubtem und Verbotenem und in einer hierarchisch unmöglichen Situation. Als ich anfing zu sprechen, geriet ich ins Stammeln. Seit meinem Eintritt hatte ich so nicht mehr mit jemandem gesprochen. Ich jemandem etwas verbieten? Unmöglich. Unwillkürlich rekurrierte ich auf die Regeln des Gemeinschaftslebens: »P. Jodok … neulich im Chez-nous haben Sie mich in den Arm genommen. Sie wissen, dass das nicht geht. Bitte halten Sie in Zukunft mehr Abstand.«

Ich weiß nicht, was ich mir erwartet hatte. Jedenfalls war ich mit seiner Reaktion restlos überfordert. Er stand da mit gesenktem Kopf und stierte starr auf den Boden. Er würdigte mich keines Blickes, und vor allem gab er keinen Laut von sich. War es Trotz? War es Frust, Wut, Bitterkeit? Hasste er mich jetzt? Oder war es vielleicht Reue? Erkannte er, dass er sich falsch verhalten hatte? Ich konnte es nicht erraten. Als er hartnäckig schwieg, stammelte ich noch ein paar Worte, um ihn zum Reden zu bringen, aber ich sah, wie sinnlos dieser Versuch war. Schließlich blieb mir nichts anderes übrig, als den Raum zu verlassen.

Ich hatte tatsächlich gehofft, dass er mich jetzt in Ruhe lassen würde, dass ich genug Autorität aufgebracht hatte, um ihn zu überzeugen, aber dem war nicht so. Er fand sich nach wie vor wieder und wieder an meiner Seite ein. Aber ich dachte nicht mehr so sehr an mich, sondern ich begann mir ernsthafte Sorgen um ihn zu machen. Wie sehr hat er sich sein Leben lang erniedrigt und verachtet gefühlt? Wie ist das möglich? Und ich begriff, wie es möglich war, denn ich fühlte mich von meinen Verantwortlichen ja auch nicht besonders wertgeschätzt. Dennoch war es nicht meine Aufgabe, ihm zu helfen. Wenn irgendjemand ihm helfen konnte, dann waren das trotz allem nun einmal seine Verantwortlichen.

Sr. Hilga verliert die Contenance

Als ich wirklich verzweifelt war, beschloss ich doch den vorgesehenen Weg zu gehen und das Ganze mit Sr. Hilga zu besprechen. Wenn es erst einmal in die Einheit gelegt ist, kann nichts mehr geschehen. Das war die Maxime der Gemeinschaft, und das war mein letzter Strohhalm. Egal wie sie reagiert, dachte ich mir, wenn sie es erst einmal weiß, wird alles gut werden. Ich musste daran glauben. Ein anderer Ausweg blieb mir nicht.

Ich wartete nicht bis zum nächsten offiziellen Formungsgespräch, sondern sagte Sr. Hilga, dass ich ihr sobald wie möglich etwas Dringendes mitteilen müsse. Wir trafen uns in der Sala Familiare. Sofort kam ich ins Stammeln. Die Furcht vor ihrer Reaktion und das Wissen darum, dass es eigentlich keine Möglichkeit gab, die Situation so zu vermitteln, dass sie begreifen würde, was tatsächlich geschehen war, hemmten mich. Warum hat sie es selbst noch nicht gemerkt, schoss es mir durch den Kopf. »Gestern Abend ...«, begann ich »... in den letzten Tagen ... ich ... es ist so: P. Jodok ist ... er kommt zu mir, wenn ich arbeite ... es ...« Sr. Hilga hörte mir nicht weiter zu. Das war schon zu viel. Sie rastete komplett aus. So hatte ich sie noch nie erlebt. Zum ersten Mal sah ich, was ich bei ihr für unmöglich gehalten hatte: Sie verlor ihre Contenance. Sie schrie mich richtig an: »Sieh zu, dass du dich von ihm fernhältst! Du wirst zur Gefahr für ihn!«

Sie reagierte so, wie ich es erwartet hatte, sie gab mir die Schuld. Das machte mir wenig aus, denn das war ich gewohnt und damit hatte ich gerechnet. Schlimmer fand ich, dass sie mir keine Chance gab zu erzählen, wie alles gekommen war und was das eigentliche Problem war. Aber wenn sie gehört hätte, was er mir alles erzählt hatte, wäre sie vielleicht noch mehr ausgerastet und es hätte nichts genutzt. Sie konnte ihm ja auch nicht helfen, denn sie war genauso wenig seine Verantwortliche wie ich. Nein, seine Probleme musste er selbst auf die Reihe kriegen. Wie ein geschlagenes Kind verließ ich die Sala Familiare, aber dennoch irgendwie beruhigt. Nun, wo Sr. Hilga es wusste, würde es besser werden. »Der Teufel kann nicht mehr dazwischen, wenn etwas erst einmal in die Einheit gelegt ist«, sagte Mutter Marozia immer. Ich vertraute darauf und fühlte mich das erste Mal seit Monaten wieder ein wenig froh. Ich hatte es geschafft, ich hatte das Richtige getan.

Der Missbrauch

Umso verzweifelter war ich, als ich feststellen musste, dass nichts besser wurde. Im Gegenteil. P. Jodok schien mehr als zuvor auf mich fixiert, und Sr. Hilga schien abwesender als zuvor. Anscheinend hatte sie nichts unternommen, und offenbar hatte das In-die-Einheit-Legen auch keine magische Wirkung entfaltet. Aber ich ertrug die Nachstellungen von P. Jodok nicht mehr. Ich wollte, dass alles wieder so wurde wie vorher, dabei war das ja oft schon schwer genug gewesen. Ich hatte nicht die Kraft, auch noch ihn zu ertragen.

In einem letzten verzweifelten Anlauf schrieb ich ihm einen Brief. Es wurden einige Din-A5-Seiten. Ich bemühte mich, versöhnlich zu klingen, freundlich aber bestimmt, seine Sorgen ernst zu nehmen, um seine Bitterkeit nicht noch zu verhärten. Vor allem aber wollte ich keinen Zweifel an meiner Absicht lassen, Distanz zwischen uns zu schaffen, und erinnerte ihn mit eindringlichen Worten an seine Verantwortung. »Sie sind Priester«, schrieb ich immer wieder. Denn ich wusste, dass das sehr viel für ihn bedeutete. Es war das Hauptargument. Das zweite war: »Ich bin Gottgeweihte.« Er durfte mich nicht belästigen, denn ich gehörte Gott. Mein Herz klopfte, während ich schrieb und als ich auf seine Reaktion wartete. Schon wieder war ich unweigerlich in der Grauzone zwischen Erlaubtem und Verbotenem unterwegs. Schon wieder gab es keine Regeln, an die ich mich in dieser Situation vernünftigerweise halten konnte. Schon wieder war ich allein auf Gottes Hilfe angewiesen.

Nach der Abendanbetung fand ich in meinem Postfach einen kleinen Zettel: »Danke für Ihren Brief. Wir müssen reden. Heute Abend in Ihrem Zimmer? Wenn ja, rufen Sie mich an«. Damit hatte ich nicht gerechnet, aber ich war froh, überhaupt eine Reaktion zu bekommen. Er wollte reden. Endlich wollte er etwas dazu sagen. In meinem Zimmer, natürlich, abends konnten wir uns nirgendwo sonst treffen. Es musste heimlich sein. Und mein Mansarden-Zimmer, das einzige bewohnte Zimmer im vierten Stock, war dazu der beste Ort. Dennoch war mir ungeheuer mulmig zumute. Das war absolut verboten. Ich hatte Angst, aber ich hatte keine Wahl. Morgen schon konnte seine Gesprächsbereitschaft sich in Nichts aufgelöst haben. Dieses Gespräch war meine einzige Chance, und immerhin hatte er es selbst vorgeschlagen, also würde er wohl auch etwas zu sagen haben. Vielleicht wollte er sich entschuldigen. Mir blieben nur noch wenige Minuten. Ich ging in den vierten Stock hinauf, nahm den Telefonhörer im leerstehenden Mansardenzimmer in die Hand (in meinem Zimmer gab es kein Telefon) und rief ihn an: »Sie können kommen«, sagte ich nur. »Danke«, war seine Antwort.

Sekunden nachdem ich den Hörer aufgelegt hatte und in mein Zimmer zurückgegangen war, stand er in der Tür. Er schloss sie leise hinter sich und nahm neben mir auf dem Sofa Platz (weil die Mansardenzimmer eigentlich Gästezimmer waren, hatte ich den Luxus eines Sofas). Dann griff er mit seiner Hand nach meinem linken Ärmel und öffnete den Knopf. Mir stockte der Atem. Blitzschnell, als ob er darin geübt wäre, öffnete er die Knöpfe meiner Bluse und bevor ich den Mund aufbekam hatte er sie mir schon abgestreift. »Was tun Sie da? Das dürfen Sie nicht!« Er sagte kein Wort, sondern machte einfach weiter. Ich wagte nicht, daran zu denken, was er vorhatte. Das konnte nicht sein. Ich war gelähmt. Mit kraftlosen Händen versuchte ich, seinen Händen Einhalt zu gebieten, aber ich schaffte es nicht. Alles um mich herum versank in einem undurchsichtigen Nebel. Er zog mir die Schuhe aus, den Rock. Als ich nur noch im Unterkleid dasaß, nahm er mich auf seinen Schoß und begann, mich überall zu streicheln, legte seine Hand zwischen meine Beine, auf meine Brüste. Schließlich zog er mir auch das Unterkleid und den BH aus und betatschte meine nackten Brüste. Er machte immer weiter, während ich schon längst nicht mehr da war. In dieser Nacht drückte er den letzten Funken meines Selbst in den Staub und löschte ihn aus. Als er gegen drei Uhr endlich ging, ließ er nicht mich zurück, sondern eine leere Hülle, ein Wrack.

Am nächsten Morgen hatten wir die Sonntagsmesse um 6.00 Uhr in der Piccola Casa. Ich ging im Chormantel. Ich, die in dieser Nacht meine Daseinsberechtigung in dieser Gemeinschaft und auf dieser Welt endgültig verwirkt hatte. Alles, was ich tat, war nun irgendwie verkehrt und sinnlos. Aber das machte nichts. Denn es war ohnehin alles egal. Die Apathie, die sich auf mich legte, war vollkommen. Ich funktionierte wie eine Marionette. Alles ging automatisch. Das Anlegen des Chormantels, das Singen und Beten, das Essen und Arbeiten. Ja, in gewisser Weise war ich nun eine bessere Schwester als je zuvor, denn aller Eigensinn, aller Individualismus, jede Spur meiner Persönlichkeit war erloschen. Ich war nur noch »Schwester«, ein Roboter, der seine Aufgaben erfüllte, ein Niemand, der willenlos und mechanisch funktionierte. Selten war man in der Gemeinschaft so zufrieden mit mir wie in dieser Zeit.

Trotz oder vielleicht gerade wegen meiner Apathie brachte ich es fertig, mit katholischer Instinktsicherheit das zu tun, was wohl jedes treue Mitglied der Gemeinschaft von mir erwartet hätte. Ich ging beichten, aber natürlich nicht zu P. Konrad. Ich schlich mich heimlich aus dem Haus, sobald gerade genug Zeit war, läutete an der Tür des Pfarrhauses in der Nachbarpfarrei und sagte, ich müsse dringend beichten. Zu meiner großen Erleichterung erschien ein Pater, der mich in einen Gruppenraum führte, sich eine violette Stola überstreifte und meine Beichte abnahm. Stockend erzählte ich auf Italienisch, was geschehen war, und bekannte mich schuldig. Denn was war ich sonst? Schließlich lag die größere Verantwortung bei mir. Auf jeden Fall hatte ich eine Mitschuld und die musste ich unbedingt beichten, denn es war sicher eine Todsünde. Und wenn ich im Stand der Todsünde täglich kommunizierte, versündigte ich mich Tag für Tag weiter. Der Pater hörte mir zu und wurde ungeduldig. Irgendetwas schien ihm nicht zu gefallen. Schließlich fragte er, ob ich sicher sei, dass ich eine Berufung hätte, denn er glaube das nicht. Eine Berufene gehe nicht mit einem Priester ins Bett. »Sei uno strumento del diavolo«. War ich wirklich ein Werkzeug des Teufels? War ich besessen? Ich hatte Angst. Dennoch hoffte ich, dass es nun irgendwie gut werden würde. Immerhin hatte ich die Schuld auf mich genommen und die Absolution empfangen. Vergebens.

P. Jodok kam wieder. Ich weiß nicht mehr wie oft. Mit rot aufgedunsenem und entrücktem Gesicht mühte sich dieser zwanzig Jahre ältere, rundliche Mann auf mir ab und ließ mich nie gekannte Schmerzen leiden. Vor dem Samenerguss sprang er auf und rannte ins Bad. Dann zog er sich an und ging wieder. Seine Verhütungsmethode half nichts, ich bekam trotzdem genug Sperma ab. Aber ich war unfähig zu begreifen, was das bedeuten konnte. Ich dachte nichts. Ich fühlte nichts. Ich wollte nichts. Ich weinte nicht, trauerte nicht, hasste nicht. Ich stand am nächsten Tag auf, ging in die Kapelle, verrichtete mein Gebet und meine Arbeit. Zwar blutete ich den ganzen nächsten Tag und wusste manches Mal nicht, wie ich vor Schmerzen stehen oder sitzen sollte. Die Müdigkeit drückte mir unerbittlich die Augen zu, aber alles geschah wie durch einen unendlich langen, nebligen Traum hindurch. Das Leben ging seinen Gang und nahm mich mit, wie eine verirrte arme Seele, die irrtümlicherweise ins Reich der Lebenden geraten ist, obwohl sie längt tot ist. Es gab mich nicht mehr.

Was sonst geschah

Vieles aus diesen Monaten im Frühjahr und Sommer 2008 drang nicht mehr bis zu mir durch, dabei ist einiges geschehen, was in den nächsten Jahren wichtig werden sollte. Irgendwann im Frühjahr fand in Rom der Familienrat statt. Während der Priesterrat seine Beratungen schon abgeschlossen hatte, überraschte uns der Schwesternrat mit der Ankündigung, dass Mutter Marozia ihr Amt als International Verantwortliche, das sie laut Konstitutionen eigentlich auf Lebenszeit innehatte, ablegte. Der Rat musste eine Nachfolgerin ernennen. Es hieß ausdrücklich, dass es keine Wahl sei, sondern eine Ernennung. Gott würde den Schwestern im Rat zeigen, wen er auserkoren hatte. Wie genau das vor sich ging, wussten wir nicht. Nach einigen Tagen wurden wir alle in die Kapelle gerufen, wo wir andächtig in den Bänken knieten während der Name der neuen International Verantwortlichen verkündigt wurde. Es war Sr. Gerda, die erste Ratgeberin von Mutter Marozia. Von nun an würde sie sich Mutter Gebharda nennen.

Sr. Hilga teilte mir mit, dass ich ab Herbst desselben Jahres studieren sollte. Eine Nachricht, die in meine Apathie hineinsank, wie jede andere es getan hätte. Studieren. Das löste nichts mehr in mir aus. Ich konnte nichts damit anfangen, nicht begreifen, was das bedeuten würde oder könnte. Ich war nicht in der Lage, mich irgendwie dazu zu verhalten.

Im Sommer veröffentlichte der Papst sein Motu Proprio *Summorum Pontificum*, mit dem er den Alten Ritus zum Außerordentlichen Ritus erklärte und wieder zum liturgischen Gebrauch zuließ. Ein unerhörter Schritt, der in der Gottesfamilie mit verhaltener Begeisterung aufgenommen wurde. Vorerst wurde nur die offene Kritik an diesem Schreiben bedauert, die sich in einigen Ortskirchen regte. Dennoch fanden einige Mitbrüder Geschmack an der Alten Liturgie und begannen, in Absprache mit P. Rektor, die Messe nach dem Messbuch von 1962 zu feiern, wenn auch zuerst nur privatim.

9. DIE BEGEGNUNG

Einsamkeit und Depression

Solange ich im Frühjahr und Sommer 2008 in Rom war, war ich eine lebende Tote. Erst als ich im August wie üblich ins Mutterhaus geschickt wurde, kam ich wieder etwas zu mir. Ich war zumindest vorerst einmal weit weg von P. Jodok. Man übertrug mir die Liturgie, eine einsame Arbeit, die hauptsächlich darin bestand, Lieder und Texte für die tägliche Messe, den Rosenkranz und die Abendanbetung auszusuchen, massenweise Liedblätter in Mäppchen ein- und nach Gebrauch wieder auszusortieren, einmal in der Woche die Kapelle zu putzen und den Sakristeidienst zu versehen. Im Grunde mochte ich diese Arbeit, weil ich einigermaßen selbstbestimmt arbeiten konnte und meine Ruhe hatte. Sie war von allen im Mutterhaus möglichen Schwestern-Arbeiten die beste.

Dennoch war ich noch weit jenseits von jeder wirklich empfundenen Erleichterung. Das erste Gefühl, das sich einstellte, war Mutterseelenverlassenheit. Das erste Mal seit ich in der Gottesfamilie war, spürte ich bis ins Mark, dass ich keinen Menschen mehr auf der Welt hatte. Meine Familie war mir schon lange fremd geworden. Ich lebte mit Menschen, die denselben Tagesablauf hatten wie ich, dieselbe Sprache sprachen, dieselbe Kleidung trugen, aber ich war unter ihnen völlig allein. Niemand kannte mich, und ich kannte niemanden. Was wussten wir voneinander? Was teilten wir miteinander? Nur Äußerlichkeiten. Persönlich verband uns nichts. Niemand wusste etwas über mich, niemand interessierte sich für mich. Ich war da, um meine Aufgaben zu erledigen. Das war alles. Es war egal, wie es mir ging, solange ich einigermaßen funktionierte.

Stück für Stück wich die Apathie der vergangenen Monate einer überwältigenden Depression, in die sich nach und nach wieder erste Gefühle mischten. Es waren dunkle Gefühle. Ich begann, das Mutterhaus zu hassen, Widerwillen gegen meine Mitschwestern zu empfinden, mich bei jeder Gelegenheit zurückzuziehen. Ich hielt mich nicht mehr unbedingt an die Regeln, denn ich glaubte nicht mehr an sie. Auf einmal war ich ständig zu spät. Zum Essen, zum Gebet, zur Chorprobe, zur Sonntagsvorbereitung. Ein Überlebensinstinkt kehrte in mich zurück, und ich begann alles im Gemeinschaftsleben zu vermeiden, was mir das Gefühl gab, ausgeliefert und fremd zu sein, gedemüdigt oder entmündigt zu werden. Ein Verhalten, das viele Mitglieder der Gottesfamilie nach einigen Jahren in der Gemeinschaft an den Tag legen.

Lichtblicke

Ein erster Lichtblick in diesem Sommer war fr. Gebhard. Er hatte mir vor geraumer Zeit schon in Rom einmal einen Tag gerettet, indem er während der Frühstücksvertiefung – einer jener hochdramatischen von P. Konrad, über Death Metal, Satanismus oder Exorzismen – während alle anderen es nicht wagten weiterzuessen, munter weiter frühstückte und P. Konrad ungeniert unterbrach, mit dem Satz: »Kann ich bitte noch Butter haben?« Bis heute bin ich ihm dankbar für diese Geste kindlicher Rebellion gegen die Übermacht des fanatischen Systems, in dem wir gefangen waren. Auch fr. Gebhard glaubte nicht an die Regeln. Einmal kam er zu mir ins Liturgiezimmer, um irgendetwas zu holen. Dabei sagte er: »Da haben Sie aber einen Scheiß-Job, Schwester. Hinter Gittern (es waren tatsächlich Gitter vor den Fenstern) und draußen scheint die Sonne!« Natürlich widersprach ich ihm und verteidigte meine Aufgabe, aber schmunzeln musste ich doch. Er zeigte mir den Mp3-Player, den er heimlich unter seinem Pulli trug, und ließ mich einen seiner Lieblingssongs von U2 mithören. Solche Musik hatte ich ewig nicht mehr gehört. Da ging die Tür auf und eine Mitschwester kam herein. In Windeseile ließ fr. Gebhard das Gerät unter seinem Pulli verschwinden und sagte, als wären wir mitten in einem anderen Gespräch gewesen: »Ja, das ist gut, das Lied. Das … das nehme ich für die Anbetung. Danke für die Idee, Schwester. Danke nochmal, Danke!« Und mit einer grinsenden Grimasse über die Schulter der eben hereingekommenen Mitschwester verschwand er aus der Tür.

Ein Lichtblick war auch P. Alwin, der im September ins Mutterhaus kam, nachdem er den August in Rom verbracht hatte. Er sagte mir, dass nun endlich das neue Bibliotheksprogramm fertig wäre und er es mir zeigen wolle. Dafür müssten wir uns ein wenig Zeit nehmen. Natürlich musste ich erst bei der Lokalverantwortlichen nachfragen, ob es in Ordnung sei, wenn ich in den nächsten Tagen ein paar Stunden mit P. Alwin in der Bibliothek verbrächte.

Diese Stunden in der Bibliothek waren ungeheuer wohltuend. Das neue Programm war eine enorme Arbeitserleichterung und hatte eine angenehme Benutzeroberfläche. P. Alwin hatte schon eine Datei mit den Datensätzen der römischen Bibliothek für mich erstellt und erklärte mir Schritt für Schritt die Arbeit mit dem Programm. Etiketten erstellen, ausleihen, neue Datensätze eintragen, alte löschen. Er behandelte mich nicht wie eine Schwester, sondern wie seinesgleichen, auf Augenhöhe. Gemeinsam erledigten wir noch ein paar lästige Kleinigkeiten, Einträge, die manuell zu erfolgen hatten. Vor allem aber begannen wir nach und nach, miteinander zu reden, wenn auch anfangs nur sehr wenig. Aus irgendeinem Grund kamen wir auf Kreuz und Leiden zu sprechen. P. Alwin sagte, dass er im Leiden keinen Sinn sehe. Dem konnte ich mich nicht anschließen. Er stellte damit nicht nur die Spiritualität der Gottesfamilie von Grund auf infrage, sondern vor allem auch mein ganzes bisheriges Leben in der Gottesfamilie. Mein ganzes Leiden musste einen Sinn gehabt haben! Wir hatten nur ein paar Worte darüber wechseln können, aber das Thema ließ mich nicht los. Als ich wieder in der Liturgie war, beschloss ich daher, P. Alwin einen Brief zu schreiben.

Zum ersten Mal seit Jahren schrieb ich selbst wieder etwas nieder, worüber ich mir Gedanken machte. Was das damals genau war, kann ich heute kaum mehr rekonstruieren. Vermutlich, dass Leiden nicht an sich sinnvoll wäre, sondern nur, wenn es aus Liebe ertragen wird oder Ähnliches. Ich legte den Brief in das Postfach von P. Alwin, das sich wie alle Postfächer der PG im Vorraum der Sakristei befand. Die Postfächer der SG befanden sich dagegen im Raphaelszimmer, wo ich die meiste Zeit arbeitete. Allerdings hatten nur eine Handvoll Schwestern im Mutterhaus eigene Postfächer. Ich besaß keines. Die Pförtnerin legte Briefe in der Regel an den Schwellen unserer Zimmertüren ab. Nachrichten für mich lagen ab und zu auch auf dem Schreibtisch im Raphaelszimmer, wo aber theoretisch jeder im Haus Zugang hatte. Genau dort fand ich nach einigen Tagen eine Antwort von P. Alwin, die ich sogleich an mich nahm und versteckte. Zwischen uns entstand ein kleiner Briefaustausch, ein Abenteuer, das spannender kaum hätte sein können.

Mitten in diesem verbotenen Briefaustausch überkam mich eine gewisse Panik. Mich überfiel der fixe Gedanke, ich müsse das alles sofort abbrechen. Ich wollte nicht schon wieder einen Mitbruder an meinen Fersen haben. Denn ich wusste, auch gegen ihn würde ich mich nicht wehren können. Wenn er mir Böses wollte, würde er es tun können, genau wie P. Jodok es getan hatte. Meine Verantwortlichen würden mich nicht schützen, ich würde mich nicht entziehen können, und ich würde es niemandem sagen können, denn in den Augen der Gemeinschaft wäre ich die Schuldige. Die Verantwortung lag bei mir, nicht aber die Möglichkeit, mir Hilfe zu holen, mich zu wehren, meinen Peiniger anzuzeigen. Und woher sollte ich wissen, dass andere Mitbrüder nicht dieselben Absichten hatten? Wem konnte ich überhaupt vertrauen? Aber diese Angst verflog, als ich von Tag zu Tag spürte, wie anders sich Alwin und

Gebhard verhielten. Sie fragten mich, wie es mir ging, hörten mir zu und ließen mein Wort gelten. Sie bedrängten mich nicht und verfielen nicht in unkontrollierte Wutanfälle, sondern waren reflektiert und freundlich. Vor allem aber, sie begegneten mir auf Augenhöhe. Dass Alwin und Gebhard sich diese Fähigkeit bewahrt hatten, unterschied sie so wohltuend von den meisten Mitgliedern der Gottesfamilie, die nach einer gewissen Zeit weder sich selbst und ihre eigenen Gefühle kennen, noch die anderer und daher unfähig werden, auf andere Menschen einzugehen, empathisch zu empfinden oder zu reagieren.

An einem Sonntag Mitte September bekam unser Gedankenaustausch eine entscheidende Wendung. P. Alwin war an diesem Tag der Hauptzelebrant, daher sollte er auch der Vesper am Nachmittag vorstehen, die wie jeden Sonntag feierlich in Rauchmantel und Chormänteln begangen wurde. An diesem Sonntag hatten wir allerdings ein Totengedenken, sodass die Vesper mit einer Prozession am Friedhof beginnen sollte. Der Hauptzelebrant sollte also schon zehn Minuten vor Beginn der Vesper im Rauchmantel am Friedhof stehen. Wohl nicht ganz zu unrecht ging ich davon aus, dass P. Alwin nicht daran denken würde. Also rief ich ihn nach dem sonntäglichen Mittagessen kurzerhand auf seinem Zimmer an, um ihn zu erinnern. Er bedankte sich freundlich, aber damit war unser Gespräch noch nicht zu Ende. Wir kamen auf die Gemeinschaft zu sprechen. Die Überlegungen der letzten Wochen sprudelten geradezu aus mir heraus. Die Gemeinschaft war in einem desolaten Zustand. Sie war voller überforderter, gebrochener und verbitterter Menschen. Die meisten Verantwortlichen waren unfähig, und die einfachen Mitglieder mussten sich an unsinnige Regeln halten. Vor allem aber, wir bewirkten nichts. Die Gemeinschaft tat eigentlich gar nichts. Wir nützten niemandem irgendetwas. P. Alwin wurde hellhörig, stimmte mir größtenteils zu, relativierte einige meiner Aussagen und ermutigte mich, weiter die Augen offen zu halten und meine Bedenken auch meinen Verantwortlichen mitzuteilen. Er persönlich hatte sich eine Aufgabe daraus gemacht, die Missstände in der Gemeinschaft offen anzusprechen, vor allem gegenüber den Verantwortlichen, die er damit hoffnungslos überforderte. Er glaubte noch daran, dass sich eine Änderung zum Besseren langfristig erreichen lassen würde. Das Gespräch elektrisierte mich. Ich hatte das erste Mal seit Ewigkeiten wieder eine Mission und einen Verbündeten. Ich war nicht mehr allein. Und ich konnte vielleicht sogar etwas bewegen.

In diesen Tagen hatte ich ein Gespräch mit Mutter Gebharda. Es war das erste, seit sie ihr neues Amt übernommen hatte, und ich war fest entschlossen, gleich umzusetzen, wozu P. Alwin mich ermutigt hatte. Ich hatte eine gewisse Liste von Punkten im Kopf, die ich ansprechen wollte. Mutter Gebharda kam zunächst auf mein Studium zu sprechen und darauf, dass meine Begabungen der Gemeinschaft dienen sollten. Was sie denn mit mir vorhätten, wenn ich das Studium abgeschlossen haben würde, fragte ich. »Darauf kann ich dir jetzt noch keine Antwort geben«, war die enttäuschende Erwiderung. Ich hätte hier unmittelbar einhaken können, aber ich begann beim ersten Punkt meiner gedanklichen Liste: »Warum studieren eigentlich nicht viel mehr Schwestern? Oder warum machen sie nicht wenigstens eine Ausbildung in den Bereichen, in denen sie eingesetzt werden?« Mutter Gebharda wirkte etwas überrascht, aber sie beschwichtigte mich sofort: »Das tun sie. Du weißt ja nicht, wie viele Mitschwestern Diplome und Titel haben. Wir sprechen nur nicht darüber. Und wir sehen auch, dass es auch unter den jungen Schwestern viele Begabungen gibt. Aber stell dir vor, viele sind froh, dass sie nicht studieren müssen. Eine Mitschwester sagte neulich erst zu mir: Ach, studieren, das wäre nichts für mich! Ich bin so dankbar, dass ich in der Küche arbeiten darf.« Ich musterte Mutter Gebharda skeptisch. Ich mochte ihr nicht glauben. Aber ich sah ein, dass Nachhaken an diesem Punkt nicht sinnvoll war. Also nahm ich den nächsten in Angriff, unsere Kleidung. »Warum können wir unsere Kleider eigentlich nicht selbst kaufen gehen? Ich meine, wir sind doch sehr altmodisch gekleidet und gerade für die jungen Schwestern ist das ... es ... ich finde, es sieht komisch aus, für Außenstehende meine ich.« Bei diesem Thema machte Mutter Gebharda nicht die geringsten Zugeständnisse: »Das findest du vielleicht«, sagte sie und lachte. Aber ich konnte nicht mitlachen. »Nein, unsere Kleider kommen ja alle hier aus Kaufhäusern. Das ist nicht altmodisch. Das tragen Frauen auf der Straße auch.« Nun war ich mehr als skeptisch. Ich hatte noch nie jemanden auf der Straße gesehen, der gekleidet war wie wir, außer vielleicht einige wenige Frauen jenseits der siebzig. Ich versuchte, Mutter Gebharda zu widersprechen, aber sie ließ es nicht zu. Unser Gespräch war beendet. Frustriert kehrte ich in das Raphaelszimmer zurück.

Die Erinnerung an dieses Gespräch ließ mir keine Ruhe. Ich hätte mich besser ausdrücken müssen, präziser in Worte fassen, worum es mir ging. Es ging mir ja nicht um mich. Ich wollte nur, dass wir als Gemeinschaft normal wurden, dass wir vernünftig miteinander umgingen und nach außen ansprechend auftreten konnten. Ich beschloss, Mutter Gebharda einen Brief zu schreiben, in dem ich die Hauptpunkte meiner mentalen Liste zusammenfasste und so präzise und wohlwollend wie möglich formulierte. Für das Verfassen dieses Briefes brauchte ich einen Ort, an dem es einen Computer gab und einen Drucker – und möglichst keine Beobachter. Die Bibliothek! Ich machte mich auf den Weg durch den Kreuzgang, hinauf in den ersten Stock, den Katharinengang entlang, durch die Teeküche und schließlich in den Bibliotheksflügel hinein. Als ich die Tür dort öffnete, saß ein fremder Mann am Computer. Natürlich, der Programmierer, den P. Alwin noch einmal für das Programm bestellt hatte. Ich entschuldigte mich und schloss die Tür wieder hinter mir. Aber ich hatte mich kaum ein paar Schritte entfernt, da wurde die Bibliothekstür kraftvoll wieder aufgerissen, und P.

Alwin lief mir hinterher. Ich hatte ihn gar nicht gesehen: »Jetzt reißen Sie doch nicht aus! Was wollten Sie denn?« »Ich brauche einen Computer«, sagte ich. Er nahm mich mit zurück und setzte mich an den zweiten PC, der in der Bibliothek am Fenster stand. So arbeiteten wir dort zu dritt. Ich an meinem Brief, der Programmierer am Programm und P. Alwin an ich weiß nicht was. Es herrschte dieselbe angenehm entspannte und konzentrierte Atmosphäre, wie wenn ich mit ihm alleine war. Ab und zu machte einer der beiden eine pointierte Bemerkung in die Stille hinein, und der andere griff sie auf. Ich fühlte mich sehr wohl.

Als der Programmierer ging, wartete ich, bis P. Alwin ihn verabschiedet hatte, bevor ich ihn bat, meinen Brief an Mutter Gebharda durchzulesen. Er nahm das Blatt in die Hand und versprach mir, das so bald wie möglich zu tun. Am nächsten Tag trafen wir uns wieder. Als ich in den Bibliotheksgang einbog, stand er am Ende des Ganges und winkte mir zu. Ich sollte nicht in die Bibliothek gehen, dort wäre jemand. Wir gingen also in den nächsten Raum, die Newman-Bibliothek. In der Hand hielt er meinen Brief, in den er mit Bleistift einige Korrekturen eingefügt hatte. Das enttäuschte mich etwas. Ich hatte insgeheim angenommen, meine Zeilen wären perfekt. »Sie müssen die Spitzen rausnehmen«, sagte er »daran werden sie sich gleich festbeißen, und Sie können Ihre anderen Punkte vergessen, verstehen Sie? Das hier zum Beispiel«, er zeigte auf eine angestrichene Zeile, »der Satz mit den Scheuklappen. Das würde ich genauso formulieren. Sie haben Recht damit. Aber wenn Sie wollen, dass Mutter Gebharda das versteht, dann müssen Sie das anders formulieren.« Auch wenn ich gerade diese Formulierung nicht gern aufgab, verstand ich. Ich war froh, jemanden zu haben, der in solchen Dingen schon Erfahrung hatte. Vor allem aber spürte ich, wie gut es tat, das alles überhaupt mit jemandem teilen zu können. Langsam aber sicher spürte ich, wie längst vergessene Gefühle in mir wieder vorsichtig ihre Fühler ausstreckten.

Der Brief an Mutter Gebharda war längst aus ihrem Fach verschwunden. Sie hatte ihn wahrscheinlich auch schon gelesen. Ich wartete vergebens auf eine Reaktion. Wie auf so viele spätere Briefe an Verantwortliche erhielt ich auch auf diesen niemals eine Antwort. Dafür lag schon wenige Tage nach unserem Treffen in der Newman-Bibliothek ein neuer Brief von P. Alwin auf meinem Tisch. Ich versteckte ihn und nahm ihn am Abend mit auf mein Zimmer.

Seine Zeilen warfen mich um. Offenbar hatte er in meinen Worten sich selbst wiedererkannt. Er dachte und formulierte genauso, vor allem aber, er kämpfte genauso. Er hatte schon jahrelang um Veränderungen in der Gemeinschaft gekämpft und den Verantwortlichen ins Gewissen geredet. Er hatte den ein oder anderen Sieg errungen, aber ungleich mehr Niederlagen. Er hatte eine besondere Stellung in der Gemeinschaft erlangt, bekam Sondererlaubnisse, und wurde wegen seiner Eloquenz und Intelligenz von den Verantwortlichen gefürchtet, gestraft und geliebt. Sie brauchten ihn als Aushängeschild, sie lernten von ihm und beteten dennoch eifrig für seine Bekehrung, versuchten ihn zu demütigen und zu maßregeln. Er war für die ganze Gemeinschaft ein Stein des Anstoßes, ein Stachel im Fleisch. Bei alledem aber fühlte er selbst sich ratlos und einsam. Wo war Gott in alledem? In der Gemeinschaft, in seinem Leben? Unzählige Pfade des Gebets, des Fastens und der Spiritualität hatte er beschritten, aber keiner hatte ihn zum Ziel geführt. Er hatte die Regeln des Gemeinschaftslebens genauer befolgt als viele andere, aber er hatte ihre Sinnlosigkeit erkannt. Aber wo war Sinn? Welchen Weg sollte er gehen? Wo war Gott? Auf diese Fragen fand er keine Antwort. Er sah sich als einsamer Sucher, als Kämpfer für die Rechte anderer, dem selbst niemand helfen konnte.

Als ich seine Zeilen las, spürte ich, wie gleichsam etwas in mir zerbrach, etwas wie eine schwere Eisenkette. Dieser Brief war nicht nur ein Lichtblick. Er war eine Verheißung, der Beginn von etwas, ein Stück Zukunft, Leben, Freundschaft. P. Alwin öffnete mir sein Herz. Er, der sich nie auch nur die geringste Blöße gab, der jeden Auftritt wie eine Schlacht plante, der für jede Begegnung eine Strategie hatte und einen Plan B. Er, der sich immer in einer Rolle verschanzte, sei es als Unterhalter, als Lehrer, als freundschaftlicher Förderer, als intelligenter Revolutionär. Und nicht nur das. Was er mir von sich offenbarte, von seinen Wünschen und Ängsten, von seinem Suchen und Kämpfen, fühlte sich so vertraut an, als wären es meine eigenen Gefühle und Erfahrungen. Ich verstand jedes Wort, ich durchlebte jede Angst. Ich fühlte mich ihm unendlich nah und vertraut.

Ich schrieb ihm zurück, wenige Zeilen nur. Ich sagte ihm, wie sehr sein Brief mich berührt hatte. »Wenn Sie mir einen Liebesbrief geschrieben hätten, hätten Sie mich kaum mehr treffen können ... Ich kann Ihnen nicht helfen, P. Alwin, aber ich kann Sie lieben. Und das will ich auch tun, so wie es unserer Berufung und unserem Stand entspricht.« Ohne Zögern formulierte ich so und ohne Zögern legte ich den Brief in sein Fach. Als ich einige Tage später seine Antwort auf meinem Tisch liegen sah, ließ ich sofort alles stehen und liegen, versteckte den Brief unter meiner Strickjacke und lief hinauf in mein Zimmer, um ihn in Ruhe zu lesen. Es waren nur wenige Zeilen. »Liebe Sr. Doris, vor einige Tagen hatte ich einen Traum. Im Traum durfte ich Sie in die Arme nehmen ...« Mein Herz blieb stehen, mir wurde schwarz vor Augen. Mein Gott! Ich schloss die Augen, setzte mich und holte ein paar Mal tief Luft, bevor ich weiterlas. Er fuhr fort, dass er sich mir ebenso nah fühlte wie ich mich ihm. Ich war aufgeregt wie ewig nicht mehr. Alles in mir fühlte sich wieder lebendig an. Ich wurde überwältigt von einem unauflösbaren Gefühlscocktail, in dem keineswegs die positiven Gefühle dominierten. Skrupel, Angst, Überforderung und Sorgen krochen in mir hoch, aber sie schafften es nicht, die tiefe Freude zu übertönen, die nun in mir war: Ich war nicht mehr allein. Ich hatte jemanden, der zu mir stand, der mich liebte. Ein lebendiger Mensch. Endlich fühlte ich mich wieder. Und ich fühlte mich stark und lebendig. Ich hatte wieder begonnen, zu denken und zu wollen.

Nach der jahrelangen Formung, die ich erhalten hatte, diesem skrupulösen Training, das uns alle Gefühle, alles Denken, Wollen, Wünschen und Empfinden als egoistisch und sündhaft abgewöhnt hatte, das uns vereinzelt, entpersonalisiert und entmündigt hatte, nach jahrelangem Dasein als Arbeitskraft und Vorzeigeschwester, als Nicht-mehr-Ich, als »Ganz-Gottesfamilie-Gewordene«, als gemaßregelte, gefügig gemachte und regeltreue Novizin, die nichts mehr empfunden, nichts mehr gedacht, nichts mehr gewollt und nichts mehr vorgehabt hatte, nach allem, was ein Mensch, der es nicht erlebt hat, sich unmöglich vorstellen kann, und wenige Monate nachdem P. Jodok alles, was von mir und von »Sr. Doris« noch übrig gewesen war, endgültig in den Dreck getreten hatte, nach alledem war diese Begegnung ein unermessliches, gewaltiges, abgründiges Ereignis. Welten brachen zusammen und neue erstanden. Mein Ich wurde neu zum Leben erweckt, und die Mächte, die meine vergangenen Jahre mit Allgewalt beherrscht hatten, zerfielen mit einem Schlag zu Staub. Charisma, Einheit, Gehorsam, Dienen, Selbstlosigkeit, Reinheit. Die Worte, die mich in Bann gehalten hatten, verloren ihre magische Kraft. Ich hatte etwas gegen sie in der Hand, meinen Verstand und mein Gefühl. Und ich konnte mit Alwin sprechen. Ich war jemand. Ich hatte eine Daseinsberechtigung und einen Wert. Nicht kraft meiner (geraubten) Jungfräulichkeit, nicht wegen meiner Ergebenheit gegenüber den Verantwortlichen, nicht aufgrund meiner Selbstlosigkeit, sondern einfach als ich selbst. In den Augen eines anderen Menschen hatte ich einen Wert. Das hatte ich seit meinem Eintritt vor über fünf Jahren nicht mehr erlebt.

Als ich P. Alwin einige Tage später im Katharinengang traf, blieb keine Zeit für lange Gespräche. Wir kamen aus verschiedenen Richtungen. Jeden Moment konnte jemand den Gang betreten. Vom

Innenhof aus konnte man in den Gang sehen. Mit halblauter Stimme sagte er nur: »Und, hat es so gepasst?« Diese Tarnfomulierung machte mich schmunzeln. Zugleich spürte ich seine Nervosität. Was, wenn ich nein gesagt hätte? Es hätte ihn wohl tatsächlich verletzt. »Ja, natürlich!«, sagte ich. Aber wir beide wollten nicht einfach aneinander vorbeigehen und es dabei bewenden lassen. Das Bild aus seinem Traum, die Umarmung, war uns beiden zum Sehnsuchtsbild geworden. »Können wir das noch kurz umsetzen?«, fragte er. Mir war derselbe Satz auf der Zunge gelegen. Also machte er Kehrt, und wir beide gingen in die Bibliothek, wo er mit einer rührend hilflosen Geste versuchte, mich in seine Arme zu schließen. Ich spürte, wie nervös er war, schließlich konnte jeden Moment jemand den Raum betreten. Es ging viel zu schnell, meine Brille verrutschte. Im nächsten Augenblick ließ er mich wieder los, ich rückte meine Brille zurecht, und wir grinsten uns hilflos und verlegen an. Plötzlich hörten wir Schritte im Gang, woraufhin ich den Raum sofort verließ, während er hinter den Bücherregalen verschwand.

Ich schlug vor, dass wir diesen Versuch wiederholen sollten. Wir machten aus, dass wir uns am Freitag nach dem 3-Uhr-Gebet treffen wollten, wieder in der Bibliothek, die für alle folgenden Jahre unser Zufluchtsort blieb. Sie war uns aus doppeltem Grund Zuflucht, zum einen war sie ein Inbegriff geistiger Freiheit, zum anderen bezeichnenderweise einer der am wenigsten frequentierten Räume im Kloster. Als das 3-Uhr-Gebet zu Ende war, machte ich mich sofort auf den Weg in die Bibliothek. P. Alwin saß am Computer. Als ich den Raum betrat, stand er auf und begann zunächst ein Gespräch über das Studium, das ich ab Herbst beginnen sollte. Zwischenzeitlich hatte Sr. Hilga sich aus Rom bei mir gemeldet. Sie sagte, ich sollte zunächst nur ein oder zwei Kurse in der Woche belegen, weil ich ja auch bei der Hausarbeit gebraucht würde. Ich war wütend darüber und hatte bei der Studienberatung der Universität angerufen, an der ich studieren sollte: Santa Croce, die Universität des Opus Dei. Zu meiner Erleichterung sagte mir der Professor, den ich ans andere Ende der Leitung bekam, dass ich aus kirchenrechtlichen Gründen gar keine theologischen Kurse belegen konnte, bevor ich nicht Philosophie studiert hätte. »Liebe Schwester, sagen Sie Ihrer Oberin, dass sie Sie in aller Ruhe das Vollstudium beginnen lassen soll. Das ist das Beste und Vernünftigste.« Und tatsächlich, Sr. Hilga gab sich geschlagen. Diese frohe Nachricht brachte ich Alwin, der mich dazu beglückwünschte. Er freute sich wirklich mit mir. »Das ist das einzig Vernünftige«, sagte er, »außerdem ist es logisch, dass sie Sie studieren lassen. Alles andere wäre ja auch dumm gewesen.« Wir waren ein paar Schritte weitergegangen und standen nun am Fenster hinter den Bücherregalen, sodass man uns von der Tür aus nicht sehen konnte. Auf dem Gang war alles still. Leise und behutsam, als hätte es gegolten, etwas besonders Kostbares und Zerbrechliches in die Hand zu nehmen, schlossen wir einander in die Arme.

Lange hielten wir uns so, ohne dass einer von uns ein Wort gesagt hätte. Die Zeit blieb stehen, und es fühlte es sich an, als ob in uns Minute für Minute eine Wunde nach der anderen verheilte, die die vergangenen Jahre gerissen hatten. Wir waren aufgehoben in einer Geborgenheit, die wir beide nicht für möglich gehalten hatten, wunderbar umfangen, getragen und getröstet.

Wir hielten uns immer noch, als Alwin sagte: »Eigentlich wissen wir gar nichts voneinander ... Ich weiß, wie Sie mit Nachnamen heißen und dass Sie Deutsche sind. Aber ... welche Musik mögen Sie, welche Bücher, welche Gerüche? Ich weiß ja nicht einmal, wie alt Sie sind! Wie alt sind Sie denn?« »So etwas darf höchstens ein Italiener fragen«, sagte ich halb spielend, halb verlegen. »Allora, quanti anni hai?«, war die prompte Erwiderung. »Raten Sie!« »Ich würde schätzen, Sie sind so alt wie mein kleiner Bruder: 25.« »Fast, ich bin 24. Im November werde ich 25. Und wie alt sind Sie?« »30.«

Auf einmal gab es so viel, das man hätte fragen können, so viel zu erzählen. Wir sprachen über Musik, über Essen, über Gerüche.

Was gefiel mir und was nicht? So etwas wie ein Lieblingsessen hatte es jahrelang nicht mehr gegeben. Ich musste nachdenken. Und was gefiel ihm? Wir entdeckten viele Gemeinsamkeiten, aber trotz oder gerade wegen der vielen möglichen Fragen, verstummten wir bald wieder. Wir waren überwältigt von dieser Umarmung. »Das ist die Wahrheit«, schoss es mir durch den Kopf »so ist Gott, mein Gott: er schenkt uns mehr, als wir uns wünschen können.«

Selbst als draußen auf dem Flur ein Staubsauger erklang – es war Sr. Rosina, die den Freitagsputz absolvierte – ließen wir einander nicht los. Sr. Rosina war harmlos und sie würde nicht hier hereinkommen. Erst als es Zeit wurde, dass ich mich zur Vorbereitung der Vesper mit eucharistischem Segen wieder auf den Rückweg in Richtung Kapelle machte, ließen wir einander los. Es war eine wundervolle Begegnung und zugleich ein Abschied für ungewisse Zeit. Am Montag in aller Frühe würde P. Alwin nach Ungarn aufbrechen. Sobald er von dort zurück wäre, würde er das Studium der Kanonistik in München beginnen. Ich dagegen würde in gut einer Woche wieder zurück in Rom sein. Wann wir uns wiedersahen, wusste keiner von uns. Es würde in jedem Fall Monate dauern, wahrscheinlich Jahre, möglicherweise mehrere Jahre. Und jedes Wiedersehen wäre vermutlich von kurzer Dauer, heimlich zwischen Gebets- und Arbeitszeiten und unter Umständen auch ganz unmöglich.

10. DER KAMPF UM EINE BESSERE GOTTESFAMILIE

Erste Veränderungen

Als ich in den ersten Oktobertagen nach Rom zurückkam, war vieles anders, als es vor meiner Abfahrt gewesen war. Ich hatte wieder ein Zimmer im Ingresso 2, in das P. Jodok nicht so einfach kommen konnte. Vor allem aber war ich selbst eine andere geworden. Ich wusste wieder, dass ich jemand war. Ich hatte über den Sommer wieder gelernt, »Ich« zu sagen. Und ich fühlte mich stark. Zum ersten Mal dachte ich nun über das nach, was mir geschehen war, sehr vorsichtig zuerst, so wie man eine noch frische Wunde betastet. Meine ersten Gedanken diesbezüglich galten der Wahrscheinlichkeit, mit der P. Jodok versuchen würde, so weiterzumachen wie vor dem Sommer. Und tatsächlich. Im ersten Augenblick, in dem er wieder mit mir alleine war, versuchte er es. Es war im Treppenhaus. Ich hatte schon die Türklinke zum Ingresso 2 in der Hand, als er hinter mir mit großen Schritten die Stufen heraufgerannt kam. »Sr. Doris ...« Ich drehte mich um. Mit seinem Gesicht dicht vor mir – er roch ungepflegt und der Geruch weckte Erinnerungen und panischen Ekel – flüsterte er mir zu: »Heute Abend auf der Mansarde?« Jetzt erst kam die Wut. Jetzt, wo ich wieder jemand war, jetzt wo ich wieder denken konnte, wo ich wusste, was er meinem gebrochenen alten Ich angetan hatte, jetzt empfand ich es auch, im Bruchteil einer Sekunde erlebte ich es nach, und bodenlose Entrüstung stieg in mir auf. Mit aller Abscheu und Verachtung, die in mir war, zischte ich ihn an: »Was fällt Ihnen ein?!« Mehr brachte ich nicht heraus. Ich sah gerade noch sein verdattertes Gesicht, als ich die Tür hinter mir schloss. Von nun an versuchte er es wenigstens nicht mehr direkt. Dennoch musste ich es aushalten, dass er im selben Haus wohnte, dass er nach wie vor Regens war und der Letztverantwortliche für die Bibliothek, dass er mir Anweisungen geben konnte und dass er mich nach wie vor mit Blicken, aufgezwungenen Gesprächen, ja sogar Belehrungen verfolgte. Vor allem aber musste ich es aushalten, dass das, was er mir angetan hatte und wovon außer uns kein Mensch wusste, mich auf eine widerliche Weise an ihn band. In seiner Gegenwart fühlte ich mich unendlich schmutzig und erniedrigt.

Da ich ab Mitte Oktober an die Uni gehen sollte, kam ich nun in den Genuss der Privilegien, die sonst nur die fratres und höher gestellte Mitglieder der Gemeinschaft genossen: Ich bekam einen eigenen Laptop und eine eigene Email-Adresse. P. Janez, der für die Technik im Haus verantwortliche Mitbruder, richtete einen Mail-Account mit der Domain der Gemeinschaft für mich ein. Er ließ mich mein Passwort selbst wählen, aber natürlich wurde es wie alle Passwörter von ihm zentral verwaltet. Ich konnte es nicht ändern. Theoretisch konnten die Verantwortlichen also den gesamten Mail-Verkehr ihrer Mitglieder mitlesen. Das war mir von Anfang an klar. Die wesentlich größere Verbesserung stellte daher der Computer dar, dem ich ein eigenes Passwort gab. Nun war ich frei zu schreiben und konnte meine Texte so abspeichern und verstecken, dass meine Verantwortlichen sie nie finden würden. Tatsächlich hatte ich Angst, dass sie mein Zimmer durchsuchen würden. Unsere Zimmer waren nie abgeschlossen. Ich dachte an die Briefe von Alwin. Ich hatte sie so gut versteckt wie ich konnte, aber wenn jemand in meinem Zimmer nach etwas suchen würde, würden sie sicher gefunden werden. Schweren Herzens beschloss ich, sie zu vernichten. Ich las sie wieder und wieder und versuchte, mir ihren Inhalt so gut wie möglich einzuprägen, bevor ich sie in einem unbeobachteten Moment in den Reißwolf schob. Ein Verlust, den ich bis heute bedauere.

Der eigene Laptop gab mir die Möglichkeit, eine Art Tagebuch zu führen, in dem ich meine Gedanken und Gefühle niederschrieb. Tagebuch zu führen war uns in der Gottesfamilie nicht erlaubt, aber solchen Regeln fühlte ich mich nach allem, was geschehen war, nicht mehr verpflichtet. Das Schreiben tat sehr gut. Erst im Niederschreiben erkannte ich, wie ich mich tatsächlich fühlte. Denn nach wie vor funktionierte ich mehr, als ich lebte. Die Betäubung die mich seit meinem Eintritt mehr und mehr umfangen und gelähmt hatte, war keineswegs gewichen, sie war nur stellenweise durchbrochen worden. Die Kraft, die ich wieder in mir spürte, fühlte sich viel größer an, als sie tatsächlich war. In Wirklichkeit war ich ein sehr zerbrechliches Gebilde, und meine Kraft war eine Mischung aus Hoffnung und Verzweiflung, die mich weit über meine tatsächlichen Kräfte hinaus beflügelte. Wie es tatsächlich in mir aussah, erkannte ich, als ich zu schreiben begann: düster, nicht viel besser als in den Jahren zuvor. Dennoch bedeutete es eine gewaltige Erleichterung, dass ich es nun aufschreiben konnte. Das In-Worte-Fassen dessen, was in mir vorging, war eine wunderbare Medizin. Ich spürte mich wieder, ich hatte mich wieder, und erst so wurde ich auch fähig, mich mitzuteilen und etwas mit mir anzufangen.

Ich empfand nun überdeutlich, dass ich eine Mission hatte. So wie ich versucht hatte, mit Mutter Gebharda zu sprechen, musste ich mit Sr. Hilga sprechen. Ich hielt sie für intelligenter. Sie würde vielleicht doch das ein oder andere verstehen. Sie konnte ich vielleicht gewinnen und überzeugen. Lasst mehr Schwestern studieren. Lasst uns Freizeit haben. Lasst gewisse Formen von persönlichem Austausch oder wenigstens von gedanklichem Austausch unter den Mitgliedern zu. Solche und ähnliche Forderungen richtete ich in den folgenden Monaten und Jahren mündlich und schriftlich an Sr. Hilga und andere Verantwortliche. Dabei erzielte ich immer wieder Teilerfolge, beispielsweise als Sr. Hilga uns am Abendtisch erzählte, jemand hätte ihr eine gewisse Summe Geld übergeben, damit wir Schwestern einmal etwas unternehmen könnten. Sie lachte herzlich über diese Vorstellung, und die Schwestern lachten mit ihr. Was für ein absurder Gedanke! Ich wollte diesen Gedanken aber nicht absurd finden. »Warum nicht?«, fragte ich sie, als wir beim nächsten Formungsgespräch zusammensaßen »wenn der Spender es so gewollt hat und du das Geld angenommen hast, warum willst du es dann nicht so verwenden, wie er es vorgesehen hat? Schaden wird es uns bestimmt nicht.« Und tatsächlich ging sie schließlich auf diesen Vorschlag ein. Wir Schwestern gingen miteinander essen. Allerdings kam es, wie ich befürchtet hatte. Keine von uns fühlte sich wohl in ihrer Haut, als wir im Restaurant um einen langen Tisch saßen. Uns fehlte die moralische Legitimation für das, was wir hier taten. Es fühlte sich zu sehr nach Verweltlichung und Sünde an. Dennoch hatten wir es getan. Das nächste Mal gelingt es vielleicht schon besser, dachte ich.

Die größte Veränderung, die dieser Herbst mit sich brachte, war zweifellos das Studium. Ich freute mich darauf, obwohl Alwin mich vor Santa Croce gewarnt hatte. Er habe gehört, dass man sich dort allzu aufdringlich um die Studenten kümmere. Auch Mutter Gebharda hatte so etwas angedeutet, sie würden mich bloß dorthin schicken, weil sie wüssten, dass ich in der Berufung gefestigt sei. Dachten sie, das Opus Dei würde versuchen, mich abzuwerben? Mutter Marozia hatte mir eine Berührungsreliquie von Mutter in die Hand gedrückt, die ich an der Uni immer bei mir tragen sollte. »Sie werden dich mit Adleraugen beobachten!«, hatte sie in ihrem verschwörerisch-prophetischen Tonfall gesagt, der mich zwang, die Lippen aufeinanderzupressen, um nicht loszuprusten. Welch eine Panik. Aber natürlich wusste ich, was von mir erwartet wurde: Kontakte knüpfen. Die gewünschte Zielgruppe waren junge Eintrittswillige und einflussreiche Höhergestellte. Und ich war ziemlich gut darin. In den nächsten zwei Jahren bekamen wir nicht nur eine neue Mitschwester, sondern auch Besuch von mehreren Professoren und dem Rektor der Universität. Das Studium, natürlich, das sollte ich auch absolvieren. Aber wenn sie Wert darauf gelegt hätten, dass ich tatsächlich studiere, dann hätten sie mich an eine andere Uni geschickt, das lag auf der Hand.

Der Betrieb in Santa Croce glich dem einer Schule oder eines Klosters. In der Philosophie bestand unsere Klasse aus circa 20 Studenten. Wir saßen in einem sehr kleinen Klassenzimmer im dritten Stock des Apollinare, während die Professoren am Pult, allesamt Numerarier, sich abwechselten. Jede Stunde begann mit einem Ave Maria, und mittags wurde der Angelus gebetet. Außer mir gab es nur einen einzigen Deutschen in der Klasse und nur eine Handvoll Italiener, der Rest kam aus Mexiko, El Salvador, Chile, Nigeria, der Elfenbeinküste, Vietnam und anderen Ländern. Manche konnten kaum ein Wort Italienisch, dennoch mussten sie sich von Anfang an mit philosophischen Grundbegriffen herumschlagen, wenn auch auf sehr niedrigem Niveau. In der Philosophie von Santa Croce war die ganze Geschichte vor dem Jahre Null eine einzige Vorbereitung auf die Erleuchtung durch die göttliche Offenbarung in Jesus Christus. Sie fand ihren Höhepunkt in Thomas von Aquin, um dann mit dem Beginn der Neuzeit rapide zu verfallen und sich immer weiter von der Suche nach der Wahrheit zu entfernen. Augustinus war noch nicht zur Fülle der Erkenntnis gelangt, Kant hatte sie schon wieder vollständig verloren und ebnete so den Weg für die Gottesleugner der Moderne, für Nietzsche und Marx. Die philosophische Ethik führte mit einer merkwürdigen Zwangsläufigkeit zur Erkenntnis, dass es keine vernünftigere Moral als die des Katholischen Katechismus geben könne. Die Logik verfloss im Auswendiglernen scholastischer Syllogismen. In der Naturphilosophie und Metaphysik beschäftigten wir uns praktisch ausschließlich mit Aristoteles. Und immer und überall rekurrierten unsere Professoren auf die großen Autoritäten: Aristoteles, Thomas und die göttliche Offenbarung. Ich dachte an meine Schulzeit, an Goethe und Brecht, an das Sapere Aude Kants und daran, wie wir gelernt hatten, Fragen zu stellen und eigene Meinungen zu vertreten. Wenn ich meinen Professoren in Santa Croce so zuhörte, musste ich schmunzeln. Eine einzige kritische Frage, und ihr ganzes Konstrukt wäre wohl zusammengebrochen. Was für eine seltsame Universität, in der junge Priesteramtskandidaten und Ordensleute aus der ganzen Welt auf den Kampf gegen die Moderne vorbereitet wurden, in der sie lernten, gegen humanistische Prinzipien zu argumentieren, gegen selbstständiges Denken, gegen Rechte für Homosexuelle, gegen Religionsfreiheit, gegen Abtreibung. Diese Überzeugungen waren weitgehend dieselben, die auch in der Gottesfamilie galten. Von daher war es eine einmalige Chance für mich, sie kritisch zu prüfen, ohne dass meine Verantwortlichen das unmittelbar mitbekamen. Ich begann, in den Vorlesungen Fragen zu stellen. Noch mehr aber begann ich, mir selbst Gedanken zu machen, zu lesen, mich mit anderen Standpunkten auseinanderzusetzen. Das war ungemein anregendes Denk-Training. Zugleich entwickelte ich einen immer größeren Widerwillen gegen den Stoff, den wir stupide auswendig lernen und in den Prüfungen präsentieren mussten. Ich hasste diese Art von »Lernen«, und ich musste es dennoch tun. Dabei blieb mir daheim kaum Zeit zum Studieren.

Zusätzlich zu meinen bisherigen Aufgaben und zum nach wie vor selbstverständlich zu absolvierenden Gebetspensum (volles Breviergebet mit Lesehore, Messe, Rosenkranz, Abendanbetung) hatte ich den Freitagsputz im Ingresso 2 übertragen bekommen. Das hieß, dass ich am Freitagnachmittag die Zimmer der Mitschwestern, die beiden Badezimmer, den Computerraum, Gang und Flur putzen musste. Damit ich das auch gründlich genug tat, bekam ich eine extra Putz-Einführung von Sr. Camille, die in der Folgezeit genau beobachtete, ob ich alles so tat, wie sie es mir gezeigt hatte. Ich betrachtete diese neue Aufgabe und die Überwachung als gezielte Demütigung. Nachdem ich morgens um kurz nach Fünf aufstand, mit den anderen zu Messe und Brevier ging und nach kaum zehn Minuten schon vom Frühstück aufspringen musste, um pünktlich zum Vorlesungsbeginn in der Uni zu sein, kam ich mittags gegen 13.30 wieder nach Hause und war trotz eines regelrechten Sprints unweigerlich zu spät zum Mittagessen. Oft war ich dann schon so erledigt, dass ich mich am liebsten zum Schlafen niedergelegt hätte. Aber die Arbeit wartete auf mich, bis es um 17.00 Zeit für den Rosenkranz war, anschließend die Vesper, das Abendessen, Spüldienst, Abendanbetung, Schlafengehen. So blieb schlussendlich sehr wenig Zeit zum Lernen, und das war wohl auch so gewollt. Immer wieder musste ich mir nun den Vorwurf anhören, ich nähme das Studium zu wichtig. Noch bevor ich sagen konnte, dass ich gerne mehr Zeit zum Lernen hätte, wurde mir gesagt, ich wäre zu sehr davon absorbiert. »Du entwickelst dich viel zu einseitig, Sr. Doris. Das spezifisch Weibliche, das Schwesterliche verkümmert in dir – und das ist nun einmal die Liebe zu den kleinen und verborgenen Arbeiten im Haus«, ermahnte mich Sr. Hilga. Immer wieder wurde mir angedroht, mich zusätzlich noch hier oder dort bei den richtig »schwesterlichen« Arbeiten einzusetzen. Alleine dass ich studierte, schien mich schon dem Verdacht auszusetzen, ich wäre keine richtige Schwester mehr. Ein Zustand, der mich frustrierte.

Kontakt mit P. Alwin

Es war Mitte Oktober, als P. Jodok mich anrief und sagte, er hätte P. Alwin für mich in der Leitung. Als Hausoberer beantwortete P. Jodok auch das Haustelefon. Jeder Anruf, der mir oder einem anderen Mitglied ohne eigenes Zimmertelefon galt, ging über ihn, während P. Konrad in seinem Zimmer eine Übersicht über alle aktiven Telefonverbindungen im Haus hatte. Mein Herz schlug heftig, als ich die Stimme von P. Alwin wieder hörte. Ich erzählte von den ersten Eindrücken an der Uni. »Wissen Sie«, begann ich, als er mich sofort unterbrach: »Lassen wir doch das Sie«, sagte er, »sag einfach: ›Weißt du ...‹« Dieser Vorschlag überraschte mich vollkommen. Schließlich hatte ich seit mehr als fünf Jahren keinen Mann mehr geduzt, geschweige denn einen Priester. Wir mussten vorsichtig sein, denn schließlich wussten wir nie, ob nicht doch jemand mithörte. Im Zimmer nebenan saß Sr. Hilga. P. Konrad würde sehen, wie lange wir telefonierten. P. Jodok würde ebenfalls misstrauisch werden. Das einzige Alibi für unsere Gespräche war die Bibliothek und Fragen, die ich in diesem Zusammenhang an Alwin haben konnte. Wir durften also nicht länger sprechen als ein solches fiktives Problem überzeugenderweise in Anspruch nehmen konnte. »Richte dir doch eine kostenlose Mail-Adresse ein. Dann können wir uns so austauschen.« Das war ein gefährliches Unternehmen, weil ich nur in öffentlichen Räumen Zugang zum Internet hatte. Niemand durfte mitbekommen, dass ich mir einen heimlichen Account anlegte und verbotene Mails schrieb. Aber es gelang. Nun stand unserem weiteren Austausch nichts mehr im Wege. Nichts als unsere Verantwortlichen, Mitbrüder und Mitschwestern, als Verbote und Kontrollen, die wir umgehen mussten. Jede Mail war ein Risiko.

Gegen Ende Oktober beschloss ich, Alwin zu erzählen, was im Frühjahr geschehen war. Ich wollte ehrlich zu ihm sein. Dennoch wusste ich nicht, wie er reagieren würde. Ich hatte Angst, dass er mich verachten und von sich weisen würde. Mit bangem Herzen wartete ich auf die Antwort. Sie kam am nächsten Tag. Aber erst Jahre später wurde mir klar, was Alwin in den Stunden dazwischen durchgemacht hatte. Er begriff das Ausmaß des Geschehenen lange vor mir. Damit stand er unweigerlich vor der Entscheidung zwischen Gewissen und Karriere. Er konnte sein Gewissen opfern und mich fallen lassen. Dann wäre er selbst aus dem Schneider gewesen, hätte aber fortan damit leben müssen, dass er mich im Stich gelassen hatte. Entschied er sich aber dafür, den Kontakt mit mir fortzusetzen, konnte er nicht ignorieren, was geschehen war. Er war moralisch verpflichtet, mir zu helfen und notfalls direkt gegen die Leitung der Gemeinschaft vorzugehen. Und damit stand seine Zukunft in der Gottesfamilie auf dem Spiel. Er war ein Kandidat für eine steile Karriere. Sobald er sein Kanonistikstudium in München abgeschlossen hätte, würde die Gottesfamilie vermutlich eine sehr repräsentative Position für ihn finden, inklusive weiterer Karrierechancen. Mit der Entscheidung, zu mir zu stehen und das Unrecht, von dem er nun wusste, nicht zu ignorieren, beraubte er sich dieser Zukunftsaussichten.

Er war ungeheuer aufgewühlt, als er mir antwortete, und erst dadurch begann ich zu ahnen, welche Tragweite die Übergriffe von P. Jodok hatten. Er hätte sofort handeln können, sich zu meinem Anwalt machen, die Leitung der Gottesfamilie informieren und Konsequenzen für P. Jodok einfordern. Aber ich hatte Angst. Was würde dann geschehen? Was würde das für mich bedeuten, für ihn? Ich hatte keine Ahnung von den Möglichkeiten des kirchlichen oder zivilen Strafrechts und war unfähig, das Geschehene in einem halbwegs objektiven Licht zu sehen. Alles was ich fühlte war, dass ich nicht die Kraft hatte, die Gespräche durchzustehen, die folgen würden, die Anschuldigungen, die Krise. Sr. Hilga, Mutter Gebharda, P. Rektor – wie würden sie reagieren? Würden sie nicht mir die Schuld geben, mich aus der Gemeinschaft ausstoßen, mich bestrafen? Außerdem dachte ich nach wie vor in erster Linie an die Gemeinschaft, für die das Bekanntwerden einer solchen Tat eine Katastrophe bedeuten musste. Was würden die Bischöfe denken, die der Gottesfamilie vertrauten, der Papst, die Katakombenfamilien, die vielen Menschen, die in der Gottesfamilie eine geistliche Heimat gefunden hatten? Ich bat Alwin, vorerst nichts zu tun. Zugleich musste ich ihm hoch und heilig versprechen, mich an ihn zu wenden, sobald P. Jodok oder sonst jemand mir oder einer anderen Schwester wieder nachstellte.

Schon wenige Wochen später erfuhr ich, dass Alwin im Februar nach Rom kommen würde. Er nahm an einer Studienfahrt seiner Fakultät teil und bat darum, nicht mit den anderen im Hotel untergebracht zu werden, sondern diese paar Tage im Ausbildungshaus wohnen zu dürfen. Diesen Wunsch begründete er mit seiner Sehnsucht nach dem Gemeinschaftsleben, das ihm in München doch sehr abginge. Eine aus dem Mund von Alwin so unwahrscheinliche Äußerung, dass P. Rektor fast feuchte Augen bekam. In Rom gab es leider keinen solchen Ort wie die Bibliothek im Mutterhaus. Die römische Bibliothek lag in unmittelbarer Nähe der frequentiertesten Räume des Hauses: der Küche, des Refektoriums, des Postkastens und des Schwarzen Bretts. Hier würden wir keinen Augenblick ungestört sein. Also vereinbarten wir, uns auf der Mansarde zu treffen. Die beiden Gästezimmer dort oben standen leer.

Unruhig ging ich auf der Dachterrasse hin und her und wartete auf Alwin, während er unten in der Eingangshalle begrüßt wurde. Die meisten Mitglieder liebten ihn und suchten seine Anerkennung, nur einige – darunter P. Jodok – hassten ihn, weil sie von Eifersucht gequält wurden. Alwin bekam so viele Sonderrechte und besaß so viele Begabungen wie kaum ein anderes Mitglied der Gemeinschaft. Zudem war er ein gutgebauter, attraktiver junger Mann, was zusätzliche Eifersucht der Mitbrüder auf Alwin zog, ebenso wie das Wohlwollen der Schwestern für ihn, besonders das von Sr. Hilga. Ihre laute Stimme hörte ich aus dem Wirrwarr der Eingangshalle deutlich heraus, bevor die Tür sich mit einem lauten Schlag schloss. Danach wurde es still. Wenige Minuten später stand Alwin mir gegenüber, und wir schlossen uns in die Arme. Kurz nur, denn wir hatten wenig Zeit. Zu meiner großen Überraschung drückte er mir Geschenke in die Hand. Einen wunderschönen Schal und ein kleines Gerät, das ich nicht sofort zuordnen konnte. Ich spürte, wie meine Wangen heiß wurden. Ich war sehr verlegen. Wieso beschenkte er mich? »Du bist es wert«, sagte er. Das kleine Gerät war ein Mp3-Player, ähnlich dem von fr. Gebhard. »Den hatte er auch von mir«, grinste Alwin »das war mein alter. Aber der hier ist neu.« Er zeigte mir, wie ich das Gerät bedienen konnte, auf das er schon unzählige Titel überspielt hatte: Werke von Bach, Vivaldi, Mozart, Chopin und Händel, aber auch Lieder von Eros Ramazzotti, Andrea Bocelli, Edith Piaf, Enya,

U2, GreenDay, Motorhead, Guns'n Roses und viele andere. Ich war überwältigt. Seit Ewigkeiten hatte ich keine Musik mehr gehört. Ich konnte ihm gerade noch danke sagen, dann musste ich mich, die kostbaren Geschenke unter meiner Strickjacke verbergend, wieder in mein Zimmer schleichen.

In den folgenden Tagen sahen wir uns nur noch in der Kapelle und beim Essen. Zwar versuchte Alwin noch ein Arbeitstreffen in der Bibliothek zu organisieren, aber wir mussten dabei so vorsichtig sein, dass wir de facto nicht miteinander reden konnten. Denn wir waren in der Bibliothek kaum einmal zwei Minuten allein. Sobald Alwin in München war, fand ich den Mut, ihn ab und zu von einem der Haustelefone aus anzurufen. Manchmal hatten wir dann eine halbe oder eine ganze Stunde Zeit zum Reden. Unser primäres Medium blieben aber die Mails, die wir uns schrieben. So lernten wir einander kennen. Wir erzählten von unserer Kindheit, unseren Träumen, Sorgen und Wünschen, von den Büchern, die wir lasen, von den Schikanen, die wir aushielten. Wir machten Witze und sprachen uns gegenseitig Mut zu.

P. Ulf und neue Nachstellungen

Bei einem der Formungsgespräche machte Sr. Hilga mir eine völlig unerwartete Mitteilung: »Ab jetzt musst du nicht mehr bei P. Konrad beichten gehen.« Wie kam sie darauf? Ich wäre nie von mir aus auf die Idee gekommen, dass ich um einen anderen Beichtvater bitten könnte. Geistliche Begleitung und äußere Leitung waren in der Gottesfamilie beide gleichermaßen unverfügbare von oben zugewiesene Quellen der Erkenntnis, denen der Einzelne sich dankbar unterwarf. Sie wusste noch nicht, wer mein neuer Beichtvater werden würde, allerdings hätte P. Ulf sich angeboten. Ich wunderte mich gar nicht, woher P. Ulf noch vor mir wusste, dass ich einen neuen Beichtvater bekommen sollte. Solche Dinge waren in der

Gottesfamilie normal. Die Verantwortlichen wussten immer alles und sie wussten immer alles zuerst. Sr. Hilga schien unentschlossen. Daher überlegte ich, wer sonst noch in Frage käme. Die Liste der im Haus lebenden Priester war nicht sehr lang und andere kamen ja ohnehin nicht in Frage. »Wieso nicht P. Ulf?«, sagte ich schließlich. Ich hatte einen neuen Beichtvater.

P. Ulf war ein sehr von sich selbst überzeugter Mensch, was in merkwürdigem Kontrast zu seiner kleinen Gestalt und seinem Kindscharakter stand. Er hatte eine eigenartige Blitzkarriere hingelegt. Nach dem Studium an einer kleinen katholischen Hochschule hatte er am eben erst gegründeten Istituto Giovanni Paolo II in nur einem Jahr eine Dissertation geschrieben, war im selben Jahr zum Priester geweiht und nur zwei Jahre später, Anfang der 1990er, an die Kongregation berufen worden. Seitdem war er dort stolzer Mitarbeiter. Er kannte alle Lehrschreiben des Heiligen Stuhles mehr oder weniger auswendig, dafür besaß er praktisch kein Allgemeinwissen. Wissenschaftliches Denken war nicht gerade seine Stärke. Im Auftrag der Kongregation beschäftigte er sich mit sittlichen Fragen der künstlichen Befruchtung und dem jugendgefährdenden Potential von Harry Potter.

Schon in der ersten Beichte stellte ich fest, dass P. Ulfs Zuspruch die Länge meines Bekenntnisses um ein Vielfaches übertraf. Anfangs war ich froh, weil ich spürte, dass er sich irgendwie kümmerte. Außerdem hatten seine Worte nicht den übertrieben feierlichen und düsteren Ton, den ich von P. Konrad gewohnt war. Das Einzige, das mich von Anfang an befremdete, war sein glänzender Blick. Ich hatte schon öfter festgestellt, dass P. Ulf mir – und anderen Schwestern – nicht in die Augen sah, sondern immer auf die Brust. Das war auch vor und nach der Beichte nicht anders. Aber so war er eben. In der Gottesfamilie hatten wir gelernt, wegen solcher Äußerlichkeiten keine schlechten Gedanken aufkommen zu lassen, sondern »segnende Gedanken« zu hegen. »Vielleicht schaut er uns aus Zurückhaltung nicht in die Augen«, dachte ich. Und so kam es, dass ich erst aus allen Wolken fiel, als ich an den Absichten von P. Ulf nicht mehr zweifeln konnte.

Einmal hatte ich mein Bekenntnis beendet, und P. Ulf fand wieder einmal kein Ende. Während er saß, kniete ich die ganze Zeit auf dem schmalen Holzbrett, das dafür vorgesehen war, meine Knie schmerzten. Auf einmal senkte er seine Stimme. Sie wurde merkwürdig weich, als er seinen Kopf dem durchsichtigen Holzgitter annäherte und in einem beängstigend vertraulichen Tonfall sagte: »Wollen Sie mir nicht etwas sagen, Sr. Doris?« Instinktiv bekam ich Angst. Ich kniete wie festgenagelt und hielt die Luft an. »Sie können es mir ruhig sagen, Sr. Doris.« Was um Himmels Willen wollte er?! »Ich mag Sie doch auch. Denken Sie, ich merke nicht, dass Sie mich mögen?« Eine Mischung aus Schwindel und Ekel ergriff mich. Dieser geifernde, selbstverliebte Kerl! Ich sah seine glänzenden Augen, seine leicht geöffneten Lippen, und spürte, wie ich von purer Panik ergriffen wurde. Nur noch halb hörte ich den Satz: »Wir können zwar nicht heiraten, aber wir ...«, dann hörte ich nichts mehr. Nur noch Rauschen war in meinem Kopf. Ich weiß nicht, ob er sich zuerst erhob oder ich. Ich wollte gehen, aber er ergriff meine Hand, kam dicht an mich heran und drückte seine Wange an die meine. Meine Knie trugen mich gerade noch aus dem Raum hinaus, die Treppen hinauf in mein Zimmer. Ich rang um Fassung. Mein Atem ging flach und schnell, mein Puls raste, meine Gedanken ließen sich nicht ordnen. Erst nach und nach kam ich zur Besinnung. Nein, ich würde es nicht noch einmal geschehen lassen. Diesmal war ich stark genug, diesmal war ich nicht mehr allein. Er konnte mir nichts tun.

Ich erzählte Alwin, was geschehen war. Er war sofort alarmiert und gab mir alle möglichen Ratschläge. Er schreckte auch vor extremen Maßnahmen nicht zurück und erklärte mir, dass ein solcher Übergriff in der Beichte vom Kirchenrecht bestraft werden konnte. Aber ich fürchtete mich vor so radikalen Maßnahmen. Ich müsste mich P. Ulf, P. Rektor und Sr. Hilga stellen, und sie würden keinerlei Notwendigkeit sehen, gegen P. Ulf vorzugehen, im Gegenteil. Sie würden mich unter Druck setzen. Aber ich versprach Alwin, sobald wie möglich mit Sr. Hilga darüber zu sprechen und ihm sofort mitzuteilen, wie dieses Gespräch verlaufen war. Als es soweit war, brachte ich kaum den Mut auf, Sr. Hilga zu sagen, was vorgefallen war. Ich bat nur darum, nicht mehr länger bei P. Ulf beichten zu müssen. Als sie wissen wollte warum, versuchte ich mit den Worten, die sie sonst so gerne benutzte, auszuweichen. »Es ist einfach ungut«, sagte ich. »Das müsste ich schon genauer wissen«, hakte sie nach und sah mich ungeduldig an. Nun blieb mir keine Wahl mehr, und ich sagte ihr, was vorgefallen war. Zu meinem Erstaunen lösten sich nun ihre Züge. Sie war weder wütend auf P. Ulf noch auf mich. Sie sagte einfach: »Ja, das kommt bei P. Ulf öfter vor. Weißt du, er hat da eine schwache Seite, immer schon. Da müssen wir als Schwestern eben besonders achtgeben.« Meine Verblüffung kannte keine Grenzen. Es gelang mir nicht, irgendetwas dazu sagen. Wenigstens wurde ich von ihm als Beichtvater befreit. Da nun offenbar keiner der Mitbrüder im Haus mehr infrage kam, erhielt ich die Erlaubnis, ab sofort zur Beichte nach St. Peter gehen zu dürfen.

Ich konnte es kaum fassen, als Sr. Hilga mich einige Wochen später bat, P. Ulf auf eine Buchvorstellung zu begleiten. Alessandra Borghese und Kardinal Caffarra präsentierten am Abend mitten in der Innenstadt ihr Buch »La veritá chiede di essere conosciuta« (Die Wahrheit will erkannt werden). Ich erinnerte Sr. Hilga an P. Ulfs Annäherungsversuche im Beichtstuhl und flehte sie an, ihn nicht begleiten zu müssen. Aber sie machte nur ein kleines Zugeständnis, indem sie mir Sr. Veronika an die Seite stellte. Wir sollten beide gehen, und wir durften einen anderen Weg nehmen als P. Ulf. »Und wenn wir zurückkommen?«, fragte ich: »Wir werden noch ein spätes Abendessen einnehmen müssen, und dann sitzt P. Ulf mit uns beiden alleine im Refektorium.« »Ihr könnt in der

Küche essen«, sagte Sr. Hilga. Damit war ich fürs Erste beruhigt. Sr. Veronika wusste natürlich nichts von dem eigentlichen Grund, der ihr diesen denkwürdigen Ausflug bescherte. Es war ein bemerkenswertes Schauspiel der katholischen Prominenz Roms: Da waren Gänswein, Caffarra und die Borghese, und drum herum alles, was irgendwie für seine Beziehungen zu diesen Lichtgestalten des katholischen Rom bekannt war: Casini (Präsident des italienischen Abgeordnetenhauses), Fisichella (Kurienerzbischof), Navarro Valls (Vatikanischer Pressesprecher unter Johannes Paul II.) und unzählige andere. Ein Meer von Schmuck, Parfum und vornehmer Kleidung bewegte sich durch den Raum. Sr. Veronika und ich hätten uns fremder kaum fühlen können. Die Vorträge waren furchtbar langweilig und selbstgefällig. Mein einziges Vergnügen war die Reaktion von Sr. Veronika, die ihre Sicht auf die vornehme Gesellschaft unverkrampft zum Besten gab. Der peinlichste Moment kam nach der Buchvorstellung. Alles, was sich für irgendwie wichtig hielt, musste sich gegenseitig begrüßen. Adel und Klerus fielen sich in die Arme, und P. Ulf zerrte uns nach vorne. Auch wir sollten die Borghese grüßen. Ihn umarmte sie noch mit einem professionell strahlenden Lächeln, das jäh erlosch, als er uns nach vorne schob. Noch heute ist mir eindrücklich in Erinnerung, wie ihr Gesichtsausdruck verrutschte, es war ein so komischer Anblick, dass wir uns auf dem ganzen Heimweg vor Lachen kaum mehr halten konnten. Erleichtert ließen wir uns daheim in der Küche nieder, um unser Abendessen zu verzehren, als plötzlich P. Ulf hereinkam. Er hatte in Windeseile seine Portion im Refektorium verzehrt und wollte nun wissen, wie wir den Abend fanden. Es war schon nach 22.00 Uhr, und er hatte sein typisch schmieriges Lächeln auf den Lippen. Ich konnte meine Wut kaum verbergen, aber Sr. Veronika erzählte zu meiner Erleichterung munter, wie lächerlich sie den Abend gefunden hatte. Aber P. Ulf hörte gar nicht zu. Er saß da mit seinen glänzenden Augen und starrte uns an. Ich ekelte mich unbeschreiblich vor ihm, und es dauerte eine gefühlte Ewigkeit, bis wir ihn endlich wieder los waren. Als ich Sr. Hilga einige Tage später davon erzählte, fand sie nichts dabei.

Vision von einer besseren Gottesfamilie

Schon seit dem Sommer 2008 bewegte mich die Vision von einer besseren Gottesfamilie. Ich hatte begonnen, weniger auf die Regeln und die Stimme meiner Verantwortlichen als vielmehr auf meinen Verstand und meine Intuition zu bauen. Ich hatte wieder eine Orientierung und war den willkürlichen Anordnungen meiner Verantwortlichen nicht länger hilflos ausgeliefert. Das bedeutete aber nicht, dass ich am göttlichen Ursprung der Gottesfamilie und ihrer Mission zweifelte. Ich zweifelte auch nicht an meiner eigenen Berufung. Vielmehr versuchte ich die Diskrepanz zwischen dem desolaten Zustand der Gemeinschaft und ihrem Anspruch zu schließen. Ich dachte viel nach über die Ziele und Grundsätze der Gottesfamilie und versuchte sie so zu denken, dass sie das Leben der Mitglieder nicht ersticken, sondern fördern würden. Mir stand ein anderes Gemeinschaftsleben vor Augen, eines mit mehr Raum für persönliche Initiativen und individuelle Entwicklung, mit Freiheiten und Freundschaften. Das, was ich für die Grundidee der Gottesfamilie hielt, hatte großes Potential: Menschen aus den verschiedensten Ländern und sozialen Hintergründen, mit den unterschiedlichsten Begabungen und Berufen, die sich international in den verschiedensten kirchlichen und gesellschaftlichen Bereichen engagieren konnten. Was konnten wir nicht alles bewegen und wie bereichernd wäre das Gemeinschaftsleben für uns alle, wenn alle auch tatsächlich entsprechend ihrer eigenen Begabungen und Interessen aktiv wären. Der Weg dorthin schien einfach zu benennen. Wir mussten mehr Freiheiten haben und besser ausgebildet werden. Alle Mitglieder mussten eine Berufsausbildung erhalten, und zwar in den verschiedensten Bereichen, nicht nur in Theologie und Hausarbeit. Es musste einen echten persönlichen Austausch zwischen den Mitgliedern geben und unverstellten Zugang zu allen Arten von Information. Meine Vision elektrisierte mich förmlich, und ich begann unbewusst, sie in die Gemeinschaft hineinzulesen. Ja, ich begann mich so zu verhalten, als wäre diese Veränderung erreichbar oder gar schon angebrochen.

Ich begann zu lesen: Dostojewski, Kierkegaard, Nietzsche, Thomas Mann, Manzoni, Chesterton und Shakespeare. Ich durfte Vertiefungen über Philosophie für die Mitschwestern halten, in denen ich sie teils versteckt, teils offen zum Denken provozierte. Als ich feststellte, dass das bei den jüngeren Schwestern funktionierte und sich bei der Küchenarbeit immer öfter so etwas wie echte Diskussionen entsponnen, war ich enthusiastisch. Ich begann bei Vertiefungen von P. Konrad kritische Fragen zu stellen, wodurch ich ihn einmal so sehr aus dem Konzept brachte, dass Sr. Ivana es für nötig hielt, mich hinterher zurechtzuweisen. Und bei alledem fühlte ich mich beinahe unangreifbar, denn es passierte mir nichts. Ich weiß nicht, warum, aber ich konnte sehr vieles tun, was mir nur ein Jahr zuvor nicht möglich gewesen wäre. Ich wurde nur immer wieder allgemein ermahnt, dass ich demütiger und schwesterlicher sein sollte, aber die gefürchteten Zweier-Gespräche mit Sr. Hilga, in denen sie mich in den vergangenen Jahren so oft wegen Nichtigkeiten unter Druck gesetzt hatte, blieben aus. Hatte Alwin im Hintergrund etwas für mich bewegt? Waren die Verantwortlichen zu beschäftigt? Als P. Konrad uns Schwestern eines Abends beim Essen einen Vortrag über das Sonnensystem hielt und dabei – ich traute meinen Augen nicht – zur Veranschaulichung mit einer Nachttischlampe in der Hand um eine Stehlampe kreiste (»So dreht sich die Erde um die Sonne«) – beschloss ich, meinerseits eine Vertiefung zu halten, bei der ich zeigen würde, wie ich mir das vorstellte: Ich hielt beim Frühstück einen Vortrag über Atomfusion. Dazu hatte ich Folien vorbereitet, die ich mit einem Beamer an die Wand warf: Formeln, Reaktoren, Bilder von der Sonnenoberfläche. Ich meinte zu spüren, dass ich etwas bewirkte, dass ein Ruck durch die Gemeinschaft ging, dass andere sich inspiriert fühlen könnten. Als im Herbst das neue Jahr geplant wurde, machte ich den Vorschlag, dass wir in der neu gestalteten Bibliothek regelmäßig ein Nachmittags- oder Abendprogramm der Hausgemeinschaft vorsehen konnten, wo Einzelne sich alleine oder gemeinschaftlich einbringen könnten. Theater, Musik, Literatur, Vorträge ... – jetzt erst wurde meine monatelange Hoch-Phase spürbar gebremst. Zwar hieß es anfangs, dass das vorstellbar wäre. Dann aber hatte ich bald ein Gespräch mit Sr. Hilga, in dem sie mich deutlich in die Schranken wies. Zum ersten Mal hatte ich damals das Gefühl, dass ihre Blicke wie Daumenschrauben waren. Sie quälten mich. Sie spürte, dass sie Macht über mich hatte. Als meine Verantwortliche im geistlichen wie im praktischen Bereich, meine Novizenmeisterin und Oberin, als erste Ratgeberin von Mutter Gebharda hatte sie volle Gewalt über mich. Ich hatte keine andere Stelle, an die ich hätte rekurrieren können, und ich hatte in der Gottesfamilie keine Rechte, die ich hätte einfordern können. Dennoch ließ ich mich nicht entmutigen.

Meine ganzen Hoffnungen, Wünsche und Überzeugungen bezüglich der Zukunft der Gottesfamilie legte ich in den Kontakt mit Manuela, einer Studentin von Santa Croce, die ich »fischen« sollte. Ich hätte gar nicht anders gekonnt, denn sie fischte sich quasi selbst. In den Pausen war sie immer an meiner Seite und stellte mir unzählige Fragen. Sie kam regelmäßig auf Besuch ins Ausbildungshaus und ließ ihr Zimmer als Katakombe segnen. Es war eine Frage der Zeit, wann sie das rote Kreuz empfangen und eintreten würde. Sr. Hilga und Mutter Gebharda waren sehr zufrieden. Vielleicht war das auch der Grund, warum ich so lange so freie Hand gehabt hatte: sie wollten sich Manuela sichern. Ich meinerseits ließ keine Gelegenheit aus, sie zum Fragen und Nachhaken zu ermutigen: »Lass dir nie etwas einfach so aufdrücken, wenn du es nicht verstehst. Frage immer nach! Zeig Sr. Hilga, wenn du mit etwas nicht klarkommst.« Ich war stolz auf meine Worte und erzählte fr. Gebhard davon. Oft machten er und ich uns heimlich gemeinsam auf den Weg an die Uni, sodass wir ein paar Stationen in derselben U-Bahn verbrachten. Aber er teilte meine Begeisterung nicht. »Also, wenn Sie mich fragen«, sagte er trocken, »ich könnte es nicht verantworten, irgendjemanden für die Gemeinschaft anzuwerben. Vor allem Schwestern! Die sollen lieber woanders hingehen. Es gibt ja viel coolere Gemeinschaften. Ich kenne eine, da dürfen Schwestern schwimmen gehen.« Ich war betroffen und versuchte zu widersprechen: »Wenn keine guten jungen Leute nachkommen, dann wird sich die Gemeinschaft nie zum Besseren verändern!« Sollte man auf die Veränderung der Gemeinschaft hoffen und sich über Eintritte freuen oder sollten die jungen Leute lieber woanders hingehen? So oft wir diese Frage diskutierten, waren wir uneinig.

Persönliche Pläne

Es gab einige Dinge, die mich persönlich in diesem Frühjahr und Sommer 2009 besonders beschäftigten. Ich begann, mir Gedanken um meine Zukunft zu machen. Ich erkannte, dass ich einige Forderungen stellen musste, wenn ich nicht in völliger Abhängigkeit von den willkürlichen Entscheidungen meiner Verantwortlichen bleiben wollte. Zum ersten Mal kam mir in den Sinn, dass ich Rechte haben könnte, die auch meine Verantwortlichen nicht verleugnen können würden. Ich machte es mir zum Ziel, die Konstitutionen so bald wie möglich und so vollständig wie möglich in meinen Besitz zu bringen. Ich musste diesen Text haben, denn ich musste meine Rechte und Pflichten sowie die Rechte und Pflichten meiner Verantwortlichen kennen. Vorerst war das unmöglich und Sr. Hilga konnte mir nicht sagen, warum. Immerhin übergab sie mir einzelne

Kapitel leihweise. So begann ich Kapitel für Kapitel heimlich abzutippen. Es dauerte über ein Jahr, bis ich alles beisammen hatte.

Eine andere Überlegung im Blick auf meine Zukunft hatte Alwin angestoßen. Er sagte mir, dass die Studiengänge momentan reformiert würden. Ich sollte darauf bestehen, ein drittes Jahr Philosophie machen zu dürfen, um einen richtigen Bachelor zu haben. Als ich aber erst einmal angefangen hatte darüber nachzudenken, was mir meine Abschlüsse in Zukunft nützen würden, beschloss ich eine ganz andere Bitte an meine Verantwortlichen zu richten. Ich wollte keinen Santa-Croce-Abschluss. Denn wenn ich einmal als deutsche Theologin tätig sein sollte, vielleicht sogar in Deutschland, dann wäre dieser Abschluss praktisch nichts wert. Ich wollte an einer deutschen Fakultät studieren. Mit aller gebotenen Demut richtete ich diese gewagte Bitte schriftlich an Mutter Gebharda und hörte erst einmal lange nichts mehr davon.

Zu allem Überfluss hatte mich in diesem Frühjahr wie aus heiterem Himmel ein merkwürdiges Leiden befallen: Ich wünschte mir Kinder. Dieser Wunsch war so absurd, dass ich darüber hätte lachen wollen. Aber er war von einer solchen Wucht, dass ich mich ihm nicht einmal im Scherz entziehen konnte. Ernst und unerbittlich stellte meine weibliche Natur diese Forderung und trieb mich damit fast in den Wahnsinn. Es war ein ähnlicher Kampf wie der einige Jahre zuvor um die Jungfräulichkeit, aber er war anders. Denn nun fühlte ich mich wieder, ich dachte wieder, und ich rang mit meinen Gefühlen, denen ich keinen Einhalt gebieten konnte. Meine letzte Zuflucht blieb das Gebet. Verzweifelte Tränen liefen über mein Gesicht, als ich Gott abwechselnd wütende Vorhaltungen machte und ihn anflehte, mich von diesem unsinnigen Wunsch zu erlösen. Vergebens. In meiner Verzweiflung beschloss ich, Sr. Hilga davon zu erzählen, nicht zuletzt um in der nächsten Zeit von ausführlichen Begegnungen mit jungen Familien verschont zu werden. Das Gegenteil war der Fall. Sr. Hilga schien der Ansicht zu sein, derlei

Probleme ließen sich durch Disziplin erledigen. In Kürze fand im Lateran die Taufe eines Enkels unseres Architekten statt. Die Eltern des Babys waren zwar nicht verheiratet – ein Umstand, der in der Gottesfamilie sonst moralische Entrüstung ausgelöst hätte –, aber es ging ja um unseren Architekten, einen Mann, den man sich warm halten musste. Also sollten wir ihnen die Feier verschönern. Ich war den Tränen nahe, als ich Sr. Hilga anflehte, bei dieser Taufe nicht dabei sein zu müssen: »Ihr braucht mich da ja wirklich nicht. Ihr seid ja schon so viele! Und du kannst dir nicht vorstellen, wie es mich mitnimmt, kleine Babys und strahlende junge Eltern zu sehen. Bitte, tu mir das nicht an. Ich halte das nicht aus!« Aber sie kannte kein Erbarmen. Ich musste mit. In mir entstand eine Wunde, die sich jahrelang nicht mehr schließen sollte. Ich spürte, dass ich Mutter sein wollte, dass ich einen Mann wollte und Kinder. Ein vollkommen natürlicher Wunsch, aber für mich ein Ding der Unmöglichkeit.

Ist das Noviziat nicht dazu da, eine Berufung zu prüfen? Kann ein starker Kinderwunsch kein Anzeichen dafür sein, dass man nicht zum Ordensleben berufen ist? Nicht in der Gottesfamilie. Wer berufen ist und wer nicht, wird alleine von den Verantwortlichen festgestellt. Was das (potentielle) Mitglied empfindet, spielt keine Rolle.

Alwin sah ich im Sommer kurz wieder. In einer waghalsigen Aktion hatte er mir einige Wochen zuvor ein weiteres verrücktes Geschenk geschickt: eine Flasche Parfüm. Sie kam mit einem Transport aus dem Mutterhaus, war fest in braunes Packpapier gewickelt, mit meinem Namen versehen, aber ohne Absender. Dafür hatte er in die Schachtel ein Gedicht von Rilke gesteckt, das ich von früher kannte und das ich sehr mochte: »Wie soll ich meine Seele halten, dass sie nicht an deine rührt?« Auch wenn es verrückt war und wenn ich das Parfüm natürlich nie würde verwenden können, ich verstand die Botschaft: er dachte an mich. Außerdem sollte ich mich selbst wieder wertschätzen lernen. Ich sollte mich nach den Verwundungen, die ich erfahren hatte, wieder als Frau fühlen können. Ich sollte trotz oder gerade wegen der erbärmlichen Kleider, die ich trug, der unpersönlichen Atmosphäre, in der ich lebte, und der völligen Anspruchslosigkeit, die mir auferlegt war, wenigstens einige Dinge besitzen, die mir Freude bereiten konnten. Nicht umsonst waren Kleinigkeiten wie persönliche Erinnerungsstücke in der Gottesfamilie nicht erlaubt. Sie machten tatsächlich einen Unterschied. Sie brachten eine andere Farbe ins Leben, unterstrichen die individuelle Persönlichkeit und konnten so im Endeffekt bewirken, dass man auf die ein oder andere Weise selbstbewusster war und nicht alles mit sich machen ließ.

Auch wenn wir diesmal keine Zeit hatten, uns auszusprechen, war diese kurze Begegnung wichtig. Wir hatten einander gesehen. In einem unbeobachteten Moment drückte Alwin mir eine ganze Mappe mit DVDs in die Hand, die er für mich zusammengestellt hatte. Ich sollte mir die Filme ansehen. Jetzt, wo ich einen Laptop hatte, war das kein Problem. Ich sah mir die Titel an: Equilibrium, Der Herr der Ringe, Matrix, The Devil's Advocate und einige andere. Diese Filme wurden mein erstes Fenster zurück in die Welt außerhalb von Gottesfamilie und Kirche. Ich brauchte fast ein Jahr, bis ich sie alle gesehen hatte, heimlich, abschnittsweise, zwischen Arbeit und Gebet, zwischen Abendessen und Abendanbetung. Aber anders hätte ich die Filme wohl auch kaum ertragen. Ich war es nicht mehr gewohnt, bewegte Bilder zu sehen, Liebes- und Kampfszenen, Bars und Schlachtfelder. Mein Gemüt war jahrelang eingeschläfert worden von den immer gleichen Abläufen, Worten und Gesten, sodass es überempfindlich geworden war. Anders als die Worte der Bücher, deren reiche Sprache und Bilderwelt ich mit Lust und Begeisterung in mich aufgenommen hatte, strömten die Bilder der Filme mit einer solchen Schnelligkeit und Wucht auf mich ein, dass ich mich erst langsam daran gewöhnen konnte.

11. DIE MASKEN FALLEN

Missbrauchs-Schlagzeilen

Anfang 2010 hörte ich vom sogenannten Missbrauchsskandal. Zuerst erfuhr ich davon in einer Mitteilung der Verantwortlichen. Ähnlich wie in den USA seien auch in Europa Fälle von Kindesmissbrauch durch Kleriker öffentlich geworden, sagten sie uns. Jetzt müsse man beten, dass die Kirche hier nicht genauso darunter zu leiden hätte. In den USA wären schließlich wegen der hohen Entschädigungen ganze Diözesen Pleite gegangen. Ich war durcheinander. Von den Missbrauchsfällen in den USA hatte ich so gut wie nichts mitbekommen. Fieberhaft las ich auf den Portalen der großen deutschen Medien einen Artikel nach dem anderen über die Fälle von damals und die, die heute ans Licht kamen. Und ich war entsetzt über die Abgründe, die sich da auftaten. Zum ersten Mal zweifelte ich an der Kirche und an den Absichten ihrer Hirten. P. Ulf sagte uns, wie wir das Ganze einzuordnen hätten: Erstens lägen alle diese Fälle weit zurück und seien zum Großteil den postkonziliaren Verirrungen und der sexuellen Revolution geschuldet, von der einige Priester sich damals hätten mitreißen lassen. Zweitens hätten sich die Schuldigen in der Mehrzahl an Jungen und nicht an Mädchen vergriffen, sie seien also homosexuell. Offenbar wollte er damit sagen, dass auch deswegen diese Fälle nicht auf die Kirche zurückfielen, da die Ausübung homosexueller Handlungen nach der Lehre der Kirche ohnehin eine schwere Sünde war. Zwischen den Zeilen erklang überdeutlich die Botschaft: Die Schuld trägt nicht die Kirche, sondern nur einzelne Priester, die sich nicht an die Vorgaben der Kirche gehalten haben.

Noch vor einigen Jahren hätte ich P. Ulf wohl geglaubt. Aber nun war er, der seelenruhig jede kirchliche und gemeinschaftliche Betroffenheit leugnete, genau derjenige, der mich vor nicht allzu langer Zeit im Beichtstuhl bedrängt hatte. Glaubte er selbst, was er da sagte? Vor allem aber, was war wirklich geschehen? Ich las Geschichten von Opfern und erkannte mich selbst darin wieder. Es war immer dasselbe Muster: Annäherung, Isolierung, emotionaler Druck, Missbrauch, Wegsehen und Schuldumkehr. Erst jetzt hatte ich einen Namen für das, was mir geschehen war, für das, was P. Jodok getan hatte. Er hatte mich missbraucht! Erst jetzt fing ich an, darüber nachzudenken, warum er das getan hatte. Hatte er mich verachtet? War ich ein Ersatzobjekt für die Frauen, von denen er sich in seinem Leben gedemüdigt gefühlt hatte? Ließ er an mir seinen Hass auf sie aus? Oder bildete er sich ein, dass er mich liebte, dass ich in Wirklichkeit Freude an dem hatte, was er tat? Oder hatte er gar nichts gedacht und einfach eine Möglichkeit zur Triebabfuhr genutzt? War ihm bewusst, was er getan hatte? Würde er es wieder tunt? Hatte er es vielleicht schon mit anderen getan? Suchte er eventuell nach einem neuen Opfer? Mir wurde klar, dass im Prinzip jede junge Schwester in der Gottesfamilie ein perfektes Opfer war. Und dass es ja nicht nur P. Jodok gab, sondern auch P. Ulf und womöglich andere Täter.

Der Plan

Nur wenige Wochen nach dem Bekanntwerden der Fälle am Canisius-Kolleg in Berlin fasste ich einen Entschluss. Ich musste den Verantwortlichen mitteilen, dass P. Jodok mich missbraucht hatte. Sie wären gezwungen einzusehen, dass die Gottesfamilie nicht moralisch überlegen war. Sie würden den bedauerlichen Zustand unsere Gemeinschaft erkennen, und würden Konsequenzen ziehen müssen. Nur so, nur durch eine solche Erschütterung würden sie endlich erkennen, dass sie nicht weitermachen konnten wie bisher. Nur so würde ich andere Schwestern vor einem ähnlichen Schicksal schützen können.

Der Erste, den ich ins Vertrauen zog, war Alwin. Er war mindestens so angespannt wie ich, erwog alle möglichen Konsequenzen, die diese Mitteilung für mich und für die Gemeinschaft haben konnte. Und er kündigte mir an, dass er in ein paar Wochen, kurz vor Ostern, nach Rom kommen würde. Neben seinem Studium war er mittlerweile auch Ethikbeirat in einem High-Tech-Unternehmen. In dieser Funktion begleitete er einige Mitarbeiter der Firma auf einer Reise in die Ewige Stadt. Ich war sehr froh, ihn kurz vor dem Point of no return noch einmal sprechen zu können.

Der Zweite, den ich ins Vertrauen zog, war P. Friedhelm. Er war der einzige Priester im Ausbildungshaus, dem ich noch halbwegs vertraute, nicht zuletzt deswegen, weil ich ihn für weitaus intelligenter hielt als die übrigen Hausbewohner. Er war der Generalökonom der Gottesfamilie und arbeitete an einer vatikanischen Kongregation. Sein Studium hatte er in Wien und Rom absolviert, für seine Promotion hatte er eine Auszeichnung erhalten. Nicht zuletzt verfügte er über ein ausgeprägtes Allgemeinwissen. Zudem hatte er ein ungleich differenzierteres psychologisches Gespür als alle anderen Mitbrüder. Ihm traute ich als Einzigem zu, meine Situation zu verstehen, die Konsequenzen für die Gemeinschaft angemessen einschätzen und mich beraten zu können. Also bat ich ihn um ein Gespräch, wohl wissend, dass schon diese Bitte, an meiner Verantwortlichen vorbei, gegen grundlegende Regeln des Gemeinschaftslebens verstieß. Etwas überrascht aber sofort bereit, vereinbarte er mit mir ein Gespräch im Grande Soggiorno. Es war die Woche vor Palmsonntag, kurz vor Alwins Ankunft in Rom.

Ich fühlte mich sehr entschlossen, als wir beide am Esstisch Platz nahmen. P. Friedhelm sah mich mit seinen hellen Augen unter der von einer Halbglatze überragten hohen Stirn aufmerksam an. Sein von tiefen Falten durchzogenes Charaktergesicht, das so oft extrem angespannt wirkte und sich, sobald er sprach, zu allen möglichen ausdrucksstarken Grimassen verzog, wirkte noch entspannt.

Ich begann so klar und sachlich wie möglich. »Ich möchte Sie bitten, alles, was ich im Folgenden sage, wie Beichtmaterie zu behandeln. Ich möchte nicht, dass Sie von sich aus irgendetwas unternehmen oder mit irgendjemandem darüber sprechen. Mir geht es nur um Ihren priesterlichen Rat.« Er nickte und forderte mich auf, weiterzusprechen. In seinem Gesicht sah ich die ersten Anzeichen von Anspannung. Wahrscheinlich hatte er nicht mit etwas wirklich Ernstem gerechnet. Als ich begann zu erzählen, was vor knapp zwei Jahren geschehen war, wie P. Jodok mir nachgestellt hatte, wie ich verzweifelt nach einer Lösung gesucht hatte und wie er schließlich auf mein Zimmer gekommen war, begann meine Stimme unweigerlich zu zittern. Ich hatte all das nie zuvor einem anderen gegenüber ausgesprochen. Alwin hatte ich es geschrieben, nicht mündlich erzählt. Jetzt fühlte ich, was für einen Unterschied das machte. Ich blickte auf den Tisch und kam ins Stottern, als ich erzählte, wie er mich ausgezogen hatte. Nun war auch P. Friedhelm in heller Aufregung und rief: »Hat er Sie vergewaltigt?!«

Ich stutzte, stockte – ja, wahrscheinlich war das das Wort, aber was hieß das? »Was heißt vergewaltigt?«, fragte ich. Ich war komplett durcheinander. Ich hatte bis jetzt nie systematisch darüber nachgedacht, was geschehen war und welche Worte und Kategorien es dafür gab. Es schien mir geradezu absurd, dieses schreckliche Geschehen in irgendwelche geschlossenen Begriffe und Definitionen zu packen. Aber genau das schien es nun zu sein, was P. Friedhelm wollte. Sein erster Gedanke galt den neuen Regelungen zur innerkirchlichen Meldepflicht solcher Fälle. »Sie sind ja volljährig. Aber ich muss mich trotzdem erkundigen, ob da eine Anzeigepflicht besteht.« Ich war so aufgewühlt, dass diese Worte von P. Friedhelm kaum bei mir ankamen. Ich hatte schon das Äußerste geleistet, wozu ich psychisch in der Lage gewesen war. In meinem Kopf spukte das Wort Vergewaltigung herum. Bilder stiegen aus der Erinnerung auf. Nur mühsam konnte ich denken. Anzeigen, was würde das bedeuten? P.

Friedhelm hoffte, dass man den Fall nicht melden musste, sondern gemeinschaftsintern regeln konnte. »Sie müssen es auf jeden Fall Sr. Hilga sagen und Mutter Gebharda. P. Rektor muss es natürlich auch wissen und P. Konrad.« »Nein«, rief ich, »ich will nicht, dass P. Konrad davon erfährt.«

P. Friedhelm sah mich an. Jetzt erst schien er wieder zu merken, dass ich da saß, ich, die das alles erlebt hatte, nicht nur ein Fall, der das Image der Gemeinschaft bedrohte. »Er wird es trotzdem wissen müssen. Er ist ja, soweit ich weiß, der Beichtvater von P. Jodok«, sagte er in etwas milderem Ton. Und dann: »Haben Sie denn schon weinen können? Wir werden auch sehen müssen, dass Sie darüber hinwegkommen. Besprechen Sie das mit Sr. Hilga.«

Nun fühlte ich mich doch ein wenig beruhigt. »Ja, ich werde mit Sr. Hilga sprechen. Bitte, wenden Sie sich nicht von sich aus an sie. Aber wenn sie es dann weiß, wäre ich froh, wenn Sie Ihrerseits bereit wären, mit ihr zu sprechen. Ich fürchte mich vor ihrer Reaktion.«

»Das schaffen Sie schon. Vielleicht ist es für Ihr Vertrauensverhältnis zu Sr. Hilga ganz gut.« So gingen wir auseinander.

Noch am selben Tag machte ich ein Gespräch mit Sr. Hilga aus. Sie reagierte erstaunt, als ich sagte, ich hätte etwas sehr Wichtiges mit ihr zu besprechen. Wir vereinbarten am Dienstag der Karwoche miteinander zu frühstücken. Bis dahin hatte ich Zeit, mit Alwin zu sprechen. Wir trafen uns zweimal. Das erste Mal kurz nach seiner Ankunft. Er war in einem Hotel untergebracht, und ich hatte durch die Uni genug Spielraum, um einige Stunden außer Haus zu sein. Wir trafen uns im Park an der Engelsburg, wo wir um die zwei Stunden lang auf und ab gingen, uns auf den Bänken niederließen und die Tauben und Touristen beobachteten. Es war eine eigenartige Mischung von Gefühlen, die über diesem Nachmittag lag. Nach all der Anspannung war dieses unverhoffte Wiedersehen nach fast einem dreiviertel Jahr eine unbeschreibliche Freude und Erleichterung. Zugleich war es ein ungeheuer ernster und düsterer Moment. Wir fühlten uns wie vor einer Schlacht oder einer Hinrichtung. Das Bewusstsein der Feierlichkeit dieses Augenblicks und die Freude, einander wiederzusehen, verbanden sich zu einem merkwürdigen Hochgefühl, zu einer fast unbeschwerten Heiterkeit. Zugleich diskutierten wir fieberhaft die möglichen Reaktionen und Konsequenzen, die die nächsten Tage mit sich bringen konnten. Wie ein Mantra wiederholte sich Alwins Mahnung: »Du musst mir unbedingt sofort sagen, wie sie reagiert hat. Notfalls kann ich mich jederzeit einschalten.« Ich war unendlich dankbar, dass er da war. Alleine die Tatsache, dass ich ihn als Eingeweihten präsentieren konnte, würde mich schützen. Wäre ich alleine gewesen, hätte ich wohl niemals den Mut aufgebracht, Sr. Hilga von den Übergriffen zu erzählen.

Das zweite Mal sahen wir uns einige Tage später in Alwins Hotel. In der Zwischenzeit hatte P. Friedhelm mit ihm gesprochen. »Er war völlig aufgeregt, das reinste Nervenbündel«, erzählte Alwin »er wollte wissen, was ich tun würde, wenn … und hat die ganze Geschichte erzählt, ohne deinen Namen zu nennen. Das war mir dann zu blöd, und ich habe ihm gesagt, er könne offen mit mir reden. Ich wüsste alles. Da war er ziemlich erstaunt.« »Und was sagt er?«, fragte ich. »Er ist auch ratlos. Jedenfalls ist es wirklich eine ziemlich ernste Sache. Wenn das gemeldet werden muss, kann das massive Konsequenzen für die Gemeinschaft haben.« »Ich hoffe, dass es massive Konsequenzen haben wird, egal ob es gemeldet werden muss«, erwiderte ich. »Wir werden sehen«.

Ich übergab Alwin das Kreuz, das ich wie alle Schwestern seit meiner Chormantelfeier unter der Kleidung trug. Die nächsten Wochen würde er es tragen. »Bearing the cross with you« waren die Worte, mit denen in dieser Zeit seine Briefe endeten.

Der Dienstag in der Karwoche kam. Als wir das Brot, die Butter und den Kaffee auf den Tisch stellten, bemerkte Sr. Hilga mit dem für sie typischen, professionell vertraulichen Blick und Tonfall: »Ein etwas mageres Frühstück für ein Vier-Augen-Gespräch«. Ich mochte diesen Ton nicht. Es lag etwas Manipulatives darin. Tatsächlich waren wir nicht vertraut. Sie wusste alles von mir, aber ich wusste nichts von ihr. Sie hatte alle Macht über mich, aber ich hatte ihr gegenüber keine Rechte geltend zu machen. Obwohl sie alles über mich wusste und ich ihr nichts verheimlichen durfte, obwohl sie meine Briefe las und vielleicht heimlich meine Mails kontrollierte, hatte sie dennoch keine Ahnung von mir. Wer ich wirklich war und was in mir vorging, interessierte sie nicht. Sie war zufrieden, wenn sie mich unter Kontrolle hatte. Ich schnitt ihren Satz mit der trockenen Bemerkung ab: »Der Appetit wird uns ohnehin vergehen.« Es war das erste Mal, dass ich mich traute, ihr Spiel nicht mitzuspielen. Ich wollte mich stark fühlen, tatsächlich klopfte mir das Herz aber bis zum Hals. Ich war extrem unsicher.

Eine Zeit lang sagte keine von uns beiden ein Wort. Ich biss zweimal von meinem Brot ab und begann dann: »Ich glaube, es ist besser, wenn ich gleich zur Sache komme. Wir werden vermutlich ohnehin mehr Zeit brauchen, als du eingerechnet hast.« Sie blickte mich erstaunt an. Jetzt war ich sicher, dass P. Friedhelm tatsächlich nicht mit ihr gesprochen hatte. Sie hatte keine Ahnung, was auf sie zukam. Ich erzählte knapp und deutlich. Je weiter ich kam, desto mehr fühlte ich Panik in mir aufsteigen, aber ich kam nicht weit. Es war zu viel für Sr. Hilga. Sie rastete völlig aus. Ihre Reaktion übertraf alle meine Vorstellungen. Sie lief rot an, sprang auf, schrie mich an. Sie schnaubte und quäkte, stieß undifferenzierte Laute aus, heulte Rotz und Wasser und brachte es erst allmählich fertig, einzelne Worte zu formen. Ihre Stimme war zweifellos im ganzen Erdgeschoss zu hören. Erst als sie sich wieder setzte, sich geschnäuzt hatte und das Taschentuch wie ein Schutzschild vor ihr Gesicht hielt, war sie wieder so etwas wie ansprechbar. Ich war derweil wie gelähmt. Ihre Reaktion hatte mich schockiert. Wie in einem Film beobachtete ich sie, als sie wild gestikulierend und schreiend vor mir stand. Ihr Verhalten erschien mir in seiner Drastik geradezu surreal. Was war aus der immer kontrollierten und höflichen Schwester geworden? Unwillkürlich erschien ein Bild vor meinen Augen: Sie war selbst einmal missbraucht worden, vielleicht als Kind. Es mussten sehr tiefe und alte Wunden in ihr sein, die ich aufgerissen hatte. Anders schien mir ihr völliges Ausrasten nicht zu erklären. Hatte sie nicht P. Ulf noch in völliger Gelassenheit entschuldigt, und war nicht auch das schon ein ernsthafter Übergriff gewesen? Völlig aus der Bahn warf mich aber die erste akustisch verständliche Frage, die sie mit tränenerstickter Stimme an mich richtete: »Habt ihr verhütet?«

Es verschlug mir buchstäblich die Sprache. Das war das Erste, was ihr dazu einfiel? Und warum »ihr«? Keine Frage, sie konnte oder wollte nicht begreifen, was tatsächlich geschehen war. Sie hatte schon ihre eigene Interpretation. Ich war schuld oder zumindest mitschuldig, genau wie ich es befürchtet hatte. Und ich wusste sofort, dass ich ihr diese Überzeugung nicht mehr würde nehmen können. Aber was um Himmels Willen wollte sie jetzt mit Verhütung? Was wollte sie hören? Was wäre schlimmer gewesen, ein Ja oder ein Nein? Ich hatte keine Idee. Ich riss das Ruder wieder an mich, indem ich sie mit der Mitteilung überraschte, dass P. Friedhelm schon davon wusste und dass sie also mit ihm reden könne. Leicht zögernd fügte ich hinzu: »Und P. Alwin weiß es auch.« Sie sah mich fassungslos an. Nun standen deutliche Spuren von Wut in ihrem Gesicht. Sie herrschte mich an, und einen Augenblick lang fürchtete ich, sie würde nun auf mich losgehen und mich tätlich angreifen. Wie hatte ich es nur wagen können, diese Mitbrüder vor ihr ins Vertrauen zu ziehen. Aber schon im nächsten Augenblick konnte ich beobachten, wie sie anfing, ihre Handlungsspielräume auszuloten, angestrengt, denn sie konnte sich kaum konzentrieren. Sie war viel zu aufgewühlt. Dennoch brachte sie ein paar laut gedachte Sätze zusammen. Mutter Gebharda würde es erfahren müssen, aber die kam ohnehin zu Ostern, P. Rektor auch. Wir würden es beiden erst sagen, wenn sie hier wären. Sr. Hilga würde das für mich übernehmen. »Aber jetzt muss ich erst einmal nachdenken«, sagte sie. Sie blickte auf die Uhr, und es war höchste Zeit, dass sie sich auf den Weg machte und zuvor die Spuren unseres Gesprächs aus ihrem Gesicht beseitigte. Mit einer letzten großen Geste versuchte sie ihre Souveränität wieder herzustellen. Sie lächelte mich aus ihren verheulten Augen an, nahm mich in den Arm und sagte: »Ich entziehe dir auch jetzt das Vertrauen nicht.« Dann war sie aus dem Raum.

Es dauerte, bis ich meine Gedanken und Gefühle halbwegs sortiert hatte. Meine schlimmsten Befürchtungen hatten sich bestätigt, mehr noch, das Gespräch war viel schlimmer gewesen, als ich befürchtet hatte. Andererseits hatte Sr. Hilga sich eine Blöße gegeben, für die sie sich jetzt bestimmt schämte. Und ihre Wut darüber, dass ich die beiden Mitbrüder eingeweiht hatte, zeigte mir, dass ich richtig gehandelt hatte. Das Wichtigste aber war: Sie hatte mir keine Strafe angedroht. Dennoch war ich mit meinen Nerven am Ende. Ich zitterte am ganzen Leib. Wie sollte ich die nächsten Tage und Wochen durchstehen? Ich rief Alwin an und erzählte ihm ausführlich von unserem Gespräch. Er tröstete mich und machte mir Mut. »Bis jetzt ging erst einmal alles gut. Friedhelm wird mit ihr reden. Ich werde auch mit ihr reden. Wir sorgen dafür, dass dir nichts geschehen kann. Und ich werde dafür sorgen, dass sie Jodok bestrafen.« Seine feste Stimme beruhigte mich, mein Atem ging langsamer, mein Zittern legte sich, und ich konnte mich auf den Weg in die Wäsche machen, wo ich an diesem Tag zur Arbeit eingeteilt war.

Die Karwoche durchlebte ich wie im Traum. Die Texte der Liturgie sprachen mir aus der Seele: »Herr, erhöre mich bald, denn mein

Geist wird müde; verbirg dein Antlitz nicht vor mir, damit ich nicht werde wie Menschen, die längst begraben sind …« Am Karfreitag nahm Sr. Hilga mich mit nach St. Peter, wo wir, wie immer seit der Papstwahl Ratzingers, ganz vorne in den ersten Bänken am Altar saßen. Das Schaulaufen des kurialen Klerus, das Händeschütteln und Feixen der Kardinäle, Priester und Ordensleute vor der Liturgie ekelte mich mehr an als je zuvor. Ich hielt meinen Rosenkranz in den Händen und senkte meinen Blick so tief es ging, um diesen Anblick nicht einmal mehr in den Augenwinkeln ertragen zu müssen. Als die Feier endlich begann und der päpstliche Hofprediger Cantalamessa seine Predigt hielt, staunten wir beide nicht schlecht. Er widmete sie ausschließlich einem einzigen Thema: Gewalt gegen Frauen. »Merkwürdig«, sagte Sr. Hilga nur. Würde sie vielleicht doch einsehen, dass P. Jodok mir Gewalt angetan hatte? Ich machte mir keine Hoffnungen. Es würde für sie immer feststehen, dass die größere Verantwortung bei mir gelegen hatte. Das Schrecklichste war, dass ich, je mehr mir in folgenden Wochen Mitschuld unterstellt wurde, immer mehr selbst zu zweifeln begann. Vielleicht hatte ich ihm wirklich einen Anlass gegeben. Wie hatte ich ihn angeschaut? Was genau waren meine Worte gewesen? Hatte ich ihn doch irgendwie verführt? Diese Zweifel quälten mich über die Maßen. Sie raubten mir meine letzte Kraft und bewirkten, dass ich mich danach sehnte, bestraft zu werden. Auf einmal hatte ich wieder das alte Gefühl, dass es am besten wäre, mich vollkommen meinen Verantwortlichen zu unterwerfen und bedingungslos jede Form von Bestrafung anzunehmen, sei es, dass sie mich nach Slowenien schickten, mich das Studium abbrechen ließen, oder mich in die Küche steckten, was auch immer. Sicherlich würde dann alles gut werden. Der Zweifel und die Versuchung wurden übermächtig, und ich musste meine letzte Kraft aufbringen, um mich selbst vom Gegenteil zu überzeugen. Wider Erwarten sah ich mich in einen Kampf mit mir selbst verstrickt, der alle meine noch so kargen Kraftreserven auffraß. Kein

Zweifel: hätte ich mich auch nur ein halbes Jahr früher an Sr. Hilga gewandt, meine Kraft hätte nicht ausgereicht.

Zu Ostern kam Mutter Gebharda. Das Gespräch mit ihr war über die Maßen enttäuschend. Sie weinte und machte mir mit leiser Stimme einige Vorhaltungen. Aber sie wollte nichts von mir wissen und hörte mir nicht zu. Vor allem aber hatte sie keinen Plan. Sie schien nicht einmal daran zu denken, dass nun etwas geschehen müsse, dass sie irgendwelche Entscheidungen treffen oder Konsequenzen ziehen musste. Ich hatte einen Fehler gemacht, ich hatte ihn zugegeben, und damit war die Sache erledigt. So schien das Ganze für sie auszusehen. Meine Enttäuschung war maßlos. Ich fühlte, wie ich wieder in den dunklen Abgrund der Verzweiflung und Apathie hinuntergezogen wurde.

Zu allem Überfluss begann P. Jodok mir nun erst recht hinterherzulaufen. Er hatte gegenüber P. Rektor alles zugegeben und fühlte sich nun sehr erleichtert, weil ihm nichts geschah. Für ihn war das ein Anlass, sich bei mir zu bedanken. Er wartete wieder auf mich, wollte mit mir darüber sprechen, wie froh er sei, dass nun alles ausgesprochen sei, wie schwer die letzten Jahre für ihn gewesen seien et cetera. Angesichts dieser neuen Nachstellungen ergriff mich die pure Panik. Er hatte nichts kapiert, gar nichts! Am Ende meiner Nerven und zitternd vor Wut stellte ich ihn bei einer solchen Gelegenheit zur Rede: »Sie haben sich ja noch nicht einmal entschuldigt. Was denken Sie eigentlich?«, schrie ich ihn an, aber ich erntete nur die gewohnte Reaktion. Er blickte starr auf den Boden. Das änderte aber nichts daran, dass er mir bei der nächsten Gelegenheit wieder hinterherlief. Er verfolgte mich sogar auf dem Weg zur U-Bahn-Station und redete auf mich ein, ich sollte doch jetzt nicht meinen, ich müsste den Verantwortlichen lange Briefe schreiben. Genau das hatte ich nämlich getan.

Nach dem Gespräch mit Mutter Gebharda war ich dermaßen enttäuscht, dass ich ihr und P. Rektor einen langen Brief schrieb. Ich erzählte das, wonach sie mich nicht gefragt hatten. Denn niemand hatte mich gefragt, wie es so weit hatte kommen können. Niemand wollte wissen, was im Einzelnen geschehen war, wie es mir jetzt ging, ob ich Hilfe brauchte oder irgendetwas in der Richtung. Sie wussten nur, was sie selbst hatten hören wollen. Ich erzählte aber nicht nur, sondern verfasste einen regelrechten Appell: »Gebt den Novizinnen und Novizen echte Ansprechpartner an die Seite. Verbietet uns keinen persönlichen Austausch. Isoliert uns nicht. Lasst nicht zu, dass junge Menschen in der Gottesfamilie eingeschüchtert und verunsichert werden. Ermutigt uns, stärkt uns, lasst uns unsere Begabungen und Talente entfalten, Initiativen setzen, lasst uns stark werden.« Über zwei DIN-A4-Seiten zogen sich meine Fragen und Bitten. Ich forderte einen normalen menschlichen Kontakt auf Augenhöhe zwischen Männern und Frauen in der Gemeinschaft, kompetente Ausbildner und Ausbildnerinnen, ein offenes Ohr für die Nöte von Mitgliedern statt Druck auf sie, vor allem aber ein anderes Menschenbild, ein anderes Ideal des geweihten Lebens, eines, das es uns wieder erlauben würde, »Ich« zu sagen bzw. »Ich will« oder »Ich will nicht« – unerhörte Aussagen für ein Mitglied der Gottesfamilie.

Die erste Reaktion, die ich auf dieses Schreiben bekam, war die von P. Jodok, der mir im Laufschritt hinterherlief, während ich auf dem Weg zur U-Bahn-Station war: »Seien Sie doch etwas demütiger«, sagte er mir allen Ernstes, »die Verantwortlichen wissen schon, was sie tun. Die brauchen Ihre Belehrung nicht.« Dass er überhaupt von meinem Brief wusste und es wagte, mich jetzt noch anzusprechen, vor allem aber die gefühlte moralische Überlegenheit, mit der er mir begegnete, erregten in mir eine solche überwältigende Mischung aus Wut und Ekel, die mich sprachlos machte. Es ist völlig zwecklos, mit ihm zu reden, dachte ich mir. Aber meine Wut auf diejenigen, die dafür gesorgt hatten, dass er von diesem Brief wusste, auf diejenigen, die jetzt nichts unternahmen, die es zuließen, dass er weiter Regens war und mir jederzeit nachstellen konnte, diese Wu war grenzenlos, und sie wurde von Tag zu Tag verzweifelter.

Meine letzte Hoffnung war ein Gespräch mit P. Rektor, in der zweiten Woche nach Ostern. Ich sollte in die Piccola Casa kommen, wo wir uns in der Kapelle trafen und uns anschließend zum Gespräch ins Telefonzimmer begaben. Ich erwartete, dass nun endlich etwas geschehen würde. Immerhin war P. Rektor ja der Verantwortliche von P. Jodok. Und tatsächlich, als Erster überhaupt begann P. Rektor das Gespräch mit einer Entschuldigung: »Ich möchte mich bei Ihnen entschuldigen für das, was P. Jodok Ihnen angetan hat«, sagte er. Das war dann aber auch schon alles. Sein nächster Satz lautete: »Ich werde für ihn beten. Denken Sie nicht mehr an ihn.« Damit war in seinen Augen alles gut. Ich nahm meinen ganzen Mut zusammen, um eine letzte Bitte zu formulieren: »P. Rektor, Sie haben sicherlich gehört, wie sehr P. Alwin mir in den vergangenen beiden Jahren geholfen hat. Ich möchte darum bitten, dass er und ich unseren Kontakt fortsetzen dürfen.« Er schaute mich, vornüber gebeugt von unten herauf aus seinen müden Augen an. »Das müssen Sie mit Sr. Hilga besprechen«, sagte er nur. Das war das Letzte, was ich in der ganzen Angelegenheit von ihm hörte. Er hielt sich von da an konsequent aus allem heraus.

Den letzten Rest gab mir P. Ulf. Ich wusste ja nicht, wer alles wusste, was geschehen war, mit wem P. Rektor, Mutter Gebharda und Sr. Hilga gesprochen hatten. Das weiß man in der Gottesfamilie nie. So fiel ich aus allen Wolken, als P. Ulf mich eines Tages auf dem Treppenabsatz ansprach und sagte, er müsse mit mir reden. Er öffnete die Tür in den Ingresso 1 und forderte mich auf, in die Sala Familiare zu kommen. Ich stutzte, aber ich wollte wissen, was er mir zu sagen hatte. Ich ließ die Tür hinter mir geöffnet und kam seiner Aufforderung Platz zu nehmen nicht nach. Stattdessen blieb ich mit verschränkten Armen vor ihm stehen. Als er zu reden begann, verschlug es mir die Sprache: »Ich weiß jetzt alles, Sr. Doris«, sagte er und lächelte mich auf seine geifernde Art an. Sein Blick war schon wieder auf meine Brust gerichtet. Mir wurde schlecht. »Sie können gerne mit mir darüber sprechen«, strahlte er. »Danke. Kein Bedarf«, sagte ich schroff und wollte schon den Raum verlassen, aber er überhörte das. »Ich verstehe Sie, Sr. Doris. Sie können mir alles erzählen. Wie hat er es gemacht? Er hat Sie ausgezogen … und dann?«

Nun packte mich die kalte Wut. Ich hatte gute Lust, ihn mit dem Kopf an die Wand zu schlagen, hätte ich mich nicht so vor ihm geekelt. »Sie verstehen gar nichts!«, fauchte ich ihn an. Und ich muss sehr wütend ausgesehen haben, denn für einen Augenblick sah ich echte Angst in seinem Blick. Mit harten Schritten verließ ich die Sala Familiare und knallte die Tür zum Ingresso hinter mir zu.

Selbstmordgedanken

Nach einigen Wochen gab es schließlich doch Konsequenzen. Mutter Gebharda teilte mir mit, dass ich mein Studium ab Herbst in Freiburg im Breisgau fortsetzen sollte. Das war im Prinzip eine positive Antwort auf die Bitte, die ich vor ungefähr einem halben Jahr an sie gerichtet hatte, und es war eigentlich eine erleichternde Botschaft, denn dort würde ich frei sein. Es gab kein Zentrum in Freiburg. Ich würde dort irgendwo alleine ein Zimmer haben, studieren und einige wenige Katakombenfamilien betreuen. Der Moment jedoch, in dem diese Entscheidung fiel, machte sie bitter: Nicht P. Jodok wurde weggeschickt, sondern ich. Ihm geschah nichts, ich war es, die offenbar entfernt werden musste. Vor allem wurde ich so weit weggeschickt, dass ich nicht mehr mitbekam, was geschah, und keinen Austausch mehr mit den jungen Mitschwestern hatte. Das hielt ich für das eigentliche Ziel meiner Entfernung.

Sr. Hilga sagte mir, dass ich vorerst auf den Kontakt mit P. Alwin verzichten müsse. Das sei einfach nötig, damit ich wieder ein Vertrauensverhältnis zu ihr aufbauen könne. Als ich Widerspruch einlegen wollte, blieb sie hart und sagte: »Bitte, gib uns diesen Vertrauensvorschuss einfach. Anders geht es nicht. Wir wollen ja wieder gut machen, was kaputt gegangen ist.« Und sie fuhr fort, indem sie mir Hoffnungen machte. Ja, sie hätten erkannt, dass einiges in der Gemeinschaft sich ändern müsse. Ich horchte auf. »Aber das wird viel Zeit brauchen, und wir können nichts erzwingen. Auch deswegen ist es wichtig, dass wir jetzt Geduld haben und einander vertrauen können.« Tatsächlich fasste ich jetzt wieder etwas Hoffnung für die Zukunft der Gemeinschaft. Ich ahnte nicht, dass ich mich einfach nur hinhalten ließ.

Die Kämpfe der letzten Wochen forderten ihren Tribut. Ich verlor Gewicht, wurde blasser und schmäler. Meine Röcke hingen immer loser um meine Hüften. Die Reaktionen meiner Verantwortlichen, die Dreistigkeit von P. Jodok und P. Ulf, das Verbot, Alwin zu kontaktieren, die tägliche Arbeit, als ob nichts wäre, die Einsamkeit und Hilflosigkeit, die mich gefangen hielten, das alles raubte mir das letzte bisschen Kraft und Lebensmut.

Im Mai stand die gewohnte Maiandacht beim Heiligen Vater an. Ich gehörte zu denen, die mitgehen durften, P. Jodok ebenfalls. Bis auf einige Wenige war die gesamte römische Gemeinschaft vertreten. Sr. Hilga hatte ein detailliertes Programm ausgearbeitet, einen Plan von der Terrasse gezeichnet und uns in den Chorproben den Verlauf der Prozession erklärt. Wie immer war höchste Sorgfalt geboten, und es war an alles gedacht. Alle möglichen Jahres- und Gedenktage, die dem Heiligen Vater etwas bedeuten konnten, wurden in Texten und Fürbitten berücksichtigt, die Altäre wurden entsprechend seinem Geschmack dekoriert, die Lieder nach seinen Vorlieben ausgewählt. Die Kleiderregeln kannten wir inzwischen schon. Wir Schwestern trugen Hochfest-Kleidung, das hieß das Feierlichste, was wir im Schrank hatten, vor allem die obligatorischen Blazer. Die Mitbrüder gingen im Talar. Wir kamen in drei Autos, parkten im Cortile San Damaso und ließen uns mit den

Aufzügen in die Terza Loggia hinauffahren, von wo aus wir dann über Treppen bis auf die Terrasse kamen. Wir hatten noch Zeit zum Proben und schritten singend den Wandelgang auf dem Dach des Päpstlichen Palastes ab. Als wir fertig waren, blieben uns noch gute zehn Minuten, bevor der Heilige Vater auf die Terrasse kommen sollte. Wir durften sie nutzen, um den Ausblick zu genießen. Ich erklomm alleine eine der vielen Nischen, von denen aus man auf den Petersplatz hinuntersehen konnte. Das Mäuerchen vor mir reichte gerade bis an meinen Bauchnabel, dahinter lagen die Dachziegel, die in einem flachen Winkel zur Dachrinne hin abfielen. In der Ferne braute sich ein Gewitter zusammen, während über uns und über dem Platz noch die wärmenden Strahlen der Frühlingssonne lagen. Hinter mir hörte ich die Mitbrüder das letzte Mal die Litanei üben. Ich blickte auf die Dachziegel. Sie waren von Drähten überzogen. »Stromschläge für die Tauben und Möwen«, dachte ich, »aber was macht das schon? Ich rutsche einfach darüber hinweg«. Es schien wirklich sehr einfach. Auf das Mäuerchen steigen, mich auf die Dachziegel setzen, bis zur Dachkante rutschen und mich fallen lassen. Ich wäre an der Kante, bevor irgendjemand würde eingreifen können, ja vielleicht sogar bevor irgendjemand es bemerkte. Nur zwei Mitbrüder ein paar Meter weiter konnten zu mir hersehen. Sie würden in jedem Fall zu spät kommen. Ich spürte, wie mein rechter Fuß sich vom Boden hob und sich auf die Mauer schwingen wollte. »Es ist eine Todsünde«, schoss es mir durch den Kopf. Ich hielt mich mit beiden Händen an der Mauer fest, hielt die Luft an und betete: »Du weißt, wie es in mir aussieht, du weißt alles. Du wirst es verstehen.« Dann seufzte ich auf: »Aber wenn du das alles weißt, dann wirst du auch einen Weg für mich finden.« Ich ließ die Mauer los, legte meinen Kopf in meine Hände, und erschöpfte Tränen rannen über mein Gesicht. Schließlich kam der Heilige Vater, und die Prozession nahm ihren gewohnten Gang. Alles verlief wie geplant. Beim Abschied sollte ich ihm sagen, dass ich ab

Herbst mein Studium in Deutschland fortsetzen würde. »Ach, und wo?«, fragte er. »In Freiburg im Breisgau«, sagte ich und schielte mit einem Augenwinkel zu Mons. Gänswein hinüber. Aber es kam von keinem der beiden eine Reaktion. »Na dann, alles Gute!«, wünschte er mir. Er hatte keine Ahnung, dass ich mich vor einer knappen Stunde beinahe von seiner Terrasse gestürzt hatte. Es war ja auch alles so inszeniert, dass er von uns persönlich nichts mitbekam. Ob seine Berater das auch so machen, fragte ich mich. Wie viel bekommt er mit von dem, was in der Kirche und in der Welt geschieht? Wie werden die Informationen für ihn aussortiert, und wie werden die Gespräche inszeniert? Wieder kamen Zweifel an der Kirche und ihrer Verfassung in mir hoch. Es ist ein Lügensystem, dachte ich. Die Kirche ist sich wie die Gottesfamilie zum Selbstzweck geworden und verfolgt nur ihre eigenen Interessen. Wie es den Menschen geht, interessiert niemanden.

Einige Tage später rang ich mich dazu durch, Sr. Hilga von meinen Selbstmordgedanken zu erzählen. Sie sah mich mit zusammengekniffenen Lippen und prüfendem Blick an. Ich spürte, dass ich ihr lästig war. Obwohl sie einzusehen schien, dass sie irgendwie verantwortlich war, mir zu helfen, fiel ihr nichts Besseres ein, als mich zu einem Gesundheitscheck nach San Raffaele zu schicken. Sie kannte dort einen Arzt. Mir kam es lächerlich vor, aber ich wollte dieses Entgegenkommen nicht ausschlagen, ich hätte es auch gar nicht gekonnt. In einer gut getarnten Aktion (medizinische Behandlungen wurden immer vertuscht, damit niemand wusste, wer an welchen Krankheiten litt) fuhr sie mich ins Krankenhaus und ließ mich dort allein. Ich wartete ziemlich lange auf einem Gang, bis mich endlich jemand zur Behandlung aufrief. Mir wurde Blut abgenommen, dann musste ich wieder lange warten. Schließlich wurde ich mit einer langen Rechnung nach Hause geschickt. Einige Tage später kam der Befund: Alle Werte normal, nur der Hämoglobingehalt war zu niedrig. Ich hatte einen leichten Eisenmangel. Sr. Hilga war zufrieden. »Schau, dass du genug Fleisch isst«, sagte sie. Ich fand das beinahe zynisch, nicht nur weil ich keinen Einfluss auf mein Essen hatte, sondern vor allem, weil sie mein Wohlbefinden allen Ernstes an meinem Blutwert festzumachen schien.

Konsequenzen für P. Jodok

Gut zwei Monate nach Ostern gab es schließlich doch Konsequenzen für P. Jodok. Alwin und P. Friedhelm hatten es nach eindringlichen Gesprächen geschafft, P. Rektor klar zu machen, dass er ihn nach seiner Tat und seinem Geständnis nicht in einer Leitungsaufgabe im Ausbildungshaus der Gemeinschaft lassen konnte, schon im Interesse der Gemeinschaft nicht. Er sollte also ab Herbst nicht mehr Regens sein, sondern eine Stelle in einer bestimmten Abteilung der Kurie antreten. Dort war zwar keine Stelle frei, aber die Gottesfamilie hatte genug Kontakte, um ihn trotzdem dort unterzubringen. Alwins Protest, dass diese »Strafe« einer Beförderung gleichkam und dass die Gemeinschaft mit dieser Aktion letzten Endes den Papst mit hineinzog, verhallte ungehört. Bis Juli wurde P. Jodok für eine Übergangszeit nach Belgien geschickt, offiziell wegen wichtigen Übersetzungsarbeiten, die er dort erledigen sollte. Der eigentliche Grund war, dass er einige Sitzungen bei einer Psychotherapeutin in Mainz besuchen sollte. Das Zentrum in Belgien war zwar vier Autostunden von dort entfernt, aber es war das am nächsten gelegene, und eine andere Therapeutin als die in Mainz kam nicht in Frage. Sie war ein persönlicher Kontakt von P. Friedhelm und vor allem eine kirchentreue Ordensfrau.

Die vorübergehende Entfernung von P. Jodok war eine Erleichterung für mich. Dennoch konnte ich in seiner geplanten Beförderung keine Strafe erkennen und machte mir Sorgen, weil er und P. Ulf weiterhin im Ausbildungshaus bleiben sollten, wo der Großteil der jungen Schwestern ausgebildet wurde. Ich konzentrierte mich auf meine Abschlussprüfung in Philosophie und versuchte mich innerlich auf den Wechsel nach Freiburg einzustellen. Außerdem nahm ich heimlich auch wieder Kontakt zu Alwin auf, vor allem, seit ich Selbstmordgedanken hatte. Ohne ihn hätte ich diese ganze Zeit wohl nicht durchgestanden. Trotz oder gerade wegen der Enttäuschungen der vergangenen Monate steigerte ich mich geradezu in den Kampf um eine bessere Gottesfamilie hinein. Ich glaubte nach wie vor an das Charisma der Gottesfamilie und an meine eigene Berufung. Dass dieses Charisma wieder strahlen und das Gemeinschaftsleben lebendiger und fruchtbarer werden konnte, war meine einzige Hoffnung für die Zukunft.

12. FREIBURG

Bordeaux und Österreich

Im Juli wurde ich für vier Wochen nach Bordeaux geschickt. Dort sollte ich der halb erblindeten Sr. Adèle Gesellschaft leisten, während die einzige Mitschwester, die mit ihr lebte, im Mutterhaus auf Exerzitien war. Und ich sollte einen Französisch-Kurs machen. Es waren einsame, aber relativ angenehmen Wochen. Niemand kontrollierte mich, ich verbrachte mehr Zeit in der Stadt, als für den Kurs nötig gewesen wäre, las Sartre und ging am Fluss spazieren.

Im August kam ich ins Mutterhaus. Mittlerweile war dort ein weiteres Bauprojekt abgeschlossen worden. Ein altes Gästehaus war abgerissen und durch einen modernen Neubau ersetzt worden, eine große Tiefgarage, eine Hackschnitzelheizung, die das gesamte Kloster versorgen konnte, ein neuer Parkplatz und eine zusätzliche Bibliothek für Scheffczyks Nachlass waren entstanden. Ich war erstaunt, dass wir über die Kosten für dieses Unterfangen informiert wurden. Sie beliefen sich auf über zwei Millionen Euro. Zur selben Zeit renovierte die Gemeinschaft eine Villa in Wien, die P. Friedhelm geerbt hatte. Ein weiteres großes Bauprojekt in Belgien war in Planung. Auch das würde noch einmal mehrere Millionen kosten. Woher nahm die Gemeinschaft das Geld? Und wenn genügend Geld vorhanden war, warum wurden wir dann ständig zum Sparen ermahnt? Warum bettelten wir in Bäckereien um altes Brot und ließen uns Altkleider schenken?

Einführung in die Familienarbeit

In den Wochen vor meinem Wechsel nach Freiburg sollte ich in die Familienarbeit eingeführt werden. Ich war gespannt, denn bisher hatte ich von den Katakombenfamilien herzlich wenig mitbekommen. Die Koordination der gesamten Familienarbeit lag in der Hand von Sr. Hannelore, einer resoluten Vorarlbergerin. Was sie in den Augen der Verantwortlichen für diese Aufgabe zu qualifizieren schien, war ihr schier grenzenloses Selbstvertrauen. Die Überzeugung, mit der sie selbst so verdrehte und falsche Aussagen verkündete, dass sie dabei bisweilen unfreiwillig komisch wirkte, stand in merkwürdigem Kontrast zur extremen Unsicherheit der meisten Mitschwestern. Ein Umstand, der die Zusammenarbeit mit ihr nicht gerade erleichterte. Es dauerte sehr lange, bis Sr. Hannelore sich mit mir traf. Zunächst fuhren wir mit dem Auto nach Freiburg und besuchten die beiden bisher einzigen Katakombenfamilien dort, eine junge Familie mit zwei kleinen Kindern und ein kinderloses älteres Ehepaar. Meine Aufgabe würde es sein, ab Herbst die monatlichen Katakombenrunden zu leiten, die im Esszimmer einer der beiden Familien stattfanden. Dabei würde ich von Kaplan Günther Stoffl unterstützt werden, den ich erst kennenlernen sollte und dessen unglaubliche geistige Beschränktheit mir später von Monat zu Monat mehr zu schaffen machte. Zu meiner großen Beunruhigung erfuhr ich aber nichts über meine neue Aufgabe. Was waren die Ziele unserer Familienarbeit? Welches Wissen und welche Kompetenzen musste ich mir aneignen und auf welche Situationen sollte ich vorbereitet sein? Ich bekam keinen Leitfaden, kein Programm, keine Hilfestellungen. Ich ahnte, dass es sehr wohl Ziele der Familienarbeit gab, dass ich diese aber nicht oder noch nicht erfahren sollte. Diese Befürchtungen wurden bestätigt, als Sr. Hannelore mich endlich zum Gespräch mit einer Familie mitnahm.

Das Ehepaar, das uns im Angeluszimmer gegenübersaß, bereitete sich auf die Katakombensegnung vor. Sie hatten zwei Kinder, ein etwa 16-jähriges Mädchen und einen etwas jüngeren Buben. Vor dem Gespräch erklärte Sr. Hannelore mir kurz, dass »wir« diese Familie schon länger im Blick gehabt hätten, dass es aber zuerst noch ein Hindernis gegeben habe: »Die Tochter hat eine Beziehung zu einem Burschen. Aber jetzt ist sie vernünftig geworden und hat sie aufgegeben.« Ich war sprachlos. Diese Mitteilung verwirrte mich in so vieler Hinsicht. Wie konnte die Gottesfamilie sich anmaßen, solchen Druck auf junge Menschen, ja auf die ganze Familie auszuüben? Und warum hatten die Eltern zugelassen, dass fremde Menschen die Beziehung ihrer Tochter zerstörten? Skeptisch und frustriert verfolgte ich das Gespräch zwischen Sr. Hannelore und dem Ehepaar, bei dem fast ausschließlich sie selbst zu Wort kam. Als sie der Frau sagte, es wäre besser, wenn sie in Zukunft eher auf Hosen verzichten und stattdessen lange Röcke tragen würde, und als Begründung allen Ernstes anfügte: »Sie haben ja jetzt öfter auch mit Priestern zu tun, und die wollen wir doch nicht verführen«, kochte Wut in mir hoch. Schließlich hatte der Familienrat erst vor Kurzem beschlossen, dass das Hosenverbot für Katakombenmütter gelockert werden sollte. Galt das im Mutterhaus nicht? Ich beschloss, dass meine Familienarbeit anders aussehen würde.

Hip Hop und Punk Rock

Weitere Vorbereitungen auf die Familienarbeit gab es nicht, dafür aber war ich nun umso entschlossener, eine Reihe von Vertiefungen für die Schwestern im Mutterhaus zu halten, die ich in Rom vorbereitet hatte. Mein Thema war die Jugendkultur unter dem Etikett: »Zeichen der Zeit«. Unter diesem Schlagwort wurde in der Gottesfamilie alles behandelt, was mit der Welt »draußen« zu tun hatte. Meistens waren das die immer gleichen Themen Abtreibung, Esoterik, Islam, Feminismus und andere, die mit theatralischer Dramatik als Zeichen der Verdorbenheit der modernen Welt inszeniert wurden. Ich hatte das gründlich satt und machte es mir zum Ziel, mein Thema so sachlich wie möglich zu präsentieren. Zu diesem Zweck hatte ich mir den Jugendkultur-Guide des Instituts für Jugendkultur-Forschung aus dem Netz heruntergeladen und durchgearbeitet. Junge Menschen hatten durchaus moralische Ideale, Werte und Ziele, sie hatten begründete und reflektierte Lebenseinstellungen, sie waren sozial engagiert, manche auch religiös auf der Suche. Das wollte ich meinen Mitschwestern zeigen. Ich baute eine Leinwand im Refektorium auf und reservierte mir für eine Woche den einzigen im ganzen Kloster verfügbaren Beamer.

Dann begann eine fast surreale Aktion. Eine Woche lang stellte ich meinen Mitschwestern jeden Morgen eine andere Jugendszene vor, ihre Geschichte, ihre Codes, ihre Werte und ihre Musik. Dazu spielte ich jedes Mal ein anderes Video vor: Hip Hop, Punk Rock, Techno, Metal. Noch nie gehörte Klänge im Refektorium des Klosters und in den Ohren mancher Mitschwester. Ich übersetzte die Texte, um meinen Mitschwestern zu zeigen, wie viel darin von Gott, von Wahrheit, Liebe und Erlösung die Rede war. Die Wirkung, die ich damit erzielte, hielt sich leider sehr in Grenzen. Die Mehrzahl der Schwestern, insbesondere die ältere Generation, schien einfach nicht mitzukommen. Meine Worte erreichten sie nicht. Nur einige der jungen Schwestern gerieten ins Nachdenken. Eine Schwester meinte sogar, wir hätten viel gemeinsam mit den Punks: Sie wären genauso Aussteiger wie wir auch. Am Ende blieb mir nur die Genugtuung, dass tatsächlich Hip Hop und Metal im Mutterhaus erklungen waren. Darüberhinaus zeitigten meine Vertiefungen keine Konsequenzen.

Jungfräuliches Klavierspiel

Aber ich hatte für diesen Sommer noch ein weiteres Projekt, das ich schon von Rom aus eingefädelt hatte. Ich sollte Klavierstunden erhalten. fr. Gebhard hatte mich auf diese Idee gebracht: »Sr. Cornelia bekommt jetzt Querflötenunterricht. An Ihrer Stelle würde ich mir auch Stunden geben lassen! Sie sind begabt. Das muss doch gefördert werden!« Und tatsächlich, ich hatte mit meiner Bitte Erfolg.

P. Hildebrand sollte mir diesen Sommer einige Klavierstunden geben. Wie alle Schwestern der Gottesfamilie hielt auch ich ihn für sehr intelligent. Er umgab sich mit einer einzigartigen vergeistigten Aura, die ihn von allen übrigen Mitbrüdern unterschied. Seine Begeisterung für die alte Liturgie hatte sich spürbar auf seine Messfeier ausgewirkt; er zelebrierte mit übertrieben gespreizten Gesten und monotoner Stimme. Auch außerhalb der Kapelle schien das Objektive, Überzeitliche und Übernatürliche mehr und mehr das Ideal seiner ganzen Existenz zu werden. Es wirkte sich auf seinen ganzen Habitus aus, vom Gang über die Sprache bis in die Mimik. Zusätzlich entspann er die verrücktesten Gedankengebilde, in die er sich geradezu zwanghaft hineinsteigerte, von der größeren Gottgefälligkeit der sogenannten Kirchentonarten bis hin zur heilsgeschichtlichen Notwendigkeit Roms als Zentrum der Kirche. Sein Hauptlebensinhalt bestand seit einigen Jahren in der Scheffczyk-Forschung. Und Scheffczyk erschien ihm als der letzte Hüter der Wahrheit und der größte Theologe des 20. Jahrhunderts. Seine musikalische Leidenschaft galt merkwürdigerweise ganz und gar dem Romantiker Franz Liszt, den er zum Überdruss der gesamten Gemeinschaft Jahr für Jahr in stundenlangen Vertiefungen zum verhinderten Heiligen stilisierte, in dessen Kompositionen tiefste theologische Erkenntnisse verborgen seien.

In unserer ersten Klavierstunde spielte ich P. Hildebrand einige Stücke vor, die seit Längerem zu meinem Repertoire gehörten, ein Impromptu von Schubert, eine Barkarole von Tschaikowsky, eine Phantasie von Mozart. Das war genug. P. Hildebrand begann mit einer Ansprache: »Als Gottgeweihte muss unser ganzes Leben von den drei evangelischen Räten durchformt und geheiligt werden. Das gilt auch in der Musik. Sie müssen auch beim Spielen Armut praktizieren. Verzichten Sie auf den Genuss. Verzichten Sie auf Gefühl, dann spielen Sie klarer und strahlender. Zum Spielen gehört auch der Gehorsam und schließlich gibt es dabei auch so etwas wie

Jungfräulichkeit: Versagen Sie sich das Aufgehen in der Musik, bleiben Sie enthaltsam.« Dann kamen die praktischen Vorschläge. P. Hildebrand legte mir ein einfaches Stück von Clementi vor, ließ es mich einmal anspielen und gab mir Anweisungen zum Üben: »Jetzt spielen Sie die nächsten Wochen nur die ersten drei Takte und nichts anderes!« Als er fortfuhr, traute ich meinen Ohren nicht: »Es wird Ihnen anfangs schwer fallen, auf das Gefühl beim Spielen zu verzichten. Sie sollten daher längere Zeit mit geschlossenem Klavierdeckel üben.« Ich stutzte. Machte er einen Scherz? Nein. Er schloss das Klavier und machte es mir vor, indem er seine Fingerspitzen auf dem Klavierdeckel tanzen ließ. Ab diesem Moment war mir klar, dass es keine weiteren Klavierstunden geben würde.

Freiheit in Freiburg

Ab Oktober bewohnte ich in Freiburg ein Zimmer im Mutterhaus der Vinzentinerinnen und nahm am Leben der dortigen Kommunität teil. Vermutlich hätten meine Mitschwestern diese Ordensfrauen für ihre Laxheit bedauert. Ihr Frühstücksbuffet war am Freitag genauso reichhaltig wie an allen anderen Tagen, nur die Wurstplatte fehlte. Sie feierten Fasching, pflegten persönliche Interessen und Freundschaften und beteten eine reduzierte und freie Form des Stundengebets. Der größere Raum von Freiheit, den ich hier hatte, war unendlich viel wert. Ich hatte ein Zimmer, das ich abschließen konnte, ein eigenes Handy und einen Internetzugang. Außerdem war ein Konto für mich eingerichtet worden, sodass ich mir das ein oder andere Kleidungsstück besorgte, um an der Uni nicht allzusehr aufzufallen. Ich hatte keine Verantwortlichen und Mitschwestern um mich und konnte meinen Tagesablauf ganz alleine gestalten. Ich konnte ausschlafen, wann ich es brauchte, zur Messe gehen, wo ich wollte, das Brevier beten, wann ich Zeit hatte. Vor allem aber konnte ich aus dem Haus gehen ohne jedes Mal fragen zu müssen.

Theoretisch konnte ich nun auch alleine spazieren gehen. Zwar hatte ich lange Skrupel, aber als der erste Schnee fiel, hielt mich nichts mehr! Seit Jahren hatte ich keinen Schnee mehr gesehen, und nun lag er wie eine dicke Watteschicht über der ganzen Stadt und dem Wald. Ich lief hinauf zum Kanonenplatz und von dort immer weiter hinein in den Wald, bis ich mich in den Schnee fallen ließ. Ich atmete in tiefen Zügen die klare Winterluft und fühlte mich frei und glücklich wie ewig nicht mehr. Schon nach so kurzer Zeit in etwas größerer Freiheit konnte ich mir nicht mehr vorstellen, jemals wieder in Rom oder im Mutterhaus zu wohnen und mich der Enge des dortigen Gemeinschaftslebens zu unterwerfen.

Das Theologiestudium in Freiburg

Langsamer aber dafür umso nachhaltiger lernte ich die denkerische Freiheit zu schätzen, die mir das Studium an der theologischen Fakultät der Albert-Ludwigs-Universität eröffnete. Mir war von vornherein klar, dass hier ein ganz anderes Klima herrschen würde, als ich es von Santa Croce kannte. Der Dozent, der mir wärmstens empfohlen worden war, Privatdozent Johann Schuster, erwies sich als die größte Enttäuschung der Fakultät. Früher hatte er konversionswillige Christen ins Mutterhaus gebracht. Nun war er zu alt dazu. Aufgrund seiner kruden Ansichten galt er als völliger Außenseiter an der Fakultät. Ohne weiter nachzudenken beschloss ich, mich ihm gar nicht erst vorzustellen.

Meine Begeisterung galt dagegen den vermeintlich gefährlichen Professoren. Mit Abstand am liebsten waren mir die Vorlesungen von Prof. Frey. Er tat nämlich genau das, was ich mir brennend erhofft hatte, er provozierte uns zum Denken. Dabei setzte er viel philosophisches Wissen voraus. Ich beschäftigte mich erneut mit Kant, mit Schelling und Fichte, diesmal ohne die thomistische Brille. Und ich dachte über Wahrheit und Freiheit nach, über das Verhältnis zwischen Gott und Mensch. Zwar spürte ich seit zwei Jahren, dass es in der Gottesbeziehung keinen Zwang geben konnte, dass Freiheit die Bedingung der Möglichkeit von Erkenntnis und Glauben war, aber erst durch Frey begriff ich, welche Konsequenzen das hatte, für das Gottesbild, das Menschenbild, die Kirche und ihre verlautbarten Glaubenssätze. Ich war wie elektrisiert. Meine ganze bisherige Denk- und Lebenswelt stand infrage. Halb sträubte ich mich dagegen, halb faszinierte, ja begeisterte es mich. Ich hatte ja erlebt, dass Gott größer war, als die Regeln der Gottesfamilie ihn machten. Und ich war überzeugt, dass er auch weit größer sein musste, als das Lehramt ihn haben wollte. Dennoch konnte ich nicht glauben, dass so vieles von dem, wovon ich bisher überzeugt gewesen war, schlicht falsch sein sollte. Das Lehramt war ja nicht dumm. Es musste tiefere Gründe haben, Frauen nicht zum Amt zuzulassen, homosexuelle Akte als in sich verwerflich zu betrachten, alle Vollmachten an das Amt zu binden et cetera. Ich machte mich auf die Suche nach diesen tieferen Argumenten, denn ich konnte und wollte keine meiner Überzeugungen leichtfertig aufgeben. Umso entsetzter war ich, als ich feststellte, dass es in der Kirche ähnlich war wie in der Gottesfamilie: Es war unendlich schwierig, so etwas wie stichhaltige Argumente zu finden. Noch schlimmer war, dass das nicht nur für die Sittenlehre der Kirche galt, sondern auch für die Glaubenssätze. Sie waren keinesfalls eindeutig, sondern vieldeutig und obendrein aus zum Teil zweifelhaften historischen Situationen und Motivationen heraus entstanden und vielfältig interpretierbar: Die Jungfräulichkeit Mariens, die Göttlichkeit Jesu, die Verwandlung von Brot und Wein in Leib und Blut Christi, die päpstliche Unfehlbarkeit. Diese Dinge, die mein bisheriges Leben maßgeblich bestimmt hatten, mussten unweigerlich neu gedacht werden. Ich musste mir das alles neu zu eigen machen, es verstehen. Das war eine gewaltige Herausforderung, aber es war zugleich ein Fest! Endlich hatte ich wieder etwas in der Hand, woran ich mich orientieren konnte. Ich war nicht mehr auf bloße Sätze angewiesen, sondern ich bekam Hintergrundwissen an die Hand, und ich konnte meinen eigenen Verstand benutzen, um verschiedene mögliche Interpretationen und Positionen gegeneinander abzuwägen.

So distanzierte ich mich langsam – für einen Außenstehenden wohl sehr langsam – aber dennoch schneller, als ich je geahnt hätte, vom Glaubenskodex der Gottesfamilie. Sehr vieles von dem, was mir bisher selbstverständlich erschienen war, wurde mir nun fremd und lästig: die Fixierung auf die Mundkommunion, die übertriebene Unterwürfigkeit gegenüber den Priestern, die Papstfrömmigkeit, das magische Gebetsverständnis und unzählige andere Kleinigkeiten, aus denen der Alltag in der Gottesfamilie bestand. Mit Grauen dachte ich an den nächsten Aufenthalt im Mutterhaus.

Reformen und Kussszene

Tatsächlich fiel es mir bei jedem weiteren Aufenthalt im Mutterhaus oder in Rom schwerer, mich wieder den alten Regeln zu unterwerfen und die Atmosphäre im Haus auszuhalten. Die Freude und Begeisterung, die ich bei meinen ersten Besuchen erlebt hatte, schienen völlig verschwunden. Stattdessen dominierten Engstirnigkeit und Missmut, bisweilen gab es sogar offene Auseinandersetzungen, vor einigen Jahren noch völlig undenkbar. Meist war ich nur an Wochenenden, in den Weihnachts- und Osterferien da. Dann waren die Tage voll von Liturgie und Gesprächen mit Verantwortlichen.

Sr. Hilga hatte angedeutet, dass ab sofort Sr. Hannelore meine Verantwortliche sein sollte. Sogar P. Jodok bekam das mit und schrieb mir Mails, in denen er mich zu diesem Wechsel ermutigte. Er habe immer gut mit Sr. Hannelore zusammengearbeitet. Ich bestand aber darauf, Sr. Hilga als Verantwortliche zu behalten, denn nach allem was vorgefallen war, rechnete ich damit, von ihr weniger Druck und Kontrolle zu bekommen als von manch anderer Schwester. Das war auch tatsächlich der Fall. Wir waren fast ausschließlich nur über Mails in Kontakt. Sr. Hilga schrieb mir regelmäßig, was sich in Rom tat. P. Jodok würde im Januar seine Arbeit an der Kurie beginnen. In der Schwesterngemeinschaft würde sich einiges bewegen, manche Regeln würden gelockert. Die Schwestern durften jetzt – ich traute meinen Augen nicht – den obersten Blusenknopf offen tragen. Das war tatsächlich eine unerhörte Reform! Der geschlossene oberste Blusenknopf an den Krägen der Schwestern war schon fast so etwas wie ein Dogma in der Gottesfamilie. Als ich das las, machte ich mir tatsächlich Hoffnungen für die Erneuerung der Gemeinschaft. Allerdings fügte Sr. Hilga auch gleich dazu: »Es ist nicht für alle Schwestern leicht, diese Änderung zu akzeptieren. Wir müssen behutsam vorgehen.« Aber es gab weitere unerhörte Nachrichten. Ich sollte endlich die Konstitutionen bekommen. Sr. Hilga wollte sie mir bei meinem nächsten Besuch in Rom mitgeben, allerdings bat sie mich, Mutter Gebharda vorerst nichts davon zu sagen. Und die Schwestern im Mutterhaus hätten eingesehen, dass sie sich mehr ins Gemeinschaftsleben einüben müssten. Dazu hätten sie nun mittwochs anstelle der Abendanbetung ein eigenes Abendprogramm. Ich staunte nicht schlecht. Es tat sich also doch etwas.

Tatsächlich wurde ich auch bald Zeugin eines solchen Gemeinschaftsabends, der leider genauso ausfiel, wie ich es mir in meinen schlimmsten Befürchtungen vorgestellt hatte. Es stand ein Spielfilm auf dem Programm: »Pius XII. Ein Papst in Zeiten des Krieges«. Sicher hatte manche Schwester Gewissensbisse, einen Film zu sehen, anstatt in die Anbetung zu gehen. Aber de facto gab es keinen Unterschied. So wie sie dort in den Bänken gekniet und die Augen zum Altar erhoben hätten, saßen sie nun im Refektorium und schauten die Leinwand an: still, gehorsam, diszipliniert. Es gab keine Gefühlsregungen, kein Plaudern, kein Lachen und Scherzen, ja überhaupt keine Unterhaltung. Von Gemeinschaft keine Spur. Ich nahm in den hinteren Reihen meinen Platz, in der Nähe der Tür, eine Angewohnheit, die mir das Gefühl größerer Freiheit gab. Und ich verfolgte die Handlung, die sich auf der Leinwand entfaltete. Ich fand den Film schlecht. Wäre ich mit Gleichgesinnten zusammengesessen, hätte ich auch nicht gezögert, das zum Ausdruck zu bringen, aber hier gab es keine Gleichgesinnten. Die Schwestern waren spürbar überfordert. Vor allem eines beunruhigte sie: Als Rahmenhandlung wurde eine Liebesgeschichte erzählt. Als die beiden Protagonisten sich endlich das erste und einzige Mal unschuldig küssten, drehten die meisten Mitschwestern ihre Köpfe zur Seite. Diese Kussszene war zu viel für sie. Zuerst schmunzelte ich darüber, aber dann wurde ich langsam wütend und besorgt. So viel Verklemmtheit offenbarte ein Maß an Angst, das längst nicht mehr nachvollziehbar war. War ich vielleicht nicht die einzige Schwester in der Gottesfamilie, die sexuelle Übergriffe erlebt hatte?

Alwins Austritt

Während ich Weihnachten und die Tage danach im Mutterhaus verbringen musste, wurde Alwin nach Rom geschickt. Anders als in den vergangenen Jahren brachte er nicht mehr die Kraft auf, in den Abruzzen stundenlange Bergwanderungen mit P. Friedhelm zu absolvieren. Mitten in einer Wanderung kehrten sie um. Es war ein symbolischer Moment, denn Alwin spürte in diesen Tagen allzu deutlich, dass er keine Kraft mehr hatte, länger um die Gemeinschaft zu kämpfen. Nach alledem, was er versucht hatte, aber vor allem nach alledem, was er mittlerweile wusste, sah er keine Möglichkeit mehr, innerhalb der Gemeinschaft etwas zu bewirken. Die Gottesfamilie war nicht mehr die Gemeinschaft, in die er eingetreten war. Sie hatte ihr hässliches Gesicht gezeigt. Ein Gesicht, mit dem er sich nicht mehr identifizieren konnte.

Noch vor den Verantwortlichen teilte er mir Anfang Januar seine Entscheidung mit. Ich hatte sie zu diesem Zeitpunkt nicht erwartet.

Dennoch verstand ich vollkommen, dass er diesen Schritt jetzt tun musste. Um mich musste er sich keine Gedanken machen. Wir würden weiter in Kontakt bleiben. Gegenüber den Verantwortlichen tat Alwin, was die meisten Mitglieder tun, die aus der Gottesfamilie austreten. Er nahm die gesamte Verantwortung auf sich und erwähnte mit keinem Wort das Fehlverhalten der Verantwortlichen. Mitte Januar erreichte mich dann auch offiziell die Mitteilung, dass Alwin die Gemeinschaft verlassen würde. Sr. Hilga teilte es mir in einer Mail mit. »Wir hoffen alle, dass er einmal zurückkommen wird«, schrieb sie. Nur wenigen Mitgliedern weinten die Verantwortlichen solche Tränen hinterher.

P. Hildebrand und die Höllenpredigt

In der Fastenzeit hatte ich eine weitere unvergessliche Begegnung mit P. Hildebrand. Wir saßen beim Mittagessen am selben Tisch mit einigen anderen Patres und Schwestern. Die Rede war von den Fastenpredigten, die die Mitbrüder bald wieder halten würden, unter anderem in der Pfarrei eines Pfarrers, der schon lange einer der treuesten Diözesanpriester im Heiligen Bündnis war. P. Hildebrand sagte, er wolle schon lange über ein Thema predigen: die Hölle. War das ein Scherz? Ich hatte mir mittlerweile abgewöhnt, mich bei Tischgesprächen schwesterlich-bescheiden zurückzuhalten und sagte: »Wenn ich eine Fastenpredigt halten sollte, wäre das sicher nicht das erste Thema, das mir einfällt. Ich würde wollen, dass die Menschen getröstet und ermutigt nach Hause gehen.« »Aber genau darum geht es ja«, sagte P. Hildebrand. »Es tröstet zu wissen, dass Gott straft.« Nun war ich empört, »Gott straft nicht. Er kann niemandem etwas Böses wollen. Die Menschen strafen sich höchstens selbst, aber Gott liebt jeden Menschen und will jedem Gutes.«

P. Hildebrand stieg voll in den Streit ein: »Nein, Gott hat einen Reprobationswillen. Er stößt die Sünder von sich.« Wir gerieten in eine richtige Auseinandersetzung, während die Tischgenossen neben uns begannen, uns zu ermahnen, doch friedlich zu bleiben.

Einige Monate später hatte ich diese Angelegenheit fast schon vergessen, als mich eine Mail erreichte, in der P. Hildebrand mir seine Predigt zusandte. Ich solle sie mir einmal durchlesen. Sie habe sehr viel positives Echo gefunden. Beim Lesen erschrak ich gewaltig. Nicht nur, dass tatsächlich davon die Rede war, dass Gott strafe. P. Hildebrand sagte sogar, dass Krankheiten und Schicksalsschläge Strafen für begangene Sünden sein konnten, dass das aber im Einzelfall mit einem erfahrenen Priester abgeklärt werden müsse. Es lief mir kalt den Rücken hinunter. Wohl wissend, dass ich grob aus dem Rahmen gemeinschaftlicher Verhaltensregeln fiel, machte ich mich umgehend an eine Antwort, in der ich mein Unbehagen und meine Ablehnung angesichts seiner Aussagen klar und deutlich zur Sprache brachte. Es dauerte Wochen, bis ich wiederum eine Antwort erhielt. Per Post schickte P. Hildebrand mir Anfang Mai einen Brief im Din-A3-Querformat (»Ich bitte Sie demütig, diesen Brief nicht hastig zu lesen, sondern Satz für Satz. Die Art des Layouts möge dies begünstigen«): Was den strafenden Gott angehe, bekenne er sich einfach »selbstverständlich zu diesem Aspekt der objektiven Glaubenswahrheit«. Damit erklärte er die Auseinandersetzung für »zwischen uns abgeschlossen«. Ich konnte nicht fassen, was dann folgte. P. Hildebrand wechselte auf eine Meta-Ebene, von der aus er mein Verhalten in unserer Auseinandersetzung tadelte: »Sie, als gottgeweihte Frau, können einem Priester gegenüber in einer Meinungsverschiedenheit nicht Formulierungen wählen, die wie ein ›Gegenübertreten-auf-Augenhöhe‹ wirken. Selbst ein theologisch noch so gebildeter Laie darf nie zu einem Priester sagen: Ich kann Ihnen nicht zustimmen. Das steht einem nicht geweihten Gläubigen in diesem Fall gegenüber dem Priester nicht zu.« Die Theologie sei nun einmal Domäne geweihter Amtsträger: »Laien, so qualifiziert sie fachlich auch sein mögen, können hier nur ›hinzutreten‹«. In der Tat, dachte ich mir, mit jemandem, der so denkt, kann man nicht diskutieren. Ich war eher resigniert als wütend, denn es hing nicht allzu viel von dieser Auseinandersetzung ab. Anders verhielt es sich, als ich einige Wochen darauf einen ganz ähnlichen Text zu lesen bekam.

P. Friedhelm und die Studien-Begleitung

Um mich im Studium zu begleiten, kam P. Friedhelm in regelmäßigen Abständen nach Freiburg. Er wohnte dann auch im Mutterhaus der Vinzentinerinnen und wir führten stundenlange Gespräche. Zunächst ging es um das Studium. P. Friedhelm kritisierte Prof. Frey: »Man kann Theologie nicht auf Plausibilität reduzieren«. Das leuchtete mir ein. Ich wollte auch nicht alles übernehmen, was Frey lehrte. Zugleich war ich mir nicht sicher, was P. Friedhelm damit sagen wollte. Waren die Regeln logischen Denkens in der Theologie außer Kraft gesetzt? Versuchte denn nicht auch das Lehramt, seine Aussagen irgendwie plausibel zu machen? P. Friedhelm gab mir das Schreiben: »Über die kirchliche Berufung des Theologen«, das 1990 von der Glaubenskongregation veröffentlicht worden war. Zum ersten Mal in meinem Leben packte mich angesichts eines kirchlichen Schreibens die kalte Wut. Konnte es ernsthaft gewollt sein, dass es für einen Theologen, der mit guten Gründen von der Lehrmeinung der Kirche abwich, keine Möglichkeit gab, seine Motivation und seine Argumente bekannt zu machen und zur Diskussion zu stellen? Es waren vor allem die Formulierungen, die mich aufbrachten: »Loyalität«, »Glaubensgehorsam«, »Geduld«, »schweigendes und betendes Leiden« wurden von den Theologen gefordert. Und wozu? Im Interesse des Lehramtes! Den Theologen wurde de facto ihre eigene Kompetenz und Erkenntnisfähigkeit abgesprochen. Nur der Papst und die Glaubenskongregation wüssten wirklich, was Gott offenbaren wollte. Es war genau wie in der Gottesfamilie.

Ich drückte mein Entsetzen P. Friedhelm gegenüber aus. Er war nur allzu bereit, mit mir darüber zu sprechen. Was dabei herauskam, war eine wahre Seelenfolter. P. Friedhelm bestand darauf, dass es in der Theologie wie in der persönlichen Gottesbeziehung einen letzten Grund geben müsse, der nicht von unserer Vernunft erreicht werden könne. »Grundvertrauen« nannte er das. Ein Vertrauen, das von allen Erfahrungen und Einsichten losgelöst war und das wir bedingungslos aufbringen mussten, um glauben zu können. Ich widersprach ihm lebhaft: »Wir können Gott gar nicht anders als menschlich erfahren. Wenn ich ihn nicht erfahre oder wenn ich mich von ihm gehasst fühle, dann kann ich nicht nur nicht glauben, dann darf ich es auch nicht! Ich muss erst seine Liebe zu mir erfahren. Alles andere wäre im Grunde eine Beleidigung für Gott. Einen Gott, der mich nicht liebt, werde ich nicht lieben.« Aber P. Friedhelm stimmte mir nicht zu. Er warf mir vor, dass ich Gott Bedingungen stelle. Ich widersprach wieder und sagte, dass meine Überzeugungen auf den leidvollen Erfahrungen der letzten Jahre gewachsen wären. Hätte ich mich Gott unterwerfen müssen, ohne die Hilfe zu erfahren, die er mir geschenkt hatte, dann hätte ich mich einem zynischen Zwerg unterworfen und wäre daran zerbrochen. Ich hätte mir das Leben genommen. Jetzt hatte ich meine Stimme nicht mehr unter Kontrolle, Tränen stiegen mir in die Augen. Aber P. Friedhelm ließ sich nicht erweichen. »Wir erreichen Gott niemals, wenn wir ihm vorschreiben, wie er zu sein hat. Wenn wir ihn denken können, ist es nicht mehr Gott. Glauben bedeutet aber, sich Gott zu unterwerfen, auch und gerade, wenn wir ihn nicht verstehen. Das gilt genauso in der Theologie. Auch wenn ich das Lehramt nicht verstehe, werde ich mich ihm unterwerfen. Und es gilt im Gemeinschaftsleben. Sie müssen Ihren Verantwortlichen einen Vertrauensvorschuss geben, auch wenn Sie sich von ihnen falsch verstanden fühlen.« Ich brachte kein Wort mehr heraus. Quälte er mich bewusst? War es ihm egal, dass ich zusammenbrach unter dem Druck, den er erzeugte?

War ihm nicht bewusst, wie seine Worte auf mich wirken mussten? Vertrauensvorschuss! Er kannte doch meine Geschichte. Ich würde mich nie wieder einem blinden, gefühllosen Regelgott unterwerfen. So war Gott nicht. Gott war der, der mir Alwin geschickt hatte, der mir Freiheit geschenkt hatte. Das war Gott.

Die stundenlangen Gespräche mit P. Friedhelm kannten kein Ende. Wann immer er da war, gingen wir im Park spazieren oder saßen in einem Gesprächszimmer im Mutterhaus, und P. Friedhelm redete auf mich ein. Immer weniger über Theologie und immer mehr über meinen Platz in der Gemeinschaft. Er fing wieder von dem Vertrauensvorschuss an: »Sie müssen Sr. Hilga einen Vertrauensvorschuss entgegenbringen«, sagte er. »Den Vorschuss hat sie längst verspielt!«, rief ich, »ich werde ihr nie mehr bedingungslos gehorchen. Bedingungslos sollte man überhaupt nichts tun. Sich ohne Gründe und Sicherheiten auf etwas einzulassen, wäre Wahnsinn.« P. Friedhelm zitierte Paulus und die Torheit des Kreuzes. »Ja, aber es war Jesus, der am Kreuz gestorben ist. Ich muss nicht am Kreuz sterben!«, wandte ich ein. Stück für Stück wurde ein anderes Thema in unseren Gesprächen dominant, das Verhältnis zwischen Mitbrüdern und Mitschwestern. »Es ist doch Unsinn, den Schwestern generell die größere Verantwortung zuzuschreiben«, sagte ich. Ich konnte es nicht fassen, dass P. Friedhelm sogar dieses Prinzip allen Ernstes verteidigte. Er sprach davon, dass den Frauen durchaus die größere Verantwortung zukomme und begründete das mit naturrechtlichen und schöpfungstheologischen Annahmen. Ich war verzweifelt. Gefühlt hing alles davon ab, dass wenigstens er, den ich für den intelligentesten und gebildetsten Priester in der Gottesfamilie hielt, mir Recht gab. Ich war noch nicht stark genug, um meine eigenen Überzeugungen alleine aufgrund der Validität meiner eigenen Argumente zu glauben. Wenn er mir nicht zustimmte, wusste ich nicht, was ich wirklich glauben sollte. Ich führte meine eigene Geschichte an, um gewissermaßen zu beweisen, dass ich, egal was ich getan hätte, P. Jodoks Übergriffe nicht hätte verhindern können. P. Friedhelm lächelte mich an und sagte in einem ekelhaft vertraulichen Ton: »Woher wissen Sie denn, dass nicht auch ich über Sie herfalle?« Mir stockte der Atem. Angewidert und erschrocken wandte ich mich von ihm ab.

Erst als ich Alwin von dem allen erzählte, beruhigte ich mich wieder. Er gab mir in allem Recht und war entrüstet über P. Friedhelm. Immerhin war er sein engster Vertrauter in der Gemeinschaft gewesen. Nie hätte er ein solches Verhalten von ihm erwartet. Für mich änderte sich damit etwas Grundlegendes. Es gab nun absolut niemanden mehr in der Führungsriege der Gemeinschaft, dem ich vertraute.

Die Therapie

Als mich auch in Freiburg wieder Selbstmordgedanken quälten, wandte ich mich mit einer Bitte an Sr. Hilga. Ich wollte eine Psychotherapie machen. Es war klar, dass ich dazu das Einverständnis meiner Verantwortlichen brauchte und dass sie mir sagen würde, ob und wenn ja, wann und welchen Therapeuten ich aufsuchen durfte. Ich war mir zwar nicht sicher, ob eine Therapie mir helfen würde, aber ich rebellierte gegen die Gleichgültigkeit meiner Verantwortlichen, die offenbar meinten, dass nun längst alles wieder gut sein müsse. Denn es war überhaupt nichts gut. Die Bilder des Geschehenen verfolgten mich: P. Jodok, der mich auszog, P. Jodok, der sich auf mich wälzte, sein Geruch, sein glänzender Blick, die Schmerzen. Das alles ging nicht weg. Es wurde zum Symbol für das, was mir die Gottesfamilie insgesamt angetan hatte.

Sr. Hilga sagte zu. Aber sie schickte mich ausgerechnet nach Mainz. Das hieß, dass sie mich zur selben Therapeutin schickte, bei der ein Jahr zuvor P. Jodok in Behandlung war. Mir widerstrebte der Gedanke, aber ich ging dennoch. Als ich der Schwester im Behandlungszimmer gegenübersaß, schien es mir völlig natürlich, dass sie sagte, Sr. Hilga hätte ihrerseits schon Kontakt mit ihr aufgenommen. Als Schwester gewöhnt man sich daran, dass man kein eigenständiges und selbstverantwortliches Subjekt mehr ist, sondern dass man gleichsam Erziehungsberechtigte hat, die in alles Einblick haben, alles regeln und veranlassen. Erstaunt war ich erst, als sie mir den Brief vorlas, in dem Sr. Hilga schilderte, warum sie mich in die Therapie schickte. Sie schob die ganze Verantwortung für meine »Probleme« auf meine Eltern: Ich käme aus einem belasteten Elternhaus. Leider wäre es ihnen nicht gelungen, diese Schwierigkeiten im Gemeinschaftsleben auszuräumen. Als ich das hörte, wurde ich extrem wütend. Gegenüber der Therapeutin ließ ich mir nichts anmerken, aber als ich wieder in Freiburg war, schrieb ich Mutter Gebharda und Sr. Hilga sofort einen geharnischten Brief. Sie hatten ja beide überhaupt keine Ahnung von meinen Eltern und meiner Familie. Das hatte sie nie interessiert. Und sie wussten genau, dass sie selbst es waren, die mir Stück für Stück meine Freiheit genommen, mich isoliert und gebrochen hatten. Was sollte das? Welchem Zweck sollte eine Therapie unter diesen Vorzeichen dienen? Welches Vertrauen sollte auf dieser Grundlage wachsen können? Auf diesen Brief erhielt ich nie eine Antwort.

Die Albertusstiftung

Das Frühjahr 2011 brachte eine große Veränderung mit sich. Ich erhielt die Nachricht, dass ich ein Stipendium der Albertusstiftung erhalten würde. Schon im Sommer zuvor hatte ich mich auf Geheiß von P. Friedhelm darum beworben. Aber wegen der Aufnahmequote von 20%, meinem Abischnitt von 1,9 und meiner Mitgliedschaft in der Gottesfamilie hatte ich nicht damit gerechnet, das Stipendium tatsächlich zu erhalten. Umso überraschter war ich, als ich im Frühjahr die positive Antwort erhielt. P. Friedhelm war sehr zufrieden, denn er erhoffte sich, zwei Fliegen mit einer Klappe zu schlagen. Erstens würde die Gottesfamilie Geld sparen und zweitens würde P. Friedhelm durch mich Einblicke in die Veranstaltungen der Albertusstiftung erhalten, die in kirchentreuen Kreisen unter dem Verdacht stand, allzu liberale Positionen unter ihren Stipendiaten zu fördern. Er nannte mich sogar seinen »Spion«. Aber er wusste nicht, dass ich keineswegs willig war, diese Funktion für ihn zu erfüllen.

Weil ich ein elternabhängiges Stipendium beantragt hatte und meine Eltern alles andere als wohlhabend waren, erhielt ich von nun an den monatlichen Höchstsatz von 811 Euro. Sr. Reta hatte mich schon im Herbst ein Konto eröffnen und sich bei der Bank als Verfügungsberechtigte eintragen lassen. Als Ökonomin der Gottesfamilie war sie für alle Konten von Mitschwestern verfügungsberechtigt und kannte alle Passwörter für das Online-Banking, so auch bei mir. Das machte mir nichts, denn das Konto lief ja auf meinen Namen – theoretisch konnte ich ihre Berechtigung jederzeit rückgängig machen – und das Geld, das nun von der Albertusstiftung dorthin überwiesen wurde, galt mir. Gewissermaßen hatte ich nun erstmals wieder eigenes Geld. Was für einen gewaltigen Unterschied das machte, realisierte ich aber erst einige Monate später.

Die Albertusstiftung war so ziemlich in allem das Gegenteil der Gottesfamilie. Junge, intelligente und diskussionsfreudige Menschen aus allen Regionen und Fächern trafen sich auf den Veranstaltungen, vertraten engagiert alle möglichen und unmöglichen Ansichten und diskutierten sie bei einem Kaffee oder Bier nicht selten auch nächtelang aus. Ich war hingerissen von dieser Atmosphäre und zugleich hoffnungslos überfordert. Ich trug ja immer noch meine wadenlangen Röcke und hochgeschlossenen Blusen, ich betete das ganze Brevier und musste jeden Tag zur Messe gehen. Wie sollte ich alles das während der Veranstaltungen praktizieren? Es fiel mir schwer, mich nur halbwegs so entspannt zu verhalten wie die übrigen Stipendiaten. Spontaneität, körperliche Nähe, Alkohol, Musik und Tanzen – das alles verunsicherte mich. Wie sollte ich mich verhalten? Nur langsam gelang es mir, mich Stück für Stück in diese völlig neue Atmosphäre einzufinden. Wäre ich als Stipendiatin aufgenommen worden, ohne den vorherigen heimlichen Austausch mit Alwin, ohne die gelesenen Bücher und gesehenen Filme, ohne die Vorlesungen von Prof. Frey und das, was sie in mir ausgelöst hatten, ich hätte es wohl nicht ertragen. Meine Verantwortlichen hatten keine Vorstellung von dieser Welt. Ein wenig empfand ich so etwas wie Schadenfreude. Sie selbst hatten mir einen Raum eröffnet, den sie mir niemals zugestanden hätten: einen Raum des freien Denkens, der Lebensfreude und persönlichen Begegnung. Mir hätte nichts Besseres passieren können.

Wachsende Entfremdung

Die Diskrepanz zwischen der Welt, in der ich nun lebte, und der Welt der Gottesfamilie vergrößerte sich ständig. Als ich zu Ostern nach Rom kam, war mein Aufenthalt dort ein einziges frustrierendes Erlebnis. Die nicht endenwollende Liturgie, die faden Tischgespräche, die Gespräche mit Sr. Hilga und P. Friedhelm, die gar nicht wissen wollten, wie weit ich mich von ihnen wegentwickelt hatte. Dazu kam, dass Sr. Hilga nicht müde wurde, zu betonen, dass die Gottesfamilie vor einem großen Durchbruch stehe und sich bald sehr vieles zum Positiven verändern werde. Ich sah aber nichts davon und konnte es ihr nicht mehr glauben. P. Friedhelm seinerseits stimmte in dieses Lied ein und fügte dem noch hinzu, wie gern er mich hatte: »Ich kann Ihnen aufrichtig sagen, Ich liebe Sie«, aber das löste nicht einmal mehr Panik in mir aus. Ich war diese Übergriffe und Manipulationsversuche einfach nur noch leid.

Noch schlimmer war ein Aufenthalt im Sommer im Mutterhaus. Als ich zu meiner Verwunderung nur Deos für Männer im Schwesternbadezimmer fand, entschloss ich mich kurzerhand, selbst einen kleinen Vorrat zu kaufen und den Schrank damit zu befüllen. Diese Aktion sorgte für Aufsehen. Wohl nicht zuletzt deswegen hatte ich einige Tage später ein Gespräch mit Mutter Gebharda. Sie entschuldigte sich dafür, dass die zuständige Schwester den Schrank mit Deos für Männer befüllt hatte. Offenbar hatte sie das aus einer merkwürdigen Moralvorstellung getan. »Wir können ja auch wirklich nicht alles verwenden. Zum Beispiel haben wir Duschgel geschenkt bekommen«, ich runzelte fragend die Stirn, »die Flaschen tragen Aufschriften wie ›Vanilla Dream‹oder ›Pink Passion‹, das können wir doch als Schwestern nicht verwenden!« Natürlich. Das war viel zu sinnlich. Kernseife war da viel angebrachter, und wenn es schon Deos sein mussten, dann solche für Männer, denn womöglich würde ein Deo mit einer femininen Duftnote die Priester verführen. Was für absurde Gedankengänge, aber in der Gottesfamilie waren sie Alltag. Nachdem Mutter Gebharda sich entschuldigt hatte, ging sie zum Angriff über. Sie zitterte fast vor Wut, als sie mir Vorwürfe machte, weil ich am Tag zuvor einen schwarzen Rock getragen hatte, der gerade meine Knie verdeckte: »Man konnte von hinten deine Kniekehlen sehen!«, fuhr sie mich an, als ob das das alles vernichtende Urteil über mich gewesen wäre. Und wieder fanden wir uns in einer zermürbenden und sinnlosen Diskussion über die Kleiderregeln der Schwestern wieder. »Sie wissen doch auch, dass in den Konstitutionen keine Kleiderregeln stehen«, dachte ich mir, aber ich sagte es nicht, denn Mutter Gebharda durfte ja nicht wissen, dass ich die Konstitutionen hatte. Als ich sie das letzte Mal nach einem Grund für dieses Verbot gefragt hatte, hatte sie mir geantwortet: »Du musst lernen, deine Neugierde zu zügeln.« Auch sieben Jahre nach meinem Eintritt hatte ich in ihren Augen kein Recht, die Konstitutionen zu besitzen. Meinen Wunsch danach betrachtete sie als reine Neugier. Das Gespräch zeigte mir, was ich von dem großen Aufbruch zu halten hatte, der der Gottesfamilie angeblich kurz bevorstand.

Als ich dann auch noch krank wurde und einige Tage auf dem Zimmer lag, musste ich froh sein, wenn Sr. Hannelore daran dachte, mir hin und wieder etwas zu essen zu bringen. Medikamente bekam ich keine. Ich musste mich in einem unbeobachteten Augenblick aus dem Haus schleichen, um mir etwas gegen Fieber und Kopfschmerzen zu holen. Wie engagiert hatten sich dagegen die Vinzentinerinnen um mich gekümmert, als ich im Winter krank gewesen war. Sie hatten täglich mehrmals nach mir gesehen, meine Bettwäsche gewechselt, mich nach Essenswünschen gefragt, mir nicht nur Medikamente gebracht, sondern sogar die Kommunion. In meiner eigenen Gemeinschaft dagegen lag ich krank auf meinem Zimmer wie ein unbrauchbares Werkzeug in der Rumpelkammer.

13. DAS ENDE

Als ich mich wieder auf den Weg nach Freiburg machte, schrieb ich Alwin eine SMS: Muss dich anrufen, habe eine Entscheidung getroffen. Mir war klar geworden, dass ich die Gemeinschaft verlassen würde. Jetzt war das möglich, denn jetzt hatte ich eigenes Geld: gut 800 Euro im Monat. Davon würde ich schon irgendwie leben können. Zwar hatte ich noch keine Ahnung, wohin ich gehen und was ich tun sollte. Aber ich wusste, dass ich nicht länger in der Gottesfamilie bleiben konnte. Selbstverständlich glaubte ich weiterhin an meine Berufung und an die göttliche Sendung der Gottesfamilie. Nur konnte ich meine Berufung in der Gottesfamilie unter diesen Umständen nicht leben. Ich würde zwar außerhalb der Gemeinschaft meine Berufung nicht voll entfalten können, aber ich würde zumindest psychisch überleben. Das war meine Motivation.

Ich telefonierte mit Alwin, und er machte mir Mut, vor allem im Hinblick auf die größte Hürde, die ich nun nehmen musste, die Gespräche mit meinen Verantwortlichen. Ich musste ihnen erklären, dass und warum ich austreten wollte und musste ihren Reaktionen, wie auch immer sie aussehen würden, standhalten. Dabei war alles möglich: Drohungen, Schmeicheleien, Versprechungen. Aber eines war sicher, ich würde massiven Druck bekommen, vor allem weil sie fürchten mussten, dass ich draußen von den Übergriffen P. Jodoks erzählen würde. Die Sorgen um diese Gespräche waren so dominant, dass weder Alwin noch ich groß an die Zeit danach dachten. Ich wollte jetzt nur eines: raus aus der Gottesfamilie, egal wie.

Der Austritt

Anfang September kam ich nach Rom, offiziell, um Exerzitien zu machen. Sr. Hilga und P. Friedhelm hatte ich nicht im Vorhinein informiert. Ich wollte verhindern, dass sie sich irgendwie absprechen und eine gemeinsame Strategie entwickeln konnten. Als ich das erste Gespräch mit Sr. Hilga nach meiner Ankunft hatte, konfrontierte ich sie schon in den ersten Minuten mit meiner Entscheidung, versprach aber zugleich, P. Jodoks Übergriffe für mich zu behalten. Dieses Zugeständnis musste ich machen, um dem schlimmsten Druck vorzubeugen. Zu meinem Erstaunen reagierte Sr. Hilga viel gelassener, als ich es für möglich gehalten hatte. »Ehrlich gesagt, habe ich so etwas erwartet«, sagte sie. Wirklich, fragte ich mich, hat sie es erwartet oder war sie jetzt einfach nur erleichtert, mich nach allem »Ärger«, den sie mit mir gehabt hatte, so leicht loszuwerden? Ob ich Mitarbeiterin werden wollte, fragte sie mich. Nein, das wollte ich nicht. Ich wollte in keiner wie auch immer gearteten Form weiter unter der Kontrolle der Gottesfamilie stehen. »Wir sagen den anderen, dass du gegangen bist, weil du dich nicht mehr genügend in die Gemeinschaft einfügen kannst. Ist das für dich in Ordnung?« Es war in Ordnung. Die Wahrheit kam ohnehin nicht in Frage. »Sr. Doris ist ausgetreten, weil P. Jodok sie vergewaltigt hat«, ging nicht. »Sr. Doris ist ausgetreten, weil wir sie jahrelang manipuliert und psychisch unter Druck gesetzt haben«, ging auch nicht. Sollten sie doch sagen, was sie wollten. Damit schien die Sache mehr oder weniger erledigt. Die praktischen Dinge würden wir am nächsten Tag regeln, sagte sie.

Am selben Tag hatte ich ein Gespräch mit P. Friedhelm. Er reagierte ganz anders als Sr. Hilga und versuchte mich mit allen möglichen Argumenten zurückzuhalten. Er sagte, er selbst sei immer wieder an dem Punkt gestanden, an dem er kurz davor war, die Gemeinschaft zu verlassen, aber dann habe er immer wieder doch einen Sinn darin sehen können, zu bleiben. Auch Ostern 2010 sei so ein Punkt gewesen, als ich ihm anvertraut hatte, was mir zwei Jahre zuvor geschehen war. Die Zeit danach sei für ihn auch nicht immer leicht gewesen, aber er sei so reich beschenkt worden und habe nicht zuletzt erkennen dürfen, dass es da in der Gottesfamilie eine »Schwester gibt, die ich liebe.« Das war die sanfte Art, dann kam die harte Tour: Ich würde fliehen und es mir dabei viel zu leicht machen. Ich wolle einfach nicht das bisschen Mehr an Vertrauen gegenüber meinen Verantwortlichen investieren, das es brauche, um der Berufung treu zu sein. Ich hätte noch nicht wirklich verstanden, worum es in der Nachfolge Jesu wirklich gehe und so weiter. Erleichtert stellte ich fest, dass seine Worte mir keinen Druck mehr machen konnten. Dennoch war ich erschrocken, dass er versuchte, mich derart massiv unter Druck zu setzen, dass er weder vor einem fehlplatzierten Liebesgeständnis noch vor einem ebensolchen moralischen Urteil zurückschreckte. Ich hatte mir eine intelligentere und weniger selbstbezogene Reaktion von ihm erwartet.

Am nächsten Tag kam Sr. Hilga mit einem DIN-A4-Blatt, das ich unterschreiben sollte. Mit meiner Unterschrift verpflichtete ich mich, in Zukunft keinerlei Ansprüche gegenüber der Gottesfamilie geltend zu machen und ab sofort die volle Verantwortung für meinen Unterhalt, Versicherung etc. selbst zu tragen. Ich unterschrieb ohne zu wissen, was das bedeuten konnte. Ich wusste nicht, dass die Gottesfamilie wie alle Ordensgemeinschaften in Deutschland oder Österreich rechtlich verpflichtet war, Beiträge in die Rentenkasse für mich nachzuzahlen. Ich hatte keine Ahnung, was meine Rechte und Pflichten beim Austritt waren. Für den Moment wollte ich nur eines: Freiheit. Weil ich – acht Jahre nach meinem Eintritt – immer noch keine ewigen Gelübde abgelegt hatte, brauchte ich kein Austrittsindult nach can. 691 CIC. Wie ich erneuerte die Mehrheit der Mitglieder ihr Bündnis jedes Jahr um ein Jahr, zehn Jahre, fünfzehn Jahre und länger. Wer ging, brauchte somit nur seine Gelübde nicht mehr zu erneuern, und die Angelegenheit war erledigt.

Dennoch ließ die Gottesfamilie mich nicht völlig mittellos gehen. Zwar sagte Sr. Hilga mir: »Geld für deine Arbeit in der Gemeinschaft können wir dir nicht geben. Du hattest ja Wohnung und Verköstigung bei uns, das hält sich so ziemlich die Waage.« Aber ich durfte mein Konto behalten, sowie die 3.000 Euro, die ich bei meinem Eintritt mitgebracht hatte. Außerdem liehen sie mir 5.000 Euro, ich ging also mit Schulden. Zu meiner großen Überraschung gaben sie mir sogar das Klavier mit, das ich bei meinem Eintritt mitgebracht hatte. Und ich durfte meine Kleider mitnehmen und meinen Laptop. Mir kam das tatsächlich großzügig vor. Ich hatte keine Ahnung, was das Leben draußen kostete.

Vor meinem Abschied von Rom gab es noch einmal einen Spaziergang mit P. Friedhelm. Er legte mir nahe, unbedingt noch einmal mein Gewissen zu erforschen, um mir klar zu werden, welche Schuld ich selbst an den Übergriffen von P. Jodok trüge. Diese »Erkenntnis« solle ich noch einmal in die Beichte legen, bevor ich die Gemeinschaft verlassen würde, »damit Sie das Ganze wirklich hinter sich lassen können.« Dieser letzte dreiste Manipulationsversuch zeigte mir, dass sich in der Gottesfamilie wirklich nichts geändert hatte. Meine Entscheidung, die Gemeinschaft jetzt zu verlassen, war die einzig richtige.

Umzug nach Erfurt

In den nächsten Monaten wurden die 5.000 Euro portionsweise von den Konten verschiedener Mitschwestern auf mein Konto überwiesen. Nun hatte ich 8.000 Euro, von denen ich früher oder später 5.000 wieder zurückzahlen musste. Ich musste bei den Vinzentinerinnen ausziehen und eine neue Bleibe finden. Natürlich wollte ich mein Studium fortsetzen, aber wo? Als ich mir die ersten Wohnungsangebote ansah, wurde mir klar, dass ich in kaum einer Stadt die Miete würde zahlen können. Und ich hatte nicht die Nerven, in eine WG zu ziehen. P. Friedhelm empfahl mir, nach Erfurt zu gehen. In seiner Funktion als Mitarbeiter der Kongregation nahm er Kontakt mit dem dortigen Dekan auf. Diese Aktion bereitete mir Unbehagen, dennoch schien Erfurt letztlich die einzige Stadt mit einer theologischen Fakultät zu sein, in der ich mir eine eigene kleine Wohnung würde leisten können.

Im Nachhinein weiß ich selbst nicht, woher ich die Kraft nahm, die folgenden Monate durchzustehen. Ich teilte meinen Eltern mit, dass ich die Gemeinschaft verlassen hatte und dass ich dort nicht gut behandelt worden war. Aber erst ein Jahr später erzählte ich ihnen, was tatsächlich alles geschehen war. Ich fuhr nach Erfurt, um mich an der Uni einzuschreiben und eine eigene Wohnung zu suchen. Dafür hatte ich ganze drei Tage Zeit. Durch die Hilfe einer Albertusstipendiatin wurde ich auch tatsächlich fündig. Eine kleine Dachgeschosswohnung, mit Einbauküche und Balkon, auf einem stillgelegten Fabriksgelände in einem kleinen Vorort von Erfurt für 270 Euro Kaltmiete wurde mein Zuhause für die nächsten Jahre. Für 1.200 Euro besorgte ich mir einen gebrauchten VW, bei dem sich später herausstellte, dass er marode Bremsen hatte und der TÜV gefälscht war. In dieses Auto packte ich meine gesamten Habseligkeiten, fuhr von Freiburg über München, wo ich Alwin besuchte, bis nach Erfurt. Während ich auf meine Möbel wartete, die den Großteil meines Vermögens aufzehrten, wohnte ich eine gute Woche lang in einer sehr günstigen Pension an der Autobahn, die sonst hauptsächlich von russischen LKW-Fahrern frequentiert wurde. Gleichzeitig besuchte ich die ersten Vorlesungen und begann einen monatelangen Kampf um die Anerkennung meiner bisherigen Studienleistungen.

Meine kleine Wohnung war mein ganzes Glück. Mitten im Grünen und fern von allem, was mit der Gottesfamilie, mit Kirche oder sonst etwas in dieser Richtung zu tun hatte. Morgens stand ich auf, betete die Laudes, kochte meinen Kaffee und verzehrte in aller Ruhe mein Frühstück. Mit jedem Atemzug spürte ich: Ich bin frei! Da war niemand mehr, dem ich Rechenschaft schuldig war. Keine Kontrolle, kein Zwang, keine Regeln. Anders als Sr. Hilga mir das angekündigt hatte, vermisste ich die Gemeinschaft keine Sekunde. Ich genoss einfach die Ruhe, die Möglichkeit, mir zu kochen, was ich wollte, einen

Tee zu machen, Klavier zu spielen oder spazieren zu gehen, wann ich wollte, schlafen zu gehen, wann ich wollte. Wenn ich abends alleine über die Feldwege lief und den Sonnenuntergang betrachtete, geschah es oft, dass ich in Tränen ausbrach. Jetzt erst kam nach und nach die ganze Anspannung der vergangenen Monate und Jahre zum Vorschein. Jetzt, wo ich nicht mehr jeden Tag im Kampf mit meinen Verantwortlichen stand und ihrer Kontrolle standhalten musste, spürte ich eine unendliche Erschöpfung in mir aufsteigen. Und als die Tage dunkler wurden, kam eine seltsame Angst dazu, und die alten Selbstmordgedanken quälten mich. Und immer noch hatte ich niemanden außer Alwin, mit dem ich über alles sprechen konnte. Ohne ihn wäre ich heute nicht mehr am Leben.

Der endgültige Bruch mit der Gottesfamilie

Im November kam P. Friedhelm nach Erfurt. Offiziell hatte er beruflich in der Gegend zu tun. Er schien es zu verstehen, das Berufliche so mit dem Privaten zu verknüpfen, dass er immer gerade zum richtigen Zeitpunkt in der richtigen Gegend war und mit den richtigen Leuten zu tun hatte. Einige Monate später wunderte sich der Dekan dann, warum P. Friedhelm nicht mehr auf seine Mails antwortete. Ich wollte nicht, dass P. Friedhelm in meine Wohnung kam, also trafen wir uns in einem Café. Er hatte mir Geschenke mitgebracht und erzählte mir, dass ich in der Gemeinschaft fehlen würde. Ansonsten hatten wir uns nicht viel zu sagen. Ich wollte auch nicht viel von mir erzählen. Nur das sagte ich, dass die Gemeinschaft mir überhaupt nicht fehlte. Als wir uns verabschiedeten, liefen ihm die Tränen übers Gesicht.

Kurz vor Weihnachten erhielt ich ein Paket von P. Jodok. Er schickte mir einen Papstkalender, »damit Sie in Erfurt den Heiligen Vater nicht vergessen«. Es dauerte, bis mir klar wurde, was das bedeutete. Er erdreistete sich nach allem, was geschehen war, mich bis hierher in mein neues Zuhause zu verfolgen. Erst jetzt begriff ich, wie nachhaltig die Formung in der Gottesfamilie auf mich wirkte. Ich fühlte mich der Gemeinschaft immer noch verpflichtet. Warum sonst hatte ich ihnen meine neue Adresse gegeben? Dazu war ich ja überhaupt nicht verpflichtet.

Ich warf den Papstkalender in den Mülleimer und schrieb eine Mail an Sr. Hilga, in der ich ihr von P. Jodoks Paket erzählte: »Wenn P. Jodok oder sonst ein Mitglied der Gemeinschaft mich noch einmal kontaktiert, werde ich ihn anzeigen. Das betrifft alle, auch dich, denn ich fühle mich von der ganzen Gemeinschaft missbraucht. Ich möchte mit niemandem von euch noch etwas zu tun haben.« Ich erhielt eine kurze Antwort. Sr. Hilga sagte, sie wollten meinen »Wunsch« berücksichtigen, gleichwohl zeigte sie sich betroffen, dass ich nicht einmal von ihr mehr etwas hören wollte. Dachte sie wirklich, sie hatte mein Vertrauen verdient? War sie ehrlich betroffen oder wollte sie Druck auf mich ausüben, um mich auch weiterhin beeinflussen zu können? Ich wusste es nicht. Aber ich glaubte nicht, dass sie sich nicht bewusst war, wie massiv und systematisch sie junge Schwestern wie mich jahrelang unter Druck gesetzt und gebrochen hatte, erst recht nicht, als ich später Geschichten von anderen ehemaligen Schwestern der Gottesfamilie hörte.

Was weiter geschah

Es war schon Frühling, als ich schließlich Anzeige erstattete. Das Verfahren in Erfurt wurde eingestellt, mit der Begründung, mit der hierzulande die meisten Anzeigen wegen Vergewaltigung eingestellt werden: ich hatte mich nicht genug gewehrt. Diese Nachricht bewirkte einen Schock. Ich wurde weiß wie ein Blatt Papier und zitterte am ganzen Körper. Wäre Alwin damals nicht gerade bei mir gewesen, hätte ich das wohl kaum überlebt. Auch eine spätere Anzeige in Österreich wurde eingestellt. P. Jodok hatte dort zu seiner

Entschuldigung angegeben, sein »Verhalten« habe auf »menschlicher Zuneigung« beruht und sei »auf Begründung einer dauerhaften Beziehung angelegt« gewesen. Ich konnte es nicht fassen!

Zu meinem großen Glück hatte ich eine engagierte Kirchenrechtsprofessorin, die mich nicht nur moralisch bei der Anzeige in Rom unterstützte, sondern auch alles Praktische für mich in die Hand nahm. Alwin und ich kontaktierten andere Ex-Mitglieder. Meine Professorin leitete deren Geschichten an die Glaubenskongregation weiter. Im Herbst erhielten wir die Nachricht, dass P. Jodok von seiner Stelle an der Kurie entfernt worden war, P. Ulf überprüft wurde und eine »General Investigation« der Gemeinschaft vorgenommen werden sollte: eine außerordentliche Päpstliche Visitation! Der Heilige Vater habe selbst Kenntnis von unserer Anzeige erhalten und die Religiosenkongregation sei entschlossen, die Gottesfamilie gründlich zu überprüfen. Wir waren sehr erleichtert. Als der Papst einige Monate später überraschend seinen Rücktritt erklärte, fragten wir uns, ob das vielleicht auch etwas mit der Gottesfamilie zu tun hatte. Immerhin musste auch er sich von ihnen hintergangen fühlen. Es dauerte lange, bis ein Visitator gefunden war. Erst ein Jahr später lief die Visitation endlich an, und es dauerte noch einmal ein Jahr bis zu ihrem Abschluss. Heute warten wir auf die Ergebnisse.

Ich erfuhr von einem Buch, das 1996 auf Niederländisch erschienen war und Berichte ehemaliger Mitglieder aus der Zeit vor meiner Mitgliedschaft enthielt. Zwar kannte ich keinen von ihnen und konnte ihre Berichte nicht überprüfen, aber die Parallelen zu meiner Geschichte waren dermaßen frappierend, dass ich gewaltig erschrak: War die Gottesfamilie schon so lange ein System gezielter Manipulation und Ausbeutung gewesen? War sie es vielleicht von Anfang an? Durch den Kontakt zu anderen ehemaligen Mitgliedern in Deutschland, England und Österreich erfuhr ich weitere Geschichten, auch aus jüngerer Zeit. Sie bestätigten diese Befürchtung. In der Art und Weise, in der Verantwortliche seit Jahrzehnten mit Mitgliedern umgegangen waren, zeigte sich eine Kultur, die man beim besten Willen nicht mehr entschuldigen konnte. Der Eindruck, dass der physische und psychische Zusammenbruch von Menschen nicht nur billigend in Kauf genommen, sondern gezielt angestrebt worden war, drängte sich geradezu auf. Dennoch war es der Gemeinschaft gelungen, ihr Image zu wahren und alle Vorwürfe als Verleumdungen abzutun. Kirchliche Rückendeckung von ganz oben war ihnen bis zuletzt sicher.

P. Ulf hat zwar inzwischen zugegeben, mindestens eine weitere Schwester bedrängt zu haben, und der Präfekt der Kongregation weiß um seine Taten. Dennoch arbeitet P. Ulf dort nach wie vor als Abteilungsleiter. P. Friedhelm ist zum Untersekretär befördert worden, und P. Klemens stand 2013 auf einer Bischofsliste.

Mit der Konfrontation und Aufarbeitung meiner Erfahrungen kam ich langsam, sehr langsam ins Leben zurück: Es wurde Frühling, bis ich es wagte, mir die ersten Hosen zu kaufen. Im März meldete ich mich in einem Fitnesscenter an. Im Oktober begann ich, mich zu schminken, und im Winter, ins Theater zu gehen. Erst ein Jahr nach meinem Austritt hörte ich langsam damit auf, jeden Tag in die Messe zu gehen und das ganze Brevier zu beten. Das Wort »Berufung« verlor seine Macht über mich. Stück für Stück kam ich wieder bei mir selbst und im normalen Leben an. Heute bin ich unendlich dankbar, dass ich so viel Glück hatte. Wenn ich weiter an Gott glauben kann, dann deswegen, weil ich Hilfe gefunden habe, als es mir am schlechtesten ging.

Anstelle eines Nachworts: Was ist mit den anderen?

Nach meinem Austritt dachte ich zuerst, meine Geschichte wäre einzigartig. Welches junge Mädchen geht denn heute noch ins Kloster, und in welchen Gemeinschaften herrschen schon solche Zustände wie in der Gottesfamilie? Aber als ich von Missbrauchsfällen in anderen »neuen Gemeinschaften« hörte (die Johannesgemeinschaft, die Seligpreisungen, Point Coeur), als ich mitbekam, dass es Vorwürfe von Ex-Mitgliedern anderer Gemeinschaften gab, die meinen Erfahrungen in der Gottesfamilie entsprachen (Opus Dei, Engelwerk, Focolarini, Neokatechumenat und andere), da begann ich zu ahnen, dass mein Fall keineswegs ein seltener Einzelfall war, sondern dass er einem Muster entsprach, nach dem auch viele andere Fälle gestrickt waren. Zahlreiche junge, begeisterte und kirchentreue Gemeinschaften waren in den letzten Jahrzehnten entstanden, und beinahe alle glichen in ihren Strukturen und ihrem Selbstverständnis der Gottesfamilie. Sie hielten sich für besonders kirchentreu und charismatisch und fühlten sich über jedes Recht erhaben. Sie strahlten Begeisterung und Jugendlichkeit aus und zogen begeisterungsfähige junge Menschen an. Dabei verfolgten sie Ideologien, die alle Merkmale einer Sekte aufwiesen: unbedingter Gehorsam, radikale Relativierung des Einzelnen und seiner Bedürfnisse, Idealisierung der Oberen, Verteufelung von allem, was nicht aus der Gemeinschaft kommt, extreme Askese und unermüdliches Arbeiten. Von den Mitgliedern wird die absolute Identifikation mit der eigenen Gemeinschaft und den Zielen der Oberen verlangt, sowie die totale Selbstaufopferung. In so einem System kann es gar nicht *nicht* zu Missbräuchen kommen, die ganze Struktur ist missbräuchlich. Wer auch immer dort eintritt, wird bloßes Mittel zum Zweck. Und der Zweck ist nicht der Aufbau des Reiches Gottes, sondern die Propaganda der eigenen Gemeinschaft, ihre politische und kirchenpolitische Einflussnahme.

Wusste die Kirche nichts davon? Wollte sie nichts davon wissen, weil sie diese Gemeinschaften brauchte? Ich fürchtete Letzteres. Gespannt verfolgte ich in den folgenden Monaten und Jahren alles, was ich zu diesem Thema in die Finger bekommen konnte. Aber es war wenig, und offensichtlich war die Zahl der theologischen Veröffentlichungen zu diesem Thema bemerkenswert klein. Vermutlich sind sich nur wenige Menschen bewusst, welchen Einfluss die sogenannten neuen Gemeinschaften in der Kirche tatsächlich haben und was für ein enormes Problem das für die Kirche bedeutet. Je mehr ich las, desto mehr wurde mir eines klar: ich hatte unwahrscheinliches Glück. Viele Menschen, die Ähnliches erlebt haben wie ich, kommen kaum mehr auf die Beine. Sie bleiben für den Rest ihres Lebens gezeichnet. Von denen, die es nicht schaffen, sich aus ihren Gemeinschaften zu befreien, ist dabei gar nicht die Rede. Wie es ihnen geht, weiß Gott allein. Aber selbst diejenigen, die es schaffen, sich zu befreien, brauchen Jahre bis sie sich wieder so etwas wie ein eigenes Leben aufbauen. Sie stehen oft ohne Ausbildung, ohne Abschlüsse, ohne finanzielle Mittel, ohne Freunde und in manchen Fällen – wenn ihre Familie zur Gemeinschaft gehört – auch ohne familiären Kontakt da. Alle sind seelisch verwundet, viele sind ernsthaft psychisch erkrankt. Nur die Stärksten können diese Situationen irgendwie bewältigen und sich nach und nach eine berufliche Qualifikation und Freunde erarbeiten. Kaum jemandem gelingt es, sich auf den Lebensstandard hinaufzuarbeiten, der den ursprünglichen Möglichkeiten und Fähigkeiten entsprochen hätte.

Mit Entschädigungen oder Verständnis von kirchlicher Seite kann niemand rechnen, im Gegenteil. Wer den Mut aufbringt, sich an kirchliche Instanzen zu wenden und nicht das außergewöhnliche Glück hat, wie ich auf eine engagierte Kirchenrechtlerin zu treffen, wird im besten Fall vertröstet. »Lassen Sie mich nur soviel dazu sagen: Ihren sicher sehr schmerzlichen und verwirrenden Erfahrungen stehen auch sehr positive Zeugnisse über diese Gemeinschaft gegenüber«, bekam eine meiner ehemaligen Mitschwestern zu hören, als sie sich an den zuständigen Bischof wandte. Sie war wie ich von P. Ulf bedrängt worden, Sr. Hilga hatte sie zur Einnahme von Psychopharmaka gezwungen, und als sie nicht mehr fähig war zu arbeiten, war sie aus der Gemeinschaft entlassen worden, mit der Bemerkung, dass sie ihr Lebensglück nun ein für alle Mal verwirkt habe. Der Bischof, in dessen Diözese sich das Mutterhaus befand, versprach für Sie zu beten und »ermutigte« sie, sich einfach von neuem Gott zuzuwenden und »zur Erfüllung seines Willens bereit zu sein ... es wird dann schon das Richtige herauskommen.«

Was ist das für eine Kirche, die so mit Menschen umgeht? Was ist das für eine Kirche, die aus Eigeninteresse Gruppen in ihrem Inneren duldet, die sich über jedes Recht und Gesetz hinwegsetzen, Menschen ausbeuten, missbrauchen und wenn sie sie nicht mehr brauchen können, buchstäblich auf die Straße setzen? Was sind das für Bischöfe, die sich von solchen Gemeinschaften hofieren und umschmeicheln lassen, während dort Menschen mit Füßen getreten werden und Gott verhöhnt wird? Was ist das für ein Gott, der zusieht, wie seine Kinder von ihrer »Mutter Kirche« schutzlos solchen skrupellosen Übeltätern ausgeliefert werden?

Vor allem aber: Was sind das für Menschen, die vorgeben, an Gott zu glauben und andere Menschen in seinem Namen ausnutzen und erniedrigen? Fürchten sie diesen Gott denn gar nicht? Glauben sie nicht an ein jüngstes Gericht? Was werden sie ihm sagen, wenn er ihnen sagt: Ich war jung und begeistert, und ihr habt mich ausgenutzt. Ich war am Ende meiner Kräfte, und ihr habt mich zur Arbeit gezwungen. Ich war hungrig, und ihr habt mir nichts zu essen gegeben. Ich war einsam, und ihr habt mich von meiner Familie und meinen Freunden abgeschnitten. Ich war krank, und ihr habt mich nicht versorgt. Ich war arm und mittellos, und ihr habt mich weggeschickt. Ich habe euch vertraut, und ihr habt mich geschlagen und gedemüdigt, mir Angst gemacht und mich bedroht. Ich war ein psychisches Wrack, und ihr habt mich vergewaltigt. Ich war am Ende meiner Kräfte, und ihr habt meinen Selbstmordversuch mit Hohn zur Kenntnis genommen. – Was werden sie sagen?

Vokabular und Abkürzungen

Abendanbetung/Anbetung: Andachtsform, in deren Mittelpunkt die in der Monstranz ausgestellte konsekrierte Hostie steht, in der Jesus Christus nach katholischem Verständnis gegenwärtig geglaubt wird. Die Gläubigen knien schweigend oder laut betend und singend vor der Monstranz, die vom Priester auf den Altar gestellt und mit Weihrauch verehrt wird. Die Abendanbetung in der Gottesfamilie ist eine 45-minütige Anbetungsstunde am Ende jedes Tages.

Abendsegen: Gebet, das von allen Mitgliedern und Assoziierten der Gottesfamilie täglich gegen 21:00 Uhr gebetet wird. Am Ende des Gebetes spenden die Priester den Segen.

Abrechnung: Dokument, in dem die Mitglieder der Gottesfamilie sämtliche persönliche Ausgaben und Einnahmen dokumentieren müssen.

Angelus: Gebet, das dreimal täglich gebetet wird und an die Verkündigung Mariens erinnert: „Der Engel des Herrn brachte Maria die Botschaft ..."

Angeluszimmer: Empfangszimmer im Mutterhaus, in dem ein Gemälde der Verkündigungsszene hängt.

Assoziierte: Mitglieder im weiteren Sinn. In der Gottesfamilie gibt es verschiedene Gruppen von Assoziierten mit verschiedenen Graden von Zugehörigkeit zur Gottesfamilie, wobei der Verpflichtungscharakter der verschiedenen Grade relativ ist und von Person zu Person unterschiedlich ausfallen kann. Am größten sind die Verpflichtungen der Mitarbeiter und Mitarbeiterinnen, dicht gefolgt von den Personen, die ein Hl. Bündnis geschlossen haben, danach kommen die Katakomben, und an letzter Stelle stehen die Personen, die den Abendsegen unterschrieben haben.

Beichte: Sakrament zur Sündenvergebung.

Beichtmaterie: Der Inhalt des Bekenntnisses, das der Beichtende ablegt.

Bündnisgnade: Die Gnade, die jedem Mitglied der Gottesfamilie durch das Schließen des Heiligen Bündnisses von Gott geschenkt wird. Nach der Lehre der Gottesfamilie enthält diese Gnade alles, was das einzelne Mitglied zur Erfüllung der Berufung braucht.

Br.: Abkürzung für „Bruder". So werden alle Laienbrüder in der Gottesfamilie bezeichnet, also diejenigen Männer, die in die Gottesfamilie eintreten, ohne das Priestertum anzustreben.

Charisma: Die Fülle der Erkenntnisse, die der Gründerin der Gottesfamilie von Gott verliehen worden sein sollen und die in der Gottesfamilie von Generation zu Generation weitergegeben werden.

Chez-nous: Kopier- und Büroräume in den Zentren der Gottesfamilie.

Chormantel: Weißer Umhang, den die Mitglieder der Gottesfamilie beim Ablegen des Jungfräulichkeitsgelübdes erhalten und bei der feierlichen Liturgie tragen.

Familienhaus/Reutehof: Zum Besitz des Mutterhauses gehöriger Bauernhof.

Familienrat: Leitungsgremium der Gottesfamilie, bestehend aus den Ratgebern der beiden International Verantwortlichen.

fr.: Abkürzung für „frater". Bezeichnung für die Priesteramtskandidaten der Gottesfamilie.

Fr.: Abkürzung für „Father". So werden Priester im Englischen angesprochen.

Frühstücksvertiefung: Kurzer Vortrag, der in den Zentren der Gottesfamilie während des wochentäglichen Frühstücks gehalten wird, in der Regel geistlichen Inhalts.

Glaubenskongregation: Eine Art Ministerium der römisch-katholischen Kirche zur Bewahrung der reinen Lehre und zum Schutz vor Irrlehren.

Hl. Bündnis: Die Vollständige Bezeichnung lautet: „Heiliges Bündnis mit dem Herzen Jesu". Bezeichnung für die Bindung der Mitglieder an die Gottesfamilie, ähnlich den Gelübden anderer Gemeinschaften. Für verschiedene Lebensformen und Stände gibt es verschiedene Formen des „Bündnisses". Die Gelübde von Armut, Keuschheit und Gehorsam werden von den Mitgliedern der Gottesfamilie in Form eines Heiligen Bündnisses abgelegt. Das Bündnis soll eine besondere Gnade vermitteln und die

Taufgnade zur volleren Entfaltung bringen. Es hat in der Gottesfamilie den Stellenwert eines Quasi-Sakramentes.

Inkardinationsrecht: Als Inkardination bezeichnet man die Aufnahme eines römisch-katholischen Klerikers zu einer ihm übergeordneten Instanz innerhalb der Kirche und das daraus resultierende beiderseitige Rechtsverhältnis.

International Verantwortliche(r): Bezeichnung für die höchsten Oberen der Gottesfamilie.

Kanonistik: Kirchenrecht

Katakombe/Katakombenfamilie: Die mit der Gottesfamilie assoziierten Einzelpersonen oder Familien beziehungsweise deren Wohnstätten, die nach einem eigenen Ritus der Gemeinschaft gesegnet werden. Die Assoziierten, die sich der Gottesfamilie auf diese Weise anschließen, sind ungefähr vergleichbar mit den Laien, die sich klassischen Ordensgemeinschaften in sogenannten Dritten Orden anschließen.

Komplet: Letzte Hore des Stundengebetes vor dem Ende des Tages.

Kongregation: Eine Art Ministerium der römisch-katholischen Kirche.

Konstitutionen: Kirchlich anerkannte Regeln einer Ordensgemeinschaft. Sie enthalten Bestimmungen über den Ein- und Austritt von Mitgliedern, innere Organisation, Wahl der Oberen, Finanzen.

Lehramt: Begriff, der seit dem 19. Jahrhundert die bischöfliche und gesamtkirchliche Lehrautorität bezeichnet.

Lesehore: Hore des Stundengebetes, die aus einem Hymnus, drei Psalmen und zwei längeren Lesungen besteht und an keine bestimmte Tageszeit gebunden ist.

Liturgie: Kirchliche normierte Gottesdienstformen, vor allem die Messe und das Stundengebet.

Memores Domini: Mitglieder einer Gemeinschaft innerhalb der von Luigi Giussani gegründeten Bewegung „Communione e Liberazione“. Sie verpflichten sich auf die drei evangelischen Räte Armut, Keuschheit und Gehorsam, verstehen sich aber als Laien.

Mitarbeiterin: Der Gottesfamilie assoziierte Jungfrau. Sie lebt allein, besucht hin und wieder Zentren der Gottesfamilie und ist den Verantwortlichen der Gottesfamilie für ihre Lebensführung Rechenschaft schuldig. Die meisten Mitarbeiterinnen waren ursprünglich Schwestern der Gottesfamilie, die nach einer gewissen Zeit von den Verantwortlichen in den Mitarbeiterstatus versetzt wurden.

Morgengebet: Eigengebet der Gottesfamilie, bestehend aus Zitaten der Gründerin.

Noviziat; Novize(in): Kandidat oder Kandidatin eines Instituts des geweihten Lebens in der Vorbereitung auf die Ablegung der ersten Gelübde.

Oratorianer: Vereinigung von Weltpriestern.

P.: Abkürzung für „Pater". Bezeichnung für Priester, die Instituten des geweihten Lebens angehören.

Palazzo Apostolico/Apostolischer Palast: Offizielle Residenz des Papstes im Vatikan.

Piccola Casa/PC: Name der ersten Niederlassung der Gottesfamilie in Rom.

PG : Abkürzung für „Priestergemeinschaft". Gemeinschaft aller in die Gottesfamilie eingetretenen Männer.

Priesterrat: Berater des International Verantwortlichen.

Raphaelszimmer: Liturgie-Vorbereitungsraum im Mutterhaus. Nicht identisch mit der Sakristei.

Rauchmantel: Langer, vorne offener, oft kunstvoll verzierter Mantel, der bei bestimmten liturgischen Feiern vom vorstehenden Priester getragen wird.

Refektorium: Speisesaal des Klosters.

Rubriken: Anweisungen für den Gebrauch und Vollzug liturgischer Texte und Feiern.

Sagrato: Der Platz unmittelbar vor der Fassade einer Kirche, oft durch Stufen vom Niveau des restlichen Vorplatzes abgehoben. Bei Messen auf dem Petersplatz wird auf dem Sagrato des Petersdomes der Altar aufgestellt. Auf dem Sagrato nehmen der Papst, die Kardinäle und Ehrengäste Platz.

Schott: Sammlung der Lesungs- und Gebetstexte für die Messfeiern im Jahreskreis.

Schwesternrat.: Beraterinnen der International Verantwortlichen.

Sonntagsvorbereitung: Gespräch über die Texte der Sonntagsliturgie, das am Samstagnachmittag in Gruppen stattfindet.

SG: Schwesterngemeinschaft. Die Gemeinschaft aller in die Gottesfamilie eingetretenen Frauen.

Sr.: Abkürzung für „Schwester“.

Stundenbuch (auch: Brevier): Gebetsbuch zur Feier des Stundengebetes, zu dessen Verrichtung Priester und Ordensleute verpflichtet sind.

Te Deum: Feierlicher Lateinischer Lobgesang, der in der sonntäglichen Lesehore gesungen wird. In der deutschen Übertragung: „Großer Gott wir loben dich“.

Terza Loggia: Dritte Etage des Päpstlichen Palastes, in der die Päpstliche Wohnung liegt.

Verantwortliche(r): Zur Vermeidung des Wortes „Oberer/Oberin“ eingeführte Bezeichnung für Personen mit Leitungsaufgaben auf verschiedenen Ebenen.

Vertiefung: Geistlicher Vortrag.

Wochenbericht: Bericht, in dem Mitglieder dokumentieren müssen, was sie die Woche über gearbeitet und gebetet haben, wann sie aufgestanden sind und sich schlafen gelegt haben, sowie was sie persönlich beschäftigt.